Vorsprechen.

100 Rollen
für junge Schauspielerinnen und Schauspieler

Die Deutsche Bibliothek – CIP Einheitsaufnahme
Dörr, Therese; Gerhardt, Gerd (Hrsg.):
Vorsprechen. 100 Rollen für junge Schauspielerinnen und Schauspieler
Deutscher Theaterverlag, 1. Aufl. 1999

ISBN 3-7695-0298-X

© Die Abdruckrechte der einzelnen Beiträge liegen, soweit nicht gemeinfrei, bei den jeweiligen Verlagen wie angegeben. Aufführungsrechte sind ebenfalls dort nachzufragen.

Layout und Umschlag: Gabriele Barth

Titelfoto: Kirsten Trustaedt in „Die Geschichte vom Baum",
Theater im Marienbad, Freiburg, © Klaus Fröhlich, Bötzingen

Druck und Verarbeitung: Druckerei Otto KG, Heppenheim

Therese Dörr

Gerd Gerhardt (Hrsg.)

Vorsprechen.

100 Rollen

für junge Schauspielerinnen und Schauspieler

Die Herausgeber:

Therese Dörr studierte Schauspiel an der Hochschule für Musik und Theater in Rostock. Danach Engagement an den Städtischen Bühnen Münster.

Gerd Gerhardt studierte Philosphie, Germanistik und Theaterwissenschaft.
Als Fachleiter in der Lehrerausbildung tätig.
Wissenschaftliche und didaktische Veröffentlichungen zu Philosophie; Hörfunksendungen, Theaterkritiken.

Liebe Leserinnen und Leser,
liebe Schauspielerinnen und Schauspieler!

Als ich mich vor einigen Jahren noch während meines Abiturs an den staatlichen Schauspielschulen Deutschlands bewarb, hatte ich weder besonders viel Zeit noch große Kenntnis der dramatischen Literatur. Meine Wahl fiel größtenteils auf Texte, die ich in der Schultheatergruppe bereits kennengelernt hatte, und die mir intuitiv gefielen.
Später, während meiner Ausbildung an der Hochschule für Musik und Theater in Rostock, habe ich immer wieder Bewerber in Aufnahmeprüfungen gesehen, die sich offensichtlich ungünstige Rollen ausgesucht hatten. Aber auch unter Studenten fällt die Ratlosigkeit in der Wahl ihrer selbsterarbeiteten Szenen auf.
Die Idee zu diesem Buch entstand also aus einem ganz praktischen Bedürfnis nach guten und gut spielbaren Szenen. Die Anthologie dieser Texte hat mir viele Anregungen gegeben und ich hoffe, daß es Ihnen beim Lesen ebenso geht.

Natürlich provoziert jede Sammlung auch Einwände. Warum fehlt dieser oder jener wichtige Autor? Mit hundert Rollen kann man zum einen bei weitem nicht die vielen geeigneten Szenen abdecken, die es gibt, zum anderen haben wir für einige zeitgenössische Stücke die Abdruckrechte leider nicht erhalten. Deshalb fehlen zum Beispiel die Stücke Bert Brechts.
Dennoch konnten wir viele bewährte und auch einige ungewöhnlichere Szenen auswählen. Textkürzungen wollten wir in der Regel dem Spieler, der Spielerin überlassen, denn hier kommt es darauf an, eigene Schwerpunkte zu setzen.
Es bietet sich an, eine Vorspielszene im Rahmen von fünf Minuten zu halten. Damit hat man genug Zeit, sich vorzustellen, und gerät nicht in Verlegenheit, sich zu wiederholen. Ein kurzer Ausschnitt aus dem Leben einer Figur macht neugierig, der Schauspieler bewahrt ein Geheimnis und man gewöhnt sich nicht an seine Einfälle und kleineren Macken.

In diesem Buch werden fünfzig Rollen für Frauen und fünfzig für Männer in alphabetischer Abfolge der Autoren angeboten. Es sind bewußt auch einige Stücke des Kinder- und Jugendtheaters berücksichtigt. Sie spielen in der bisherigen Ausbildung oft eine untergeordnete Rolle, obwohl sie für das Theaterleben (nicht nur an Weihnachten) von großer Bedeutung sind und voller Spielanlässe stecken. Für Anregungen zu solchen Stücken danken wir Henning Fangauf vom Kinder- und Jugendtheaterzentrum in Frankfurt.

Meist werden neben den Lebensdaten des Autors das Jahr der Entstehung oder der Erstausgabe (EA) und Uraufführung (UA) bzw. der deutschen Erstaufführung (DEA) genannt. Eine kurze Einführung soll den Textzugang und damit die Vorentscheidung für oder gegen eine Rolle erleichtern. Um einen Ausschnitt angemessen spielen zu können, ist es selbstverständlich ratsam, das gesamte Drama zu lesen, auch wenn man in seinem Rollenausschnitt nicht versuchen sollte, das

Problem des gesamten Stückes zu erörtern. Niemand sollte Bedenken haben, Texte einzustreichen. Es kann vorkommen, daß man für ein szenisches Detail keine Lösung findet; dann bleibt zu überlegen, ob man die Szene auch verstehen kann, wenn man darauf verzichtet. Kurze Zwischentexte einer weiteren Figur der Szene (zum Beispiel Fragen) kann man übergehen oder in den eigenen Text integrieren.

Meiner Erfahrung nach erweisen sich Rollen als gut, die schon beim ersten Lesen Assoziationen freisetzen, die sich aber während der Rollenarbeit immer wieder von einer anderen Seite her erschließen, sich vielleicht sogar der vollständigen Erfassung entziehen. Diese ersten Bilder beim Lesen eines neuen Textes sind kostbar, denn sie sind sehr persönlich und unverstellt. Dennoch sollte man in den Proben diesen ersten Zugang vergessen können oder mit der Möglichkeit spielen, bewußt gegen diesen Entwurf eine Figur zu erschaffen.
Zu zeigen, daß etwas so oder auch anders sein, gedacht und entschieden werden kann, macht gutes Theater aus. Gleitet eine Figur zu sehr in einen entscheidungsunfähigen Zustand ab (zum Beispiel bei großer Trauer) verfällt der Zuschauer fast unweigerlich in eine ebensolche Gedankenträgheit, während eine handelnde, entscheidende, auch in tiefster Verletzung kämpfende Person den Rezipienten aktiv an der Lösung eines Problems - oder ihrer Nichtlösung - teilhaben läßt.
Ein Schauspieler sollte immer vor Augen haben, was für ein großes Geschenk es ist, eine gute Rolle darstellen zu dürfen - seine Gedanken den wunderbaren oder auch skurrilen Gedankengängen einer Figur zur Verfügung zu stellen. Ich glaube, jede Rolle will geliebt sein, egal wie gewöhnlich sie auf den ersten Blick scheint. Ohne eine ernsthafte Hingabe an diese spezielle Art eines Menschenlebens kann eine Figur nicht komisch oder tragisch werden. Bleibt der Schauspieler durchgängig in Distanz zu seiner Rolle, neigt auch der Zuschauer dazu, ebenso unberührt davonzukommen.
Aber nun genug der Ratschläge, denn Sie als hoffentlich künftige Schauspielerin, als künftiger Schauspieler werden Ihren eigenen Zugang finden.

Am Ende unseres Buches finden Sie eine Liste der Adressen aller staatlichen Schauspielschulen im deutschsprachigen Raum sowie ein Interview mit Herrn Prof. Thomas Vallentin und Herrn Professor Frank Strobel von der Hochschule für Musik und Theater Rostock zu den Anforderungen der Aufnahmeprüfung; beiden möchte ich an dieser Stelle danken.

Therese Dörr

Jean Anouilh (1910 - 87):

Antigone

Übers. v. Franz Geiger. - Entst. 1942, UA: Paris 1944

1944 galt die Uraufführung der "Antigone" als verschlüsseltes Résistance - Drama, doch die Sympathien blieben in der Interpretationsgeschichte nicht immer auf der Seite der rebellierenden, verneinenden Antigone: König Kreon wurden von Anouilh genügend gute Argumente gegeben, um den Herrscher, der aus Staatsräson Unrecht begeht, als tragische Figur in den Mittelpunkt zu rücken.
Antigones Bruder ist im Kampf gegen seine eigene Vaterstadt gefallen und liegt nun unbegraben vor den Toren der Stadt. Antigone widersetzt sich dem Verbot, den Staatsfeind zu bestatten, und müßte deshalb selbst mit dem Tode bestraft werden. Ihr Onkel - König Kreon - versucht alles, die Zuwiderhandlung geheimzuhalten, um Antigone, die Geliebte seines Sohnes Hämon, zu schützen: Er beschimpft sie, versucht sie zu verstehen, führt handfeste Argumente an, doch seine Nichte bleibt stur. Antigone stellt sich nicht mehr nur gegen das Verbot ihres Onkels, sie verneint das Leben mit all seinen notwendigen Kompromissen.

ANTIGONE: *murmelt*
Glück ... (...) Was wird mein Glück sein? Was für eine glückliche Frau soll aus der kleinen Antigone werden? Welche Niedrigkeiten werde ich Tag für Tag begehen müssen, um dem Leben mit den Zähnen ein kleines Fetzchen Glück zu entreißen? Sag doch, wen werde ich belügen, wem falsch ins Gesicht lächeln und an wen mich verkaufen müssen? Bei wem muß ich mich abwenden und ihn sterben lassen? (...) Nein, ich bin nicht still! Ich will wissen, was ich tun muß, um glücklich zu werden. Jetzt will ich es wissen, denn ich habe nicht lange Zeit, mich zu entscheiden. Du sagst, das Leben sei schön. Ich möchte jetzt wissen, wie ich es anstellen muß.
(KREON: Liebst du Hämon?)
ANTIGONE: Ja, ich liebe Hämon. Ich liebe einen Hämon, der jung und stark ist, einen Hämon, der anspruchsvoll und treu ist wie ich. Aber ich liebe ihn nicht nach euren Begriffen vom Leben und vom Glück. Wenn er nicht mehr erbleichen darf, wenn ich erbleiche, wenn er mich nicht tot glaubt, wenn ich nur fünf Minuten zu spät komme, wenn er mich nicht mehr haßt und sich allein fühlt, wenn ich lache, ohne daß er weiß warum, wenn er für mich der Herr Hämon wird und wenn auch er das Jasagen lernen muß - nein - dann liebe ich ihn nicht mehr.
(KREON: Du weißt nicht, was du sagst. Sei still!)
ANTIGONE: O doch, ich weiß es sehr gut - aber du verstehst mich nicht mehr. Ich bin zu weit weg von dir - meine Stimme spricht aus einer Welt, die dir mit deinen Sorgenfalten, mit deiner Weisheit und deinem dicken Bauch für immer verschlossen ist. *Sie lacht* Ah - ich muß lachen, Kreon, ich muß lachen, weil ich mir plötzlich vorstelle, wie du wohl mit fünfzehn ausgesehen hast. Sicher dieselbe machtlose, unfähige Miene und die Einbildung, alles zu können. Das Leben hat dir nur die kleinen Falten und den Speck dazugegeben. (...)
Schlag mich doch, komm, schlag zu, Kreon. Du kannst ja nichts anderes. Schlag mich, denn du weißt, daß ich recht habe. Glaubst du, ich sehe es dir nicht an den

Augen an, daß du es weißt? Nur zu gut weißt du, daß ich recht habe, aber zugeben wirst du es nie - denn jetzt verteidigst du dein Glück wie ein Hund seinen Knochen. (...)

Ihr seid mir alle widerlich mit eurem Glück und eurer Lebensauffassung. Gemein seid ihr! Wie Hunde, die geifernd ablecken, was sie auf ihrem Weg finden. Ein bescheidenes Alltagsglück und nur nicht zu anspruchsvoll sein! Ich, ich will alles, sofort und vollkommen - oder ich will nichts. Ich kann nicht bescheiden sein und mich mit einem kleinen Stückchen begnügen, das man mir gibt, weil ich so brav war. Ich will die Gewißheit haben, daß es so schön wird, wie meine Kindheit war - oder ich will lieber sterben. (...)

Ja ... wie mein Vater! Wir gehören zu den Menschen, die jeder Frage auf den Grund gehen, bis kein Fünkchen falscher Hoffnung mehr bleibt. Wir treten die Hoffnung mit Füßen, wo immer sie auch auftaucht, eure niedrige, weibische Hoffnung ... (...)

Ja - ich bin häßlich. Du findest es gewöhnlich, mein Schreien, mein Auffahren, diesen lauten Streit, nicht wahr? Mein Vater wurde auch dann erst schön, als er gewiß war, daß er seinen Vater getötet hatte und daß es wirklich seine Mutter war, bei der er die Nacht verbracht hatte - und als er wußte, daß ihn nichts mehr retten konnte. Da beruhigten sich seine unsteten Züge, sie bekamen ein leichtes Lächeln - er wurde schön. Hab Geduld, Kreon! Sie sind zäh, deine niedrigen Hoffnungen, aber sie werden dir doch nichts nützen. Ich brauche euch alle nur anzusehen mit euren armseligen Köpfen - ihr Glückskandidaten! Ihr seid häßlich, selbst die Schönsten unter euch! Ihr habt alle etwas Gemeines in den Augen und um die Mundwinkel - und Köpfe wie die feisten Köche.

Kreon ist Gefangener seiner eigenen Gesetze und muß Antigone, die zukünftige Braut seines Sohnes, töten lassen. Daraufhin begehen sein Sohn und seine Frau Selbstmord und überlassen dem König die Aufgabe des Weiterlebens.

In: Jean Anouilh, Antigone. © by Langen Müller in der F.A. Herbig Verlagsbuchhandlung GmbH, München, 1995, S. 44-51

Christine Brückner (geb. 1921):
Kein Denkmal für Gudrun Ensslin.
Rede gegen die Wände der Stammheimer Zelle
EA: 1983

Die 27jährige Gudrun Ensslin war nach den Brandanschlägen auf zwei Frankfurter Kaufhäuser am 2.4.1968 (wie auch Andreas Baader) als Tatverdächtige festgenommen worden. Mit diesem Datum spalteten sich terroristische Aktivisten von der außerparlamentarischen Studentenopposition ab.
Nun ist Ensslin mit anderen Mitgliedern der Rote-Armee-Fraktion in der Landesvollzugsanstalt Stuttgart-Stammheim inhaftiert; in ihrem Monolog kreisen ihre Gedanken um ihr protestantisches Elternhaus, um die RAF-Mitglieder Ulrike Meinhoff (am 9.5.76 tot in ihrer Stammheimer Zelle gefunden) und Andreas Baader, sowie um ihren Lebensgefährten, den Schriftsteller Bernward Vesper, der sich bereits 1971, drei Jahre nach der Trennung von Gudrun Ensslin, selbst getötet hatte.
Am 13. Oktober 1977 kapern Palästinenser eine Lufthansa-Maschine, um die RAF-Terroristen freizupressen. Fünf Tage später wird das Flugzeug in Mogadischu von Bundesgrenzschutz-Einheiten gestürmt, und alle Geiseln werden befreit. Noch am selben Tag töten sich Baader, Ensslin und ein weiteres RAF-Mitglied in ihren Zellen.

Ich will reden, wenn ich reden will, und nicht, wenn ihr wollt, ihr Scheißer! Und wenn ich gegen die Wände rede! Alle reden immer nur gegen Wände! Warum ich auf Socken laufe? Weil ich meine Schritte nicht mehr hören kann: tapp-tapp, tapp-tapp. Wie eine Katze schleiche ich mich an, und dann mache ich einen Satz. (...) 'Der weiche Gang geschmeidig langer Schritte' - 'langer' ist falsch, Gudrun, konzentrier dich! Rainer Maria Rilke, 'Der Panther'. 'Ihm ist, als ob es tausend Stäbe gäbe, und hinter tausend Stäben -' Scheiße! Ihr Säue, ich rede nicht mit euch. Ich rede mit keinem mehr. Die Zellenwände sind immer noch besser als eure Ohren. Nicht reden und nicht essen, nichts mehr aufnehmen, nichts mehr von sich geben, aufhören zu pissen und zu scheißen. Die totale Verweigerung. Ich wollte mir alles verkneifen und bekam Blasenkrämpfe. 'Geh zur Toilette, Gudrun, bevor du das Haus verläßt!' Ich spür nichts mehr! Ich höre keine Stimmen mehr. Ich lasse sie alle aufmarschieren, Vater-Mutter-Schwestern-Brüder - Sense! (...)
Ich atme doch noch. Ich hauche und fauche. Einatmen - Ausatmen - Nichtmehratmen. Fünf Atemzüge von Wand zu Wand, es geht auch mit dreien und mit zwei Luftzügen. Meine Augen brennen vom Neonlicht. Als hätte ich geheult. 'Sogar deine Tränen sind trocken', warum vergesse ich deine blöden Sätze nicht, Vesper. (...)
Ja, ich nuckle an meinem Arm, Mutter, auch wenn du es hundertmal verboten hast. Ich mache mir meine Knutschflecken selber. Ich bin keine Bezugsperson mehr. Ich bin nicht mehr die Pfarrerstochter aus Cannstatt, ich bin nicht mehr die Schwester meiner Geschwister, ich war nie mit dem hochbegabten Schriftsteller Bernward Vesper verheiratet, ich bin keine Lehrerin und ich bin nicht die Mutter eines Kindes!

Wenn ihr das doch endlich begreifen wolltet! Es kann euch doch scheißegal sein, in welchem Verhältnis ich zu Andreas Baader stehe. (...)
Name des Kindes: Felix. Beruf des Vaters: ausgeflippter Intellektueller, Tod durch Erhängen. Beruf der Mutter: Terroristin, Mörderin, Brandstifterin, z. Zt. Stammheim.
Ich reagiere nicht mehr. Kein Stichwort sticht. Ich spüre nichts. Warum rührt sich denn mein Mutterinstinkt nicht? Ich bin wie vereist. Man soll mich vereisen, damit ich in hundert Jahren sehen kann - werde sehen können -, was aus unserer Studentenbewegung geworden ist. Eine Geschichtszahl, ein Name, die heilige Gudrun und die heilige Ulrike und der heilige Andreas. (...)
Ich hätte Politik im Bauch? Hast du was dagegen? Was hast du denn im Kopf? Du sabberst aufs Papier, du literarischer Bettnässer! Du warst der Erzeuger eines Kindes und kein Vater, und ich habe ein Kind ausgetragen und war keine Mutter. Dein ewiges: Ich muß schreiben! Deine Scheißdialektik, auf den Trip gehen-abfahren-ankommen-starten-landen-träumen-flippen-ausflippen-flippern, du ausgeflipptes Miststück! Und für dich habe ich mal schwarze Kerzen angezündet! Was du brauchtest war eine Fickmieze. (...)
Warum schreien Sie so, Angeklagte Ensslin? Warum brüllen Sie Ihre Parolen gegen die Wände? Unsere Wanzen sind nicht schwerhörig.
Ich schreie, bis ich keinen Zahn mehr im Mund habe! Wir haben uns in die Räder der Geschichte geworfen und sind in die Speichen geraten. Scheiße! Dieses Gequassel in Bildern und Gleichnissen. Wie eine schwäbische Pfarrerstochter. Das ausdrucksvolle junge Gesicht der Gudrun Ensslin! (...)
Mir ist schlecht! Es kotzt mich an, ich kotze euch an! Aus der Isolationshaft ist eine Illusionshaft geworden. Kein Denkmal für Gudrun Ensslin. Keine Zeile im Geschichtsbuch. Auszug aus der Geschichte, der kleine Ploetz: 'Es ist nur eine dünne Wand zwischen Irrsinn und Verstand.'
Ich gehe barfuß, Mama! Ich habe deine liebevoll gestrickten Wollsocken ausgezogen. Ich werde mir auf dem kalten Betonboden die Blase erkälten. Ich will Erde unter den Füßen haben oder Gras, betautes Gras.

In: Christine Brückner, Wenn du geredet hättest, Desdemona. Ungehaltene Reden ungehaltener Frauen. © Hoffmann u. Campe Verlag, Hamburg 1983, S. 109 ff. [auch Ullstein-TB].
Hierin finden sich weitere geeignete Texte, z. B. die von Effi Briest, Desdemona oder Donna Laura.

Georg Büchner (1813 - 37):

Woyzeck

Entst. 1836/37. UA: München 1913

Franz Woyzeck, 30 Jahre alt, ist einfacher Soldat beim Militär, der von allen gedrückt und geschunden wird. Dem Doktor hat er sich als Experimentierobjekt verkauft, um seine Geliebte Marie mit ihrem Kind unterstützen zu können. Weil sie ihn mit einem Tambourmajor betrügt, kauft er sich ein Messer und ersticht sie. Als er danach ins Wirtshaus tanzen geht, macht er sich mit dem Blut an Hand und Ärmel verdächtig und flieht deshalb aus der Stadt.

WOYZECK: *allein*
Das Messer? Wo ist das Messer? Ich hab' es da gelassen. Es verrät mich! Näher, noch näher! Was ist das für ein Platz? Was hör ich? Es rührt sich was. Still. Da in der Nähe. Marie? Ha Marie! Alles still! (Was bist du so bleich, Marie? Was hast du eine rote Schnur um den Hals? Bei wem hast du das Halsband verdient, mit dei Sünden? Du warst schwarz davon, schwarz! Hab ich dich jetzt gebleicht. Was hänge dei schwarze Haar, so wild? Hast du die Zöpfe heut nicht geflochten?) Da liegt was! Kalt, naß, stille. Weg von dem Platz. Das Messer, das Messer hab ich's? So! Leute - dort. *Er läuft weg.*

WOYZECK: *an einem Teich*
So da hinunter! *Er wirft das Messer hinein.* Es taucht in das dunkle Wasser, wie ein Stein! Der Mond ist wie ein blutig Eisen! Will denn die ganze Welt es ausplaudern? Nein es liegt zu weit vorn, wenn sie sich baden *er geht in den Teich und wirft weit* so jetzt [-] aber im Sommer wenn sie tauchen nach Muscheln, bah es wird rostig. Wer kann's erkennen - hätt' ich es zerbrochen! Bin ich noch blutig? Ich muß mich waschen da ein Fleck und da noch einer.

In: Georg Büchner, Woyzeck. Kritische Lese- und Arbeitsausgabe, hrsg. v. Lothar Bornscheuer, Philipp Reclam Jun. GmbH & Co, Stuttgart 1972 (HA 9 und HA 10), S. 45 ff.

Georg Büchner (1813 - 37):

Dantons Tod

Enst. 1835, UA: Berlin 1902

Die Französische Revolution ist an einen Scheideweg gelangt. Ihre beiden Führer, Robespierre und Danton, vertreten gegensätzliche Strategien. Ersterer tritt dafür ein, die Revolution unerbittlich weiterzutreiben und das offensichtlich fortbestehende Böse in der Gesellschaft mit Gewalt auszurotten. Der ermüdete und inzwischen pessimistische Danton hingegen zieht es vor, die sinnlichen Seiten des Lebens zu genießen und der gesellschaftlichen Entwicklung eine Entspannung zuzugestehen. Weil er damit rechnet, das Volk hinter sich zu haben, fühlt sich Danton vor dem Tugendeifer seines Konkurrenten sicher und versäumt es, sich politisch aktiv gegen Robespierre zu wenden, wie seine Freunde ihm raten.
In der Szene I,6 treffen die beiden Protagonisten aufeinander. Robespierre warnt: "Danton, das Laster ist zu gewissen Zeiten Hochverrat." Nachdem Danton mit seinem Freund Paris abgegangen ist, reflektiert Robespierre das vorausgegangene Gespräch.

ROBESPIERRE: *allein*
Geh nur! Er will die Rosse der Revolution am Bordell halten machen, wie ein Kutscher seine dressierten Gäule; sie werden Kraft genug haben, ihn zum Revolutionsplatz zu schleifen.
Mir die Absätze von den Schuhen treten! Um bei deinen Begriffen zu bleiben! - Halt! Halt! Ist's das eigentlich? - Sie werden sagen, seine gigantische Gestalt hätte zuviel Schatten auf mich geworfen, ich hätte ihn deswegen aus der Sonne gehen heißen. - Und wenn sie Recht hätten? - Ist's denn so notwendig? Ja, ja! die Republik! Er muß weg!
Es ist lächerlich, wie meine Gedanken einander beaufsichtigen. - Er muß weg. Wer in einer Masse, die vorwärts drängt, stehenbleibt, leistet so gut Widerstand, als trät' er ihr entgegen: er wird zertreten.
Wir werden das Schiff der Revolution nicht auf den seichten Berechnungen und den Schlammbänken dieser Leute stranden lassen; wir müssen die Hand abhauen, die es zu halten wagt - und wenn er es mit den Zähnen packte!
Weg mit einer Gesellschaft, die der toten Aristokratie die Kleider ausgezogen und ihren Aussatz geerbt hat!
Keine Tugend! Die Tugend ein Absatz meiner Schuhe! Bei meinen Begriffen! - Wie das immer wieder kommt. - Warum kann ich den Gedanken nicht los werden? Er deutet mit blutigem Finger immer da, da hin! Ich mag so viel Lappen darum wickeln, als ich will, das Blut schlägt immer durch. - *nach einer Pause* Ich weiß nicht, was in mir das andere belügt.
Er tritt ans Fenster Die Nacht schnarcht über der Erde und wälzt sich im wüsten Traum. Gedanken, Wünsche, kaum geahnt, wirr und gestaltlos, die scheu sich vor des Tages Licht verkrochen, empfangen jetzt Form und Gewand und stehlen sich in das stille Haus des Traums. Sie öffnen die Türen, sie sehen aus den Fenstern, sie werden halbwegs Fleisch, die Glieder strecken sich im Schlaf, die Lippen murmeln. - Und ist nicht unser Wachen ein hellerer Traum? sind wir nicht Nachtwandler? ist nicht unser

Handeln wie das im Traum, nur deutlicher, bestimmter, durchgeführter? Wer will uns darum schelten? In einer Stunde verrichtet der Geist mehr Taten des Gedankens, als der träge Organismus unsres Leibes in Jahren nachzutun vermag. Die Sünde ist im Gedanken. Ob der Gedanke Tat wird, ob ihn der Körper nachspielt, das ist Zufall.

Am 5. April 1794 hat Robespierre Danton guillotinieren lassen.

In: Georg Büchner, Dantons Tod. Philipp Reclam Jun. GmbH & Co, Stuttgart 1968, S. 26 f.

Kammerspiele München, 1962

Pedro Calderón de la Barca (1600 - 1681):

Das Leben ein Traum

Drama in drei Akten. Nachdichtung von Eugen Gürster. - UA: Madrid 1635

In diesem Drama thematisiert Calderón das auf sich gestellte Wesen, das erst durch die Einsicht in das Scheinhafte des diesseitigen Lebens seine aggressive Ich-Bezogenheit ablegen kann.
Basilius, der König von Polen, läßt seinen Sohn Sigismund von Geburt an als Gefangenen in einem Turm halten, da die Sterne den Thronfolger als gefährlichen Tyrannen ankündigen. Um die Wahrheit dieses Orakels zu prüfen, wird Sigismund betäubt ins Schloß geschafft und erwacht als König Polens. Das Experiment zeigt Sigismund wegen der jahrelangen Unterdrückung als gewalttätiges Monster. Er wird daraufhin wieder eingeschläfert und in sein Gefängnis gebracht, wo er erwacht:

SIGISMUND: *noch im Traum*
Meinen Mut soll man begrüßen
Auf der weiten Weltenbühne.
Allen Menschen werde kund,
Wie ich rächend mich erkühne:
Mir, dem Prinzen Sigismund,
Zahlt der eigne Vater Sühne.
Er wacht auf.
Weh, wo bin ich, was geschah? (...)
Bin ich nur aus Zufall da?
Bin ich's selber, den die Ketten
Bändigen durch harten Zaum?
Hilf mir, Gott, um mich zu retten.
Wie viel sah ich dort im Traum? (...)
Nein,
Glaub nicht, daß ich schon erwachte;
Denn wenn ich es recht betrachte,
Hüllt mich Schlaf noch immer ein.
Doch mein Irrtum ist nur klein:
Wenn mir da ein Traum nur lachte,
Wo mir alles greifbar war,
Dann ist, was ich sehe, Schein.
Ich ergebe mich darein:
Denn im Schlafe wird mir klar,
Daß mein Wachen Traum nur war. (...)
War mir nur ein Traumbild nah,
Dann will ich den Traum verhehlen,
Doch was ich geschaut, erzählen. -
Ich erwachte kaum und sah

Mich in einem solchen Bette
(Grausam schmeichelnd dem Gesicht!),
Wie aus Farben und aus Licht
Es allein der Frühling flicht
Als der Blumen bunte Stätte.
Dann sah ich zu meinen Füßen
Tausend Höflinge sich neigen,
Die als Fürsten mich begrüßen
Und mir Schmuck und Kleider zeigen.
Meine Sinne, die noch schweigen,
Läßt zur Freude du genesen
Und verkündest mir mein Heil:
Ich, der lang in Haft gewesen,
Sei als Polens Fürst erlesen.
(CLOTALD: Ward mir Botenlohn zuteil?)
Nein, ich war von Wut ergrimmt:
Als Verräter hab ich dich
Zweimal für den Tod bestimmt. (...)
Über alle herrschte ich,
Rache habe ich geübt.
Nur ein Weib hab ich geliebt ...
Wahrheit hab ich da gefunden:
Denn ob alles auch zerstiebt,
Dies ist mir noch nicht entschwunden. (...)
allein
Wahr ist es; es gilt zu zäumen
Meines Mutes jähes Beben,
Meiner Ehrsucht wildes Streben,
Wenn wir wieder einmal träumen;
Und dies werden wir; wir leben
In so fremden Lebensräumen,
Wo das Leben Traum nur heißt. (...)
Von dem Reichtum träumt der Reiche,
Der ihm stets nur Sorgen schickt.
Und der Arme, leidbedrückt,
Träumt, daß seine Not nie weiche.
Der träumt, daß ihm alles glückt,
Der von Ehrgeiz und von Streben,
Jener von des Zornes Pein –
Kurz, in diesem Erdenleben
Träumen alle nur ihr Sein,
Sehen wir es gleich nicht ein.
Ich, in Kerkerhaft gebückt,
Träume, daß die Fessel drückt,

Daß ein glücklicheres Los
Früher einmal mich beglückt.
Was ist Leben? Irrwahn bloß!
Was ist Leben? Eitler Schaum,
Truggebild, ein Schatten kaum,
Und das größte Glück ist klein;
Denn ein Traum ist alles Sein,
Und die Träume selbst sind Traum.

Durch die Erkenntnis geläutert, daß das Leben nur Probezeit vor dem Tod ist, ändert Sigismund sein Verhalten. Als das Volk seinen Herrscher aus dem Turm befreien will, wirft er sich seinem Vater zu Füßen und bestraft die Aufständischen. - Man kann den Weg des Königssohns auch als Sozialisation deuten, die nicht in Reinigung, sondern Anpassung endet.

In: Pedro Calderón de la Barca, Pedro (1600-1681): Das Leben ein Traum. Drama in drei Akten. Nachdichtung von Eugen Gürster. © Philipp Reclam Jun. GmbH & Co, Stuttgart 1955, S. 60-63.

E. T. A.-Hoffmann-Theater Bamberg, o. J.

Calderón de la Barca (1600 - 1681):

Der Richter von Zalamea

Schauspiel in drei Akten. Nachdichtung von Eugen Gürster. - UA: Madrid 1643

Calderon, der wegen seiner lyrischen Ausschweifungen und seiner Religiosität von den Romantikern verehrt wurde, erzählt den Stoff neu, den Lope de Vega bereits behandelt hatte. Er beschreibt den Sieg der Gerechtigkeit über die willkürliche weltliche Macht; dabei treten die Figuren jedoch nicht aus dem Rahmen ihrer religiösen und gesellschaftlichen Gewißheiten heraus.
Als Soldaten in Zalamea einquartiert werden, verliebt sich der Hauptmann Don Alvaro in die Tochter seines Gastgebers, des Bauern und Dorfrichters Crespo. Isabella aber weist ihn ab, und der Hauptmann muß umziehen. Aus Rache bricht Don Alvaro in Crespos Haus ein, er entführt Isabella und vergewaltigt sie.

Dritter Akt, Waldgebirge

ISABELLA:
Herr des Himmels, hör ich recht?
Noch ein andrer lebt auf Erden,
Der wie ich den Tod verlangt?
Plötzlich fällt der Schein der aufgehenden Sonne auf den Baum, an dem Crespo angebunden ist; Isabel, die selbst noch im Dunkel steht, erkennt ihn.
Oh, was muß mein Auge schauen? (...)
Mit zurückgeworfnen Armen
Angefesselt an die Eiche ... (...)
Steht mein Vater! (...)
Wehe mir! Ich wag es nicht.
Haben einmal meine Hände
Deine Fesseln aufgelöst,
Vater, dann zerbricht mein Mut,
Dir mein ganzes Leid zu sagen.
Kannst du frei die Hände sehen -
Doch die Ehre fortgerissen,
Oh, dann tötet deine Wut mich.
Höre erst noch meine Leiden! (...)
Gestern abend noch genoß ich
Jenes ruhevollen Friedens,
Den in deines Alters Schutze
Meine Jahre mir versprachen -
Als verkleidete Verräter,
Fest gewillt, das zu ertrotzen,
Was die Ehrbarkeit verweigert,
Mich entführten; wie die Wölfe,

Hungerwild und blutverlangend,
Von der Brust das Lämmlein reißen. -
Jener undankbare Hauptmann,
Der am allerersten Tage
So ein nie erhofftes Netz
Von Verräterei und Arglist,
Von Entzweiungen und Zank
In das Haus uns allen brachte,
Schloß zuerst mich in die Arme,
Während andre seines Haufens
Ihm den Rücken eifrig deckten.
Jenes Waldgebirges Wirrnis,
Das sich nah beim Dorf erhebt,
Sucht er sich als Zuflucht aus. (...)
Der Verräter spürte endlich,
Daß ihn niemand mehr verfolgte,
Daß kein Mensch mich mehr beschützte; (...)
Viel verlogne Worte sprechend,
Suchte er sich mir mit Liebe
(Wehe!) zu entschuldigen. (...)
Weh dem Manne, weh dem Manne,
Welcher eine Menschenseele
Durch Gewalttat will gewinnen; (...)
Seelenlos ein Weib begehren,
Heißt nur einen Leichnam lieben.
Wieviel Bitten, Jammerworte,
Sagte ich ihm; doch vergebens;
Denn (hier schweige meine Stimme!)
Stolz (verstumme hier mein Weinen!),
Überdreist (mein Busen stöhne!),
Roh (o strömet, meine Augen),
Herrisch wild (mein Atem stocke!),
Tollkühn (Trauer soll mich kleiden!) ... (...)
Vater, deute die Gebärden,
Denn ich kann dir nichts mehr sagen. (...)
Unerbittlich führe nun
Gegen meine Brust den Stahl!
Und so löse ich die Stricke -
sie bindet Crespo los
Schlinge sie um meinen Hals dann.
Ehrlos bin ich, deine Tochter,
Und du frei; so magst du, Vater,
Lob durch meinen Tod erwerben.
Laß die Menschen von dir sagen,

Daß du um der Ehre willen
Deinem eignen Kind den Tod gabst.

Zunächst bittet Crespo den Hauptmann auf Knien, er möge die Entehrte heiraten, doch als dieser spottend ablehnt, verurteilt ihn Crespo in der Funktion des Dorfrichters zum Tode. Das Urteil wird vollstreckt, noch ehe der eintreffende König seine Zustimmung äußern kann und Crespo schließlich zum Richter auf Lebenszeit ernannt wird.

In: Pedro Calderón de la Barca, Der Richter von Zalamea. Nachdichtung von Eugen Gürster, © Philipp Reclam Jun. GmbH & Co, Stuttgart, 1957, S. 62-67

Eduardo de Filippo (1900 - 1984):

Die Kunst der Komödie

Übers. v. Richard Hey. - UA: Neapel 1965, EA: Turin 1979

Dr. de Caro ist der neue Präfekt "irgendeiner Provinzhauptstadt". Campese, der Leiter einer Schauspieltruppe spricht vor und bittet den Präfekten, durch seine Anwesenheit bei einer Aufführung die Truppe zu unterstützen. Aber de Caro hat keine Lust, als "Lockvogel im Theater zu hocken". Campese bekommt beim unfreundlichen Abschied durch ein Versehen eine Liste der Leute in die Hand, die in wenigen Stunden vom Präfekten empfangen werden sollen. "Aber wie, wenn jetzt auch meine Schauspieler kämen, Exzellenz? Einer nach dem andern?" Und zwar jeweils in der Verkleidung einer der angemeldeten Personen. "Wir sind Schauspieler geworden, und aus der Komödie der Improvisierkunst können wir die Kunst der Komödie machen."
Wie soll der Präfekt erkennen, ob der Amtsarzt, der drei Stunden später als erster vorspricht, der wirkliche Amtsarzt oder ein Schauspieler ist? Auch nach den Auftritten des Pfarrers und der irre gewordenen Grundschullehrerin Lucia Petrella bleibt de Caro unsicher - und mit ihm der Zuschauer.
Lucia wirft einem Ehepaar, das kurz nach Lucia auftritt, vor, neben fünf eigenen Kindern ein sechstes, ein außereheliches Kind namens Marco zu haben. Marco aber sei verleugnet und in den abgelegenen Bergen, wo auch Lucias Schule liegt, versteckt worden. Vor dem Präfekten und dem beschuldigten Ehepaar erzählt Lucia eine Geschichte von ihrer eigenen angeblichen Schuld.

II. Akt

DE CARO: Ja, was willst du dann eigentlich?
LUCIA: *schreit* Marco! Marco will ich! Und Marco gibts nicht mehr. *Sie bedeckt das Gesicht mit den Händen und bricht in Tränen aus. Verstört und schluchzend versucht sie dann zu schildern, was sie erlebt hat. Sie fällt langsam auf die Knie, breitet mütterlich die Arme aus, als wolle sie ein kleines Kind bei seinen ersten, unsicheren Schritten behüten und ermuntern.* Aufpassen, Marco... Die Fliesen sind lose... Komm zur Tafel und lies die Vokale vor... nicht rennen! Wenn du stolperst, stößt du dir den Kopf. *streng, zeigt auf eine Zimmerecke:* Was hast du gemacht? Schau nur! Schau, was du gemacht hast. Diesmal kommst du nicht durch damit. Darfst du etwa hier dein Geschäft verrichten? Böse bist du, böse und heimtückisch. Du weißt genau, daß du was Böses gemacht hast. Sonst hättest dus nicht zugedeckt mit dem Heft. Ich habe dir doch gesagt, wenn du aufs Klo mußt, heb den Arm, so *zeigt es*, frag die Lehrerin um Erlaubnis. Warum tust dus nicht? *zu de Caro*: Zur Toilette muß man über einen offenen Gang. Wo ich unterrichte, ist es immerhin fast lauwarm, weil ich die Gemeinde mit unzähligen Bitten und Gesuchen und tausend Mahnungen dazu gebracht habe, endlich einen Holzofen zu installieren. Für die Kinder, falls sie raus müssen zu diesem Durchgang, halte ich ein Wolltuch bereit. Wenn ich merke, da rutscht eins auf seinem Stühlchen hin und her, hülle ichs ein in das Tuch und bringe es selbst hin. Die armen Dingerchen, klappern sowieso schon mit den Zähnen vor Kälte, halten aus, solange sie können... und ich, Exzellenz, ich mit ihnen. Ich leide

genauso unter der Kälte in diesen drei verfluchten Räumen! Eisige Füße, die Hände so starr, daß der Federhalter aus den Fingern fällt. "Sie müssen Geduld haben, Fräulein Petrella, keine Mittel, die Gemeinde ist arm, Sie haben doch schon den Ofen, wir prüfen inzwischen, ob es möglich ist, Ihnen besser geeignete Räumlichkeiten zur Verfügung zu stellen, deren Ausstattung dem Niveau eines Lehrers eher entspricht." Seit fünf Jahren die gleiche Litanei, Geschwätz, und nichts dahinter. In Wahrheit bin ich denen völlig wurscht. Ursprünglich saß die Zollwache in den drei Räumen, der kleinste war das Arrestlokal für die Schmuggler. Die Holzpritsche ist noch da, das kleine Fenster oben noch vergittert, und an der niedrigen Tür jede Menge rostiger Riegel. Da hinein hab ich den kleinen Marco, um ihn zu bestrafen - *bricht wieder in Tränen aus, kann nicht weitersprechen* (...)

schluchzend Und dann hab ich ihn vergessen... Bei dem Höllenlärm, den die Kinder machen, kommt man ganz durcheinander. Als sie weg waren, fing ich mit Korrigieren an, die Aufgaben der Größeren. Draußen wars schon fast dunkel, und der Schnee lag hoch, aber im Ofen brannten noch ein paar Scheite. Plötzlich sah ich, das Heft von Marco war nicht unter den Heften.

MANN: Weil, wir hatten ihn ja nicht in die Schule gehen lassen.

LUCIA: In den Ofen hatte ichs geworfen, verdreckt mit Kacke wie es war! Jetzt erst fiel mir ein, daß Marco ja noch eingesperrt war. Ich stürzte hin, um ihn rauszuholen, aber wie ich mich auch anstrengte, Fußtritte, Faustschläge, Schulterstöße, die verdammte Tür ging nicht auf. Wieder Fußtritte, Faustschläge, von der feuchten Mauer regnete es Mörtelbrocken, die Tür hielt wie ein Stück Felsen. "Marco, keine Angst... ich lauf in den Ort, hol den Schlosser... Bleib ganz ruhig, Marco, bin gleich wieder da."

DE CARO: Konnten Sie nicht um Hilfe rufen?

LUCIA: Die Schule liegt so isoliert, der Bus braucht eindreiviertel Stunden zu uns hinauf.

DE CARO: Und der Schlosser?

LUCIA: *verwirrt* Weiß nicht, ich begreif nicht, was dann... ich muß stundenlang ohnmächtig vor dieser Tür gelegen haben. (...) Als ich wieder zu mir kam... Marco weinte, schrie voller Entsetzen: "Ich hab Angst... mach auf! Laß mich raus!" *als packte sie Zweifel:* All das, sicher, könnte Einbildung sein... Immer hab ich ja im Kopf dies Geschrei der Kinder... Als ich merkte, Marco wurde still, gelang mirs endlich, mit der Kraft der Verzweiflung, die Tür aufzustoßen. *schluchzend:* "Schön tapfer sein, Marco... Keine Angst, mein Kleiner, bin schon da." Aber er, unschuldige Seele, er konnte nicht mehr antworten, lag tot in der Ecke, tot, die Angst, die Kälte... zuviel für sein kleines Herz.

(...)

So verworren, das alles. Ich hatte Angst, bebte vor Entsetzen... Angst vor dem Prozeß, vor der Verurteilung... Ich erinnere mich, wie im Traum hab ich den kleinen Toten in den Armen gehalten, hab ihn nach draußen getragen, in den Schnee gelegt. *Jetzt spricht sie mehr zu sich selbst:* Oder wer denn, wenn nicht ich, hat seine Stirn gesegnet? Wer denn, wenn nicht ich, hat ihn wieder in die Arme genommen und

nach oben auf den Berg getragen? Wer denn, wenn nicht ich, hat ihn tief hinunter in die Felsspalte geworfen, den kleinen toten Körper?
(...)
Ich will den Prozeß! Ich will meine Schuld büßen! Damit ich das Recht habe, Gott anzuflehn, sich meiner zu erbarmen. Ich will büßen! Auch wenn die Schuld dieser beiden Verbrecher ungesühnt bleibt.

Ist Lucia eine wirkliche Lehrerin? Oder ist sie nur eine von einer Schauspielerin Campeses gespielte Rolle? Bis zum Schluß des Stücks können weder der Präfekt noch die Zuschauer Spiel und Wirklichkeit unterscheiden.

In: Schauspielhaus Bochum: Programmbuch Nr. 45 (1983), S. 66-69. © Gustav Kiepenheuer, Berlin. (Auch in Theater heute 6/82 und Spectaculum 41)

Euripides (ca. 480 - 406 v. Chr.):

Iphigenie in Aulis

Nach der Übers. v. J. J. Donner. - UA: Athen 405 v. Chr.

Das griechische Heer und die Flotte haben sich im Hafen von Aulis versammelt, um unter Agamemnons Führung zum Rachefeldzug gegen Troja aufzubrechen, weil Trojas Königssohn Paris Helena entführt hat, die Ehefrau von Agamemnons Bruder Menelaos. Vergeblich wartet die Flotte auf Wind. Der Seher Kalchas verkündet, der für die Abfahrt nötige Wind werde erst aufkommen, wenn König Agamemnon seine Tochter Iphigenie opfere. Agamemnon lockt seine Tochter nach Aulis, weil Menelaos ihn drängt, Iphigenie für die Kriegsinteressen der griechischen Nation zu opfern. So erscheinen Klytämestra, ihr kleiner Sohn Orest und seine Schwester Iphigenie ahnungslos im Lager der Griechen, wo die Königstochter angeblich mit dem heldenhaften König Achill vermählt werden soll. Klytämestra erfährt durch einen Diener von dem geplanten Mord. Nachdem die gekränkte Mutter ihren feigen und arglistigen Gatten vergeblich um das Leben ihrer Tochter angefleht hat, ergreift das junge Mädchen selbst das Wort.

IPHIGENIE:
Besäß' ich Orpheus' Liedermund, o Vater, nur
Um Felsen mir durch seine Zauber nachzuziehn
Und, wen ich wollte, durch mein Wort zu bändigen,
Versucht' ich's also. Nun besteht all meine Kunst
In Tränen; diese geb ich; das vermag ich ja.
sich dem Vater zu Füßen werfend
Wie einen Ölzweig heft ich an dein Knie mich selbst,
Dein Kind, o Vater, welches diese dir gebar:
Mord mich nicht in der Blüte, süß ist Leben ja,
Noch stoße mich in ewig finstre Nacht hinab!
Zuerst hab ich dich Vater, du mich Kind genannt,
Zuerst an deine Kniee schmiegt' ich meinen Leib
Und gab und nahm der Liebe süßen Zoll von dir.
Da pflegtest du zu sagen: "Tochter, werd ich auch
In eines Mannes Hause dich einst glücklich sehn,
In Lebenskraft und Blüte, so wie ich's verdient?"
Ich aber sprach dann, an das Kinn dir festgeschmiegt,
An das ich flehend fasse nun mit dieser Hand:
"Werd ich den alten Vater, werd ich dich dereinst
Gastfrei bewirtend unter meinem Dache sehn,
Zum Dank für deiner Kindespflege große Mühn?"
Ich denke noch an diese Reden; aber *du*
Vergaßest alles und bedrohst mich mit dem Tod.
Beim Vater Atreus, bei dem Ahn Pelops und ihr,
Der Mutter, die mit Schmerzen mich geboren einst
Und nun von neuem diesen Schmerz erdulden soll,

Was gehen mich denn Paris an und Helena?
Warum, o Vater, brachte mir ihr Bund den Tod?
Sieh her, o gönn mir deinen Blick und deinen Kuß,
Damit im Tod dies Angedenken ich von dir
Empfange, wenn dich meine Rede nicht bewegt!
nimmt den kleinen Orest bei der Hand
Mein Bruder, zwar ein schwacher Helfer bist du nur
Den Deinen, dennoch weine mit und fleh ihn an,
Den Vater, daß er die Schwester doch nicht morden soll!
Ein Mitgefühl für Leiden wohnt in Kindern auch.
O siehe! Schweigend, Vater, fleht dein Sohn zu dir;
So laß dich denn erbitten, laß mein Leben mir!
Zwei deiner Lieben flehn ans Kinn geschmiegt dich an:
Unmündig noch ist einer; ich, herangereift,
Gedrängt in ein Wort faß ich aller Gründe Kraft:
Dies Licht der Sonne schauen ist das Süßeste,
Der Tod so graunvoll. Rasend, wer zu sterben wünscht!
Ein traurig Leben besser als ein schöner Tod!

Kurz danach wird Iphigenie eine schwer erklärliche Wandlung durchmachen und "als des Landes Retterin" ihren Tod bewußt und freiwillig auf sich nehmen.

In: Iphigenie in Aulis - Verse 1211-1252. Nach der Übers. v. J. J. Donner, bearb. v. C. Woyte. © Philipp Reclam Jun. GmbH & Co, Stuttgart 1993, S. 46 f.

Euripides (ca. 480 - 406 v. Chr.):

Die Bakchen

Übers. v. Hans v. Arnim. - UA: Athen ca. 405 v. Chr.

Die Tragödie handelt davon, wie in Theben der Kult des Dionysos, des Gottes des Weins und des Rausches, eingeführt werden soll. Theseus, der junge König von Theben, versucht sich vergeblich dem irrationalen Treiben zu widersetzen. Selbst sein Vater und der alte Seher, vor allem aber die Frauen, darunter Pentheus' Mutter Agaue, sind den Orgien außerhalb der Stadt verfallen und schließen sich dem wilden Gefolge des neuen Gottes, den Bacchantinnen (Mänaden) an. Als Pentheus Dionysos gefangensetzt, steht dieser kurz danach, durch göttliche Kraft aller Fesseln ledig, wieder frei vor dem entsetzten König. Da taucht ein Hirte auf, der Pentheus vom wahnsinnigen Treiben der thebanischen Frauen berichtet.

HIRTE:
Die Bakchen, Herr, die rasend aus der Stadt
Dorthin den weißen Fuß beflügelten,
Hab' ich gesehn. Dir meld' ich und dem Volke
Von ihren unerhörten Wundertaten.
(...)
Die Kälber hatt' ich grad' hinaufgetrieben
Zur höchsten Alm, als sich der Sonne Strahlen
Erwärmend plötzlich übers Land ergossen.
Da sah ich drei gottsel'ge Weiberchöre.
Den einen führt' Atonoë, den andern
Agaue, deine Mutter, und den dritten
Ino. Sie schliefen friedlich hingestreckt,
Teils in das Tanngezweig rücklings gelehnt,
Teils in das Eichenlaub am Boden achtlos
Das Haupt gebettet; keusch, nicht, wie du meinst,
Daß sie, von Wein und Flötenklang berauscht,
Im wilden Wald der Kypris Freude suchen.
Da hub im Kreis der Bakchen deine Mutter
Den Weckruf, aus dem Schlaf sich aufzuraffen,
Weil unsrer Rinder Brüllen sie vernahm.
Gleich scheuchten sie den tiefen Schlaf der Augen
Und sprangen auf, ein Muster straffer Zucht,
Die Mädchen wie die Frauen, jung und alt.
Erst ließen sie die Haare niederfallen
Auf ihre Schultern, schürzten frisch das Hirschfell,
Dem sie, zum Schlaf, gelöst der Spange Band
Und gürteten sich die gescheckten Felle
Mit Schlangen, deren Köpfe züngelten.
Andre, ein Reh, ein wildes Wölflein haltend

Im Arme, tränkten es mit Muttermilch,
Von der die Brust noch quoll, weil sie den Säugling
Daheimgelassen; andre kränzten sich
Mit Eppich, Eichenlaub und Windenblüten.
Schlug eine mit dem Thyrsos an den Fels,
Gleich sprang aus ihm ein frischer Quell hervor.
Stieß eine mit dem Rohrstab in den Grund,
Ließ einen Bronnen Weins der Gott entquellen.
Die aber Milch zu schlürfen Sehnsucht fühlten,
Gruben ein Loch mit ihren Fingerspitzen;
Das füllte sich mit Milch. Vom Efeustab
Des Thyrsos tropfte süßer Honigseim.
Hätt'st du's erlebt, du würd'st dem Gott, den jetzt
Du tadelst, betend nahn, nach solchen Wundern. -
Wir Schaf- und Rinderhirten einten uns
Zum Redestreit gemeinsamer Beratung.
Da sprach ein Wortgeübter, der die Stadt
Öfter besucht, so zu uns allen: "Hört mich,
Ihr Männer vom Gebirg': laßt uns Agaue,
Des Pentheus Mutter, aus dem Schwarme fangen.
Der Herr dankt es uns einst." - Der Rat gefiel
Uns wohl. Wir lauerten im grünen Dickicht
Verborgen. Sie, der Stunde Regel treu,
Den Thyrsos schwingend, huben an zu tanzen.
"Jakchos", scholl's vielstimmig, "Sohn des Zeus"
"Bromios". Der ganze Bergwald tobte mit;
Und jedes Wild ward aufgestört zum Lauf.
Agaue hüpfte nah' bei mir vorüber.
Ich sprang sogleich, um sie zu greifen, vor
Aus dem Gebüsch, in dem wir uns versteckt.
Sie aber schrie: "Auf, meine flinken Bakchen!
Männer sind hier! Sie greifen mich! Mir nach!
Den Thyrsos braucht als Waffe statt der Lanze!"
Uns rettete, daß sie uns nicht zerrissen,
Die Flucht. Auf unser friedlich Weidevieh
Stürzten sie sich mit eisenlosen Händen.
Da sah man manch milchreiche Kuh verenden
Mit Klaggebrüll durch wucht'ge Weiberhand
Und junge Färsen andere zerstückeln.
(...)
Die Dörfer Hysiä, Erythrä, zu Füßen
Des Bergs Kithairon, überfielen sie
Mit kriegerischer Hand und plünderten
Sie aus. Die Kinder schleppten aus den Häusern

Sie fort. (...) Zornig griffen
Die Bauern, die sie plündern sahn, zur Wehr.
Da zeigte sich ein unerhörtes Schauspiel:
Vom Lanzenstich der Männer floß kein Blut,
Die Frauen, schleudernd ihre Thyrsosspeere,
Verwundeten und schlugen in die Flucht
Der Männer Schar, nicht ohne Götterhilfe!
(...)
So nimm den Gott, wer er auch sei, o Herr,
In Theben auf. Wie er in allem groß,
So hat er auch, wie mir berichtet ward,
Den Sorgenbrecher Wein der Welt geschenkt.
Gäb's nun den Wein nicht mehr, wo bliebe Kypris,
Wo jeder Hochgenuß des Lebens?
Hirte ab

Am Ende wird alle Gegenwehr nichts helfen. Pentheus wird von seiner eigenen Mutter bei ihrem wahnsinnigen Treiben getötet.

In: Euripides, Tragödien. Dtv, München 1990, S. 525-528. © Artemis & Winkler Verlag, Düsseldorf u. Zürich

Euripides (ca. 480 - 406 v. Chr.):

Medea

Tragödie. Deutsch von J. J. C. Donner. - UA: Athen 431 v. Chr.

Medea, Tochter des Königs von Kolchis, kann zaubern (deshalb ist die Zaubergöttin Hekate ihre Schutzgöttin). Medea war "für Jason heiß in wilder Liebesglut entbrannt" und hat es ihm mit ihrer Zauberkunst ermöglicht, das goldene Vlies aus Kolchis zu holen. Dann ist sie mit dem verfolgten Jason heim nach Jolkos gesegelt und von da aus nach Korinth.
Dort steht sie "treu dem Jason überall zur Seite" und wird von den Bürgern geliebt, aber Jason verstößt die Gattin und heiratet in kluger Berechnung die korinthische Königstochter Glauke, eine Enkelin des Sisyphos. Medea "grollt unversöhnbar" und überträgt ihren Haß zeitweise von Jason sogar auf die beiden gemeinsamen kleinen Söhne.
König Kreon, Glaukes Vater, sieht die Gefahr angesichts der "wilden Natur" Medeas und verweist sie aus dem Land, doch gelingt es Medea, ihn zu einem Tag Aufschub zu bewegen - Zeit genug, um sich zu rächen. Medea stellt dem Chor und der Chorführerin ihren Plan vor.

MEDEA:
Mir folgt das Unglück überall; wer leugnet es?
Doch wird es so nicht enden; glaubt das nimmermehr!
Viel Kämpfe harren dieser Neuvermählten noch
Und ihrer Anverwandten kein geringer Schmerz.
Du meinst, geschmeichelt hätt' ich dem jemals umsonst
Und nicht an Vorteil oder Trug dabei gedacht?
Nicht angeredet hätt' ich ihn, nicht angerührt!
Ihm hat die Torheit aber ganz den Sinn berückt.
Er konnte, wenn er mich hinaus zum Lande trieb,
Mir meinen Plan vereiteln, und nun gönnt er mir
Noch diesen Tag hier, wo ich meiner Feinde drei
Ums Leben bringe, Vater, Braut und Ehgemahl.
Der Wege, sie zu töten, hab ich viele; doch,
Ihr Fraun, ich weiß nicht, welchen ich betreten soll.
Leg ich von unten Feuer an der Braut Palast?
Wie? Oder bohr ich ihr ins Herz den scharfen Stahl,
Ins Haus mich still einschleichend, wo ihr Lager steht?
Nur eines ist mir schrecklich: Wenn man mich ergreift,
Nachdem ich, sinnend auf den Mord, eintrat ins Haus,
So werd ich sterbend ein Gespött der Feinde sein.
Der grade Weg der beste, dessen bin ich auch
Am meisten kundig; ich ermorde sie mit Gift.
Wohl!
Sie seien tot denn; welche Stadt nimmt mich dann auf?
Wo beut ein Gastfreund sein Gebiet, sein Haus mir an
Als sichre Zufluchtsstätte, schirmt mich Flüchtige?
Ich habe niemand! Harr ich denn noch kurze Zeit,

Ob sichre Rettung irgendwie sich zeigen wird,
Und schreite dann zum Morde heimlich und mit List.
Doch treibt mich hilflos hier hinaus mein Mißgeschick,
So greif ich zu dem Schwerte; muß ich sterben auch,
Ich will sie töten, wage kühn die kühnste Tat.
Denn wahrlich bei der Göttin, die vor allen ich
Verehre, die zur Helferin ich mir erkor,
Die wohnt in meines Herdes Grund, der Hekate,
Sie sollen sich nicht freuen, die mein Herz betrübt!
Ein bittres Leid schaff ich dem jungen Paar und den
Verwandten sein, wenn ich aus diesem Land entflieh.
Wohlan! Von allen deinen Künsten spare nichts,
Berate dich, Medea, sinne Listen aus!
Zum Ärgsten schreite! Nun bedarf es hohen Muts.
Siehst du, wie sehr du leidest? Werd nicht zum Gespött
Dem Sisyphosgeschlechte und der neuen Eh',
Du Kind des edlen Vaters und des Helios!
Du bist so vielerfahren; auch erschuf Natur
Uns Frauen in den edlen Künsten ungeschickt,
In allem Bösen aber höchst erfinderisch.

Medea wird ihren Plan noch ändern: Statt Jason wird sie (neben Kreon und Glauke) ihre beiden Söhne töten.

Aus: Medea, V. 366-411. © Philipp Reclam Jun. GmbH & Co, Stuttgart 1994, S. 18 f.

Fo, Dario (geb. 1926):

Bezahlt wird nicht!

(Orig.: Non si paga! Non si paga!) Eine Farce. UA: Mailand 1974

Einfaches Arbeitermilieu in Mailand. Antonia kommt aus einem Supermarkt "mit übervollen Markttaschen" nach Hause, obwohl gerade die Preise kräftig erhöht worden sind. Sie weiht ihre Freundin Margherita ein, daß sie an einer spontanen Protestaktion der Kunden teilgenommen hat, die in ihrer solidarischen Empörung über die Preiserhöhungen beschlossen haben: "Bezahlt wird nicht!". Sie haben die Waren einfach wahllos mitgenommen als "Quittung für das, was ihr uns in all den Jahren abgenommen habt, die wir hierher kommen und kaufen", wie sie dem Verkaufsleiter erklären.
Nun fürchtet Antonia die Reaktion ihres Mannes Giovanni "mit seinem Gesetzesfimmel". Also steckt sie ihre Beute unters Bett und ihrer Freundin unter den Mantel. Als Giovanni heimkommt, erklärt sie ihm, Margherita sei schwanger. Polizisten und Carabinieri tauchen zu einer Hausdurchsuchung auf. Zur Ablenkung täuscht Margherita vor, sie habe eine Frühgeburt; tatsächlich platzt unter ihrem Mantel eine Packung Oliven. Gegen ihren Willen bringen sie die Carabinieri zum Krankenwagen. Antonia begleitet sie, Giovanni bleibt zurück, um den Boden zu wischen. Das von seiner Frau in der Eile aus dem Supermarkt unbesehen mitgenommene Tierfutter (tiefgefrorene Kaninchenköpfe, Hirse für Kanarienvögel, Dosenfutter für Hunde und Katzen), angeblich wegen des günstigeren Preises von Antonia aus Not gekauft, bleibt für seinen hungrigen Magen eine Versuchung, denn das Paar hat das Haushaltsgeld aufgebraucht.

I. Akt

GIOVANNI: Wartet! Ich hole nur meine Jacke. Ich komme mit.
(ANTONIA: Du bleibst daheim! Das hier ist Frauensache! Nimm lieber einen Putzlumpen und wisch das Wasser vom Fußboden.)
GIOVANNI: Aber bitte, ja ... ich nehm einen Putzlumpen und wisch auf ... das ist Männersache.
Alle ab, bis auf Giovanni, der den Putzlappen nimmt und sich zum Fenster schleicht.
Jetzt schau einmal, was eine Aufregung, wer weiß, wie Luigi das aufnehmen wird, wenn er morgen von der Nachtschicht heimkommt ... Vielleicht wird er ganz unerwartet Vater ... den trifft der Schlag! Und wenn das Kind dann auch noch in den Bauch einer anderen Frau verpflanzt worden ist? Dann trifft ihn der Doppelschlag ... und er liegt um! Ich muß unbedingt mit ihm reden und ihn auf sein Glück langsam, langsam vorbereiten ... ich werd ganz weit ausholen ... natürlich ... mit dem Papst werd ich anfangen ... "Liebe Brüder in Christibus!"
Er wirft sich auf die Knie und beginnt den Fußboden zu wischen.
Alles ist naß! Wie komisch das riecht, wie Essig ... ja, genau ... wie Salzlake ... Das wußt ich auch nicht, daß man vor der Geburt neun Monate in Salzlake und Essigsoße schwimmt! Jetzt schau einmal da, was ist das? Eine Olive? Man schwimmt in Salzlake mit Oliven? Auch das noch! Nein, nein, bin ich denn verrückt? Die Olive gehört nicht dazu! *Die Sirene wird wieder in Gang gesetzt. Giovanni erhebt sich und geht zum Fenster.*

Da fahren sie hin. Hoffentlich geht alles gut. Was ist denn das? Noch eine Olive? Zwei Oliven? Wenn ihre Herkunft nicht ein bißchen ungeklärt wäre, würde ich sie glatt essen ... ich hab einen Hunger! Bald mach ich mir wirklich eine Hirsesuppe. Vielleicht schmeckt sie. Wasser ist schon aufgestellt, ich mach zwei Brühwürfel rein ... eine Zwiebel ... *Er öffnet den Eisschrank.*
Wußt ich's doch! Keine Brühwürfel und noch nicht einmal eine Zwiebel ... Jetzt muß ich doch einen Kaninchenkopf mitkochen! Kerle, ich komme mir vor wie die böse Königin aus Schneewittchen und die sieben Zwerge, wenn sie ihren Zaubertrank zubereitet ... nachher eß ich die Vogelfuttersuppe und wumm! Verwandle mich in einen Frosch! Oder in einen der sieben Zwerge ... nein, in den achten: Dreggerli!
Gedankenverloren dreht er am Schraubverschluß des Schweißgeräts. Was macht denn mein Schweißgerät hier? Wie oft muß ich dieser Schwachsinnigen von einer Frau noch sagen, daß sie meinen Schweißbrenner nicht als Gasanzünder benutzen soll, weil es gefährlich ist! Die macht einem noch die Gasflasche leer.
In der Tür erscheint Luigi, Margheritas Mann.
(LUIGI: Darf ich? Ist jemand da?)
GIOVANNI: He, Luigi, grüß dich! Was machst du denn hier um diese Uhrzeit?

© 1997, Europäische Verlagsanstalt/Rotbuch Verlag, Hamburg, S. 36 f.

Johann Wolfgang Goethe (1749 - 1832):

Faust I

Entstanden 1772-1806, EA: 1808, UA: Berlin 1819 (Szenen aus Faust I), Braunschweig 1829 (Faust I)

Der Renaissance-Gelehrte Faust hat in seinem ewig unbefriedigten Streben nach Erfüllung mit Hilfe der Teufelskünste des Mephistopheles das unschuldige Gretchen verführt.
In der vorangehenden Szene betet Gretchen vor einem Marienbild: "Hilf! rette mich von Schmach und Tod!" Sie hat nicht nur Mitschuld am Tod ihrer Mutter, sie ist bereits schwanger und denkt wohl schon daran, das Kind zu töten und so ihr eigenes Todesurteil heraufzubeschwören.
Valentin, ein einfacher Soldat (deshalb der Knittelvers), trägt als Gretchens Bruder nun, nachdem beide Eltern tot sind, die Verantwortung für seine Schwester und ihren Ruf. Das Gerede über Gretchen hat begonnen.

Nacht.
Straße vor Gretchens Türe.

VALENTIN:
Wenn ich so saß bei einem Gelag,
Wo mancher sich berühmen mag,
Und die Gesellen mir den Flor
Der Mägdlein laut gepriesen vor,
Mit vollem Glas das Lob verschwemmt,
Den Ellenbogen aufgestemmt,
Saß ich in meiner sichern Ruh,
Hört all dem Schwadronieren zu,
Und streiche lächelnd meinen Bart,
Und kriege das volle Glas zur Hand
Und sage: Alles nach seiner Art!
Aber ist eine im ganzen Land,
die meiner trauten Gretel gleicht,
Die meiner Schwester das Wasser reicht?
Topp! Topp! Kling! Klang! das ging herum;
Die einen schrieen: Er hat recht,
Sie ist die Zier vom ganzen Geschlecht!
Da saßen alle die Lober stumm.
Und nun! - um's Haar sich auszuraufen
Und an den Wänden hinaufzulaufen! -
Mit Stichelreden, Naserümpfen
Soll jeder Schurke mich beschimpfen!
Soll wie ein böser Schuldner sitzen,
Bei jedem Zufallswörtchen schwitzen!
Und möcht ich sie zusammenschmeißen,

Könnt ich sie doch nicht Lügner heißen.

Was kommt heran? Was schleicht herbei?
Irr ich nicht, es sind ihrer zwei.
Ist er's, gleich pack ich ihn beim Felle,
Soll nicht lebendig von der Stelle!

Faust taucht mit Mephisto auf, um erneut Gretchen zu besuchen, da tritt Valentin hervor, greift ihn mit dem Degen an und wird nach kurzem Gefecht getötet. Die Mörder fliehen. Der sterbende Valentin beschimpft die mit anderen herbeigelaufene Schwester als ehrlose Hure. Seine letzten Worte: "Ich gehe durch den Todesschlaf/ Zu Gott ein als Soldat und brav."

In: Johann Wolfgang Goethe: Faust. Der Tragödie erster Teil. Philipp Reclam Jun. GmbH & Co, Stuttgart 1986, V. 3620 ff., S. 106

Bayerisches Staatsschauspiel München, o. J.

Johann Wolfgang Goethe (1749 - 1832):

Torquato Tasso

Ein Schauspiel in fünf Aufzügen. EA 1790, UA: Weimar 1807

Der italienische Renaissance-Dichter Torquato Tasso ist die Hauptfigur des Dramas, das Goethe erst in Prosa, dann, unter dem Eindruck seiner Italienreise, in Jamben verfaßt. Im harmonischen Kreis der Hofgesellschaft von Ferrara (ein idealisiertes Weimar) lebt und dichtet der junge Tasso, zerrissen zwischen seiner Rolle als schöpferisches Individuum und der Sitte des konventionellen Hofes. Weltfremd und übermäßig reizbar, gerät er in handfesten Streit mit seiner Komplementärfigur, dem weltmännischen, aber gegenüber dem Dichter schroffen Staatssekretär Antonio. Tasso bekommt dafür vom Fürsten Zimmerarrest. Er steigert sich in seinen Haß gegen Antonio hinein und sieht überall Neider und Feinde um sich. Die Freundin der Prinzessin, Gräfin Leonore Sanvitale, rät ihm, nach Florenz (in das Herrschaftsgebiet der Medici) abzureisen, damit er wieder Klarheit gewinne und erkenne, daß ihn niemand verfolgt.

4. Aufzug, 3. Auftritt

TASSO: *allein*
Ich soll erkennen, daß mich niemand haßt,
Daß niemand mich verfolgt, daß alle List
Und alles heimliche Gewebe sich
Allein in meinem Kopfe spinnt und webt!
Bekennen soll ich, daß ich unrecht habe,
Und manchem unrecht tue, der es nicht
Um mich verdient! Und das in einer Stunde,
Da vor dem Angesicht der Sonne klar
Mein volles Recht, wie ihre Tücke, liegt.
Ich soll es tief empfinden, wie der Fürst
Mit offner Brust mir seine Gunst gewährt,
Mit reichem Maß die Gaben mir erteilt,
Im Augenblicke, da er schwach genug
Von meinen Feinden sich das Auge trüben
Und seine Hand gewiß auch fesseln läßt.

Daß er betrogen ist, kann er nicht sehen,
Daß sie Betrüger sind, kann ich nicht zeigen,
Und nur damit er ruhig sich betrüge,
Daß sie gemächlich ihn betrügen können,
Soll ich mich stille halten, weichen gar.

Und wer gibt mir den Rat? wer dringt so klug
Mit treuer, lieber Meinung auf mich ein?
Lenore selbst, Lenore Sanvitale,

Die zarte Freundin! Ha, dich kenn ich nun!
O warum traut ich ihrer Lippe je!
Sie war nicht redlich, wenn sie noch so sehr
Mir ihre Gunst, mir ihre Zärtlichkeit
Mit süßen Worten zeigte! Nein, sie war
Und bleibt ein listig Herz, sie wendet sich
Mit leisen klugen Tritten nach der Gunst.

Wie oft hab ich mich willig selbst betrogen,
Auch über sie, und doch im Grunde hat
Mich nur - die Eitelkeit betrogen. Wohl!
Ich kannte sie, und schmeichelte mir selbst.
So ist sie gegen andre, sagt ich mir,
Doch gegen dich ist's offne treue Meinung.
Nun seh ich's wohl und seh es nur zu spät:
Ich war begünstigt, und sie schmiegte sich
So zart - an den Beglückten. Nun ich falle,
Sie wendet mir den Rücken wie das Glück.

Nun kommt sie als ein Werkzeug meines Feindes,
Sie schleicht heran und zischt mit glatter Zunge,
Die kleine Schlange, zauberische Töne.
Wie lieblich schien sie! lieblicher als je!
Wie wohl tat von der Lippe jedes Wort!
Doch konnte mir die Schmeichelei nicht lang
Den falschen Sinn verbergen; an der Stirne
Schien ihr das Gegenteil zu klar geschrieben
Von allem, was sie sprach. Ich fühl es leicht,
Wenn man den Weg zu meinem Herzen sucht
Und es nicht herzlich meint. Ich soll hinweg?
Soll nach Florenz, sobald ich immer kann?

Und warum nach Florenz? Ich seh es wohl.
Dort herrscht der Mediceer neues Haus,
Zwar nicht in offner Feindschaft mit Ferrara,
Doch hält der stille Neid mit kalter Hand
Die edelsten Gemüter auseinander.
Empfing ich dort von jenen edlen Fürsten
Erhabne Zeichen ihrer Gunst, wie ich
Gewiß erwarten dürfte, würde bald
Der Höfling meine Treu und Dankbarkeit
Verdächtig machen. Leicht geläng es ihm.
Ja, ich will weg, allein nicht wie ihr wollt;
Ich will hinweg, und weiter, als ihr denkt.

Im weiteren wird Tasso die Prinzessin (gezeichnet nach dem Bild der Frau von Stein) durch seine Leidenschaft verstören, in seiner Verzweiflung aber doch nicht abreisen, sondern in Antonio und seiner dichterischen Kraft Halt suchen. Ob es ihm gelingt, bleibt offen. -
Als weitere Szenen bieten sich an: II,1, IV,1 und IV,5.

Johann Wolfgang von Goethe: Torquato Tasso. Ein Schauspiel. Philipp Reclam Jun. GmbH & Co, Stuttgart 1948, S. 70-72

Schiller-Theater Berlin, 1963

Johann Wolfgang Goethe (1749 - 1832):

Egmont

Ein Trauerspiel in fünf Aufzügen. Entst.: 1775-87, UA: Mainz 1789

Goethe beginnt sein Drama um den Grafen Egmont im Sturm und Drang und idealisiert den Anführer des niederländischen Widerstands gegen die Spanier zum jugendlich ungebrochenen Helden. Der Adelige flieht nicht aus seinem besetzten Land, denn er scheint die einzige Hoffnung für die Niederländer zu sein, und an Brüssel fesselt ihn seine Liebe zu dem Bürgermädchen Klärchen, die sich für Egmont dem Werben durch den bürgerlichen Brackenburg verschließt. Der neu eingesetzte Statthalter Herzog von Alba lädt den arglosen Egmont vor und läßt ihn im Palast verhaften. Klärchen scheitert in dem Versuch, das Volk zum Aufstand und zur Befreiung Egmonts zu bewegen.

Fünfter Aufzug

KLÄRCHEN: Komm mit, Brackenburg! Du mußt die Menschen nicht kennen; wir befreien ihn gewiß. Denn was gleicht ihrer Liebe zu ihm? Jeder fühlt, ich schwöre es, in sich die brennende Begier, ihn zu retten, die Gefahr von einem kostbaren Leben abzuwenden und dem Freiesten die Freiheit wiederzugeben. Komm! Es fehlt nur an der Stimme, die sie zusammenruft. In ihrer Seele lebt noch ganz frisch, was sie ihm schuldig sind! Und daß sein mächtiger Arm allein von ihnen das Verderben abhält, wissen sie. Um seinet- und ihretwillen müssen sie alles wagen. Und was wagen wir? Zum Höchsten unser Leben, das zu erhalten nicht der Mühe wert ist, wenn er umkommt. (...) Laß uns nicht lang vergebliche Worte wechseln. Hier kommen von den alten, redlichen, wackern Männern! Hört, Freunde! Nachbarn, hört! - Sagt, wie ist es mit Egmont? (...) Tretet näher, daß wir sachte reden, bis wir einig sind und stärker. Wir dürfen nicht einen Augenblick versäumen! Die freche Tyrannei, die es wagt, ihn zu fesseln, zückt schon den Dolch, ihn zu ermorden! O Freunde! mit jedem Schritt der Dämmerung werd ich ängstlicher. Ich fürchte diese Nacht. Kommt! Wir wollen uns teilen. Mit schnellem Lauf von Quartier zu Quartier rufen wir die Bürger heraus. Ein jeder greife zu seinen alten Waffen. Auf dem Markte treffen wir uns wieder, und unser Strom reißt einen jeden mit sich fort. Die Feinde sehen sich umringt und überschwemmt, und sind erdrückt. Was kann uns eine Handvoll Knechte widerstehn? Und er in unsrer Mitte kehrt zurück, sieht sich befreit und kann uns einmal danken, uns, die wir ihm so tief verschuldet worden. Er sieht vielleicht - gewiß er sieht das Morgenrot am freien Himmel wieder. (...) Könnt ihr mich mißverstehn? Vom Grafen sprech ich! Ich spreche von Egmont.
JETTER: Nennt den Namen nicht! Er ist tödlich.
KLÄRCHEN: Den Namen nicht! wie! Nicht diesen Namen? Wer nennt ihn nicht bei jeder Gelegenheit? Wo steht er nicht geschrieben? In diesen Sternen hab ich oft mit allen seinen Lettern ihn gelesen. Nicht nennen? Was soll das? Freunde! Gute, teure Nachbarn, ihr träumt, besinnt euch! Seht mich nicht so starr und ängstlich an! Blickt nicht schüchtern hie und da beiseite. Ich ruf euch ja nur zu, was jeder wünscht. Ist

meine Stimme nicht eures Herzens eigne Stimme? Wer würfe sich in dieser bangen Nacht, eh er sein unruhvolles Bette besteigt, nicht auf die Knie, ihn mit ernstlichem Gebet vom Himmel zu erringen. Fragt euch einander! frage jeder sich selbst! und wer spricht mir nicht nach: Egmonts Freiheit oder den Tod! (...) Und ich habe nicht Arme, nicht Mark wie ihr; doch hab ich, was euch allen eben fehlt, Mut und Verachtung der Gefahr. Könnt euch mein Atem doch entzünden, könnt ich an meinen Busen drückend euch erwärmen und beleben! Kommt! In eurer Mitte will ich gehen! - Wie eine Fahne wehrlos ein edles Heer von Kriegern wehend anführt, so soll mein Geist um eure Häupter flammen und Liebe und Mut das Schwankende zerstreute Volk zu einem fürchterlichen Heer vereinigen. (...)
Außer mir! Abscheulich, Brackenburg, Ihr seid außer Euch. Da ihr laut den Helden verehrtet, ihn Freund und Schutz und Hoffnung nanntet, ihm Vivat rieft, wenn er kam, da stand ich in meinem Winkel, schob das Fenster halb auf, verbarg mich lauschend, und das Herz schlug mir höher als euch allen. Jetzt schlägt mir's wieder höher als euch allen! Ihr verbergt euch, da es Not ist, verleugnet ihn und fühlt nicht, daß ihr untergeht, wenn er verdirbt. (...) Nach Hause! Ja, ich besinne mich. Komm, Brackenburg, nach Hause! Weißt du, wo meine Heimat ist?

Egmont wird zum Tode verurteilt, worauf Klärchen den Freitod wählt. In der Gefangenschaft erscheint Egmont in einer Vision seine Geliebte, die ihn erkennen läßt, daß er für die künftige Freiheit seines Volkes sterben wird.

In: Johann Wolfgang von Goethe, Egmont. Philipp Reclam Jun. GmbH & Co, Stuttgart 1993, S. 73 f.

Nikolaj Gogol (1809 - 52):

Der Revisor

Komödie in fünf Akten. Übers. v. Georg Schwarz. - UA: Petersburg 1836

Eine russische Kleinstadt des frühen 19. Jahrhunderts erwartet einen Revisor aus Petersburg. Nun logiert zufällig im Gasthaus der verschwenderische Chlestakow aus Petersburg mit seinem Diener Ossip. In dem inzwischen völlig mittellosen Chlestakow wird eben dieser Revisor gesehen, was die Stadt in Angst versetzt und Chlestikow zu unerwarteten Ehren und Geschenken verhilft.

Zweiter Akt, erster Auftritt

Ein kleines Zimmer im Gasthof. Ein Bett, ein Tisch, ein Koffer, eine leere Flasche, Stiefel, eine Kleiderbürste und anderes.
Ossip liegt auf dem Bett seines Herrn.
OSSIP: Hol's der Teufel, ich hab einen schrecklichen Hunger; in meinem Bauch rumort es, als bliese ein ganzes Regiment Trompete! Wir schaffen es nicht bis nach Hause, und damit fertig! Was will man machen? Den zweiten Monat sind wir nun schon von Petersburg unterwegs. Der Schlingel hat alles durchgebracht; nun sitzt er da mit eingezogenem Schwanz und plustert sich nicht mehr auf. Und dabei hätte das Geld für die Postpferde gereicht, sogar sehr gut gereicht; aber nein, siehst du wohl, er muß in jeder Stadt zeigen, was für einer er ist! *Ahmt ihn nach.* "He, Ossip, geh, sieh zu, daß du das beste Zimmer bekommst, und verlang das beste Mittagessen - ein schlechtes kriege ich nicht hinunter, ich muß das allerbeste haben." Ginge ja auch die Ordnung, wenn er was Rechtes wär, aber so - ein gewöhnlicher Kollegienregistrator! Macht sich mit den Reisenden bekannt, und hinterher geht's an die Karten - da hat er das Geld eben kleingekriegt! Hach, ich habe dieses Leben satt! Wahrhaftig, auf dem Dorf hat man es besser! Nun ja, es stimmt schon, man steht nicht so im Rampenlicht, aber dafür gibt es auch weniger Sorgen; man nimmt sich ein Weib und hat sein Leben lang nichts weiter zu tun, als auf der Hängepritsche zu liegen und Piroggen zu essen. Natürlich, niemand bestreitet es - das Leben in Petersburg ist, wenn man ehrlich sein will, schöner als irgendwo anders. Nur Geld müßte man haben, denn das Leben ist vornehm und stinkfein - Theater, Hunde, die dir was vortanzen, einfach alles, was du willst. Alle drücken sich mit größter Delikatesse aus und stehen höchstens hinter dem Adel zurück; du kommst in den Stschukin dwor, und die Kaufleute rufen dich "Verehrter!"; auf der Überfahrt mit dem Boot sitzt du neben einem Beamten; brauchst du Gesellschaft, dann geh in den Laden nebenan - dort erzählt dir so ein Haudegen vom Feldlager und erklärt, was die einzelnen Sterne am Himmel bedeuten; du siehst alles wie auf der flachen Hand. Eine alte Offiziersfrau kommt vorbei; und manchmal schaut so ein Kammerkätzchen herein ... ei, ei, ei! *Er grinst und schüttelt den Kopf.* Hol's der Teufel! Das sind Umgangsformen - geradezu Galanterie! Kein unhöfliches Wort zu hören, jeder sagt "Sie" zu dir. Bist du des Laufens müde, dann mietest du dir eine Droschke und sitzt darin wie ein

Herr; willst du dich dann aber ums Bezahlen drücken - bitte schön, jedes Haus hat einen zweiten Ausgang, brauchst nur zu flitzen, daß dich kein Teufel einkriegt. Eins ist allerdings schlecht - das eine Mal ißt du dich satt, daß es seine Art hat, und das andere Mal zerreißt es dich bald vor Hunger - wie zum Beispiel jetzt. Und schuld an allem ist nur er. Was willst du mit ihm machen? Der Vater schickt ihm Geld, und er, statt es zusammenzuhalten - i wo! Er wirft sogleich damit um sich - fährt mit der Mietdroschke, läßt mich jeden Tag eine Theaterkarte besorgen, und siehe da, nach einer Woche schickt er mich auf den Trödelmarkt, den neuen Frack verkaufen. Kommt vor, daß er alles bis auf das letzte Hemd vertut und weiter nichts auf dem Leibe hat als einen schäbigen Rock und ein elendes Mäntelchen ... Bei Gott, die reinste Wahrheit! Und dabei so ein vornehmes Tuch, englische Ware! Allein der Frack hat hundertfünfzig Rubel gekostet, und er verschleudert ihn auf dem Markt für zwanzig; von den Beinkleidern ganz zu schweigen - die bringen so gut wie gar nichts ein. Und weshalb das alles? Weil er sich um gar nichts kümmert - statt in den Dienst zu gehen, treibt er sich auf dem Prospekt herum oder spielt Karten. Hach, wenn das der alte Herr wüßte! Den würde es nicht stören, daß du Beamter bist; er würde dein Hemdchen hochheben und dich versohlen, daß du dir hinterher vier Tage lang einen gewissen Körperteil reibst. Dienst ist eben Dienst. Da sagt jetzt der Gastwirt, ich gebe euch nichts zu essen, solange das Alte nicht bezahlt ist; und wenn wir es nun nicht bezahlen? *Er seufzt.* Du lieber Gott, und wenn es eine Kohlsuppe wäre! Ich glaube, ich könnte die ganze Welt verschlingen. Es klopft; das ist sicherlich er. *Er erhebt sich rasch vom Bett.*

Das Stück sollte erst von der Zensur verboten werden, bekam aber mit ausdrücklicher Genehmigung des Zaren die Aufführungserlaubnis.

In: Der Revisor. Dramen. Ges. Werke in Einzelbänden. Hg. v. Michael Wegner.
© Aufbau-Verlag, Berlin und Weimar 1973

Nikolaj Gogol (1809 - 52):

Die Heirat

Eine ganz unwahrscheinliche Begebenheit in zwei Akten
Übers. v. Georg Schwarz. - Entst. 1832-42

Die Handlung spielt im Milieu der kleinbürgerlichen Kaufleute. Kotscharjow soll für seinen Freund Podkoljessin eine Braut suchen und findet sie in dem späten Fräulein Agafja. Die allerdings hat selbst bereits fünf Bewerber, die Kotscharjow erst aus dem Feld schlagen muß.

Zweiter Akt, erster Auftritt

Ein Zimmer im Hause Agafja Tichonownas.
Agafja Tichonowna allein; später Kotschkarjow.

AGAFJA TICHONOWNA:
Wahrhaftig - wer die Wahl hat, hat die Qual! Wenn es nur ein oder zwei wären, aber nein - vier! Sieh zu, wie du damit fertig wirst. Nikanor Iwanowitsch ist nicht übel, wenn auch natürlich ein bißchen mager. Auch Iwan Kusmitsch ist nicht schlecht. Und wenn ich ehrlich sein soll, auch Iwan Pawlowitsch stellt etwas dar - er ist zwar dick, dafür aber sehr stattlich. Also bitte - was tun? Andererseits hat auch Baltasar Baltasarowitsch seine Vorzüge. Wie schwer es doch ist, sich zu entscheiden, einfach nicht wiederzugeben! Ja, wenn man unter Iwan Kusmitschs Nase Nikanor Iwanowitschs Mund anbringen, einen Schuß von Baltasar Baltasarowitschs Ungezwungenheit dazunehmen und vielleicht noch ein wenig von Iwan Pawlowitschs Stattlichkeit hinzutun könnte, ich würde mich auf der Stelle entschließen. Aber so? Mach was! Ich habe geradezu Kopfschmerzen bekommen. Das beste wird wohl sein, das Los entscheiden zu lassen und sich in allem dem Willen Gottes anzuvertrauen - wen das Los bestimmt, der wird mein Mann. Ich schreibe ihre Namen auf Zettel und rolle die Zettel zusammen, komme, was wolle! *Sie tritt auf ein Tischchen zu, entnimmt ihm eine Schere und Papier, das sie zu Zetteln zerschneidet und zusammenrollt, wobei sie zu sprechen fortfährt.* Welch unglückliche Lage für ein Mädchen, das obendrein auch noch liebebedürftig ist! Das wird kein Mann verstehen können, noch verstehen wollen. - Hier hab ich sie alle beisammen, alle schön präpariert! Ich brauche sie nur noch ins Handtäschchen zu stecken und die Augen zuzukneifen - komme, was will! *Sie tut die Zettel in die Handtasche und mischt sie.* Ich fürcht mich ... Ach, wenn doch der Herrgott gäbe, daß ich Nikanor Iwanowitsch ziehe! Aber nein, wieso gerade ihn? Lieber Iwan Kusmitsch. Und wieso Iwan Kusmitsch? Sind denn die anderen schlechter? Nein, nein, ich will nicht vorgreifen - wen mir das Los bestimmt, der soll es sein. *Sie greift in ihre Handtasche und zieht statt eines Loses alle auf einmal heraus!* Ach! Alle, alle zusammen! Wie mir das Herz klopft! Nein, es muß einer sein, einer, unbedingt einer! *Sie tut die Zettel wieder in die Handtasche und rührt sie durcheinander.* (...) Ach, würd ich doch Baltasar ziehen! Was rede ich da! Ich wollte

sagen - Nikanor Iwanowitsch ... Nein, nein, ich will nicht, ich will nicht ... Das Schicksal soll entscheiden!

Kotscharjow hat mit seinen Vermittlungsbemühungen Erfolg, doch sein Freund nimmt im letzten Moment vor der Hochzeit Reißaus.

In: Nikolai Gogol, Der Revisor. Dramen. Ges. Werke in Einzelbänden. Hg. v. Michael Wegner, © Aufbau-Verlag Berlin und Weimar 1973

Theater
Dividyeko Hany,
Tschechien, 1995

Carlo Goldoni (1707 - 93):

Die Verliebten

Übers. von Uwe Schuster. - UA: Venedig 1761

Eugenia liebt Fulgenzio, und Fulgenzio liebt Eugenia. Doch damit ist bei temperamentvollen, italienischen Verlobten noch lange nicht alles klar. Fulgenzio soll sich um seine Schwägerin kümmern, was seine Verlobte rasend vor Eifersucht macht, während die Verbindung Eugenias zum Edelmann Roberto, Fulgenzio in Rage bringt. So entbrennt zwischen den Verliebten eine Streitsucht, die bis zum versöhnlichen Ende des Dramas droht, die Verbindung der beiden zu zerstören.

3. Szene

EUGENIA: *setzt sich zornig*
Undankbarer, Undankbarer, Undankbarer! Es müssen erst besondere Umstände eintreten, ehe wir merken, wer uns liebt oder wer uns nicht liebt. Wenn er mich liebte, müßte es ihm völlig gleichgültig sein, ob seine Schwägerin meinetwegen böse auf ihn ist. Aber der ältere Bruder hat sie ihm ja ans Herz gelegt. Daß ich nicht lache! Bruder oder Liebe! Wer mich liebt, hat jede andere Neigung zu vergessen. Und wenn es einen solchen Mann nicht gibt, dann will ich gar keinen Mann. Dann ziehe ich mich zurück von dieser Welt. Dann gehe ich eben ins Kloster. Jawohl! - Fulgenzio will mich ja sowieso nicht. Ich bin ja zu empfindlich.- Zugegeben, er hat sich immer wieder mit mir versöhnt, war einsichtig, hat um Verzeihung gebeten. Aber jetzt wird er wohl genug davon haben. Es liegt an mir. Aber ich kann nun mal nicht die Erste sein, die nachgibt. Ich gehe ins Kloster. Es ist besser so. Dann wird er ja zufrieden sein. Dann kann er ungestört seiner Schwägerin nachlaufen. Und eine neue Geliebte findet er auch. Die kann er dann ja meinetwegen heiraten. *Die letzten Worte bereits unter Tränen, nun bitterlich weinend:* Ich gehe ins Kloster.

8. Szene

EUGENIA:
Kloster? Habe ich vorhin Kloster gesagt? Soll ich vielleicht wegen eines Mannes ins Kloster gehen? So dumm möchte ich mal sein. Alle Männer sind undankbar. Keiner verdient, daß seinetwegen eine Frau ins Kloster geht. Warum gehen die Männer eigentlich nicht ins Kloster? Genau da gehören sie hin. Nachher macht der sich noch einen Triumph daraus. Läuft überall herum und erzählt stolz, daß seinetwegen eine Frau ins Kloster gegangen ist. So schön ist er ja nun auch wieder nicht. Nein, nein. Nix da. Kloster? Phh! - Ich bleibe standhaft! - *Mit leisem Schluchzen*: Wo mir aber doch so zum Sterben zu Mute ist!

In: Carlo Goldoni: Die Verliebten. © Henschel Schauspiel Theaterverlag, Berlin, S. 63 f. und S. 72

Schauspielschule Rostock

Carlo Goldoni (1707 - 93):

Der Diener zweier Herren

Komödie
Nach der Übers. v. Friedrich Ludwig Schröder, neu durchgesehen v. Otto C. A. zur Nedden. - UA: wahrscheinlich Venedig 1746

Goldoni, von Kindheit an mit dem Theater eng verbunden, ist theatergeschichtlich wichtig, weil er, Molière nacheifernd, gegen die seinerzeit vorherrschende Commedia dell'Arte eines Carlo Gozzi die Masken der Komödien zu ausgeformten Charakteren weiterentwickelte. "Der Diener zweier Herren" ist eines der früheren Stücke Goldonis. Truffaldino bleiben durchaus noch Möglichkeiten, neben den festgelegten Textpassagen auch zu improvisieren, wie es in der Commedia dell'Arte üblich ist.
Truffaldino wartet auf seinen Herrn, nämlich auf die als Mann unter dem Namen Rasponi verkleidet reisende Beatrice. In der vorangehenden Szene hat Beatrice ihren Diener so beschrieben: "Er ist ein sonderbares Gemisch von Einfalt und Klugheit; aber ich habe Ursache, ihn für treu zu halten." In den beiden nachfolgenden Szenen bereits verdingt sich Truffaldino, um seine kargen Einkünfte zu vermehren, heimlich bei einem zweiten Herrn, von dem er allerdings nicht weiß, daß es sich um Beatrices Geliebten Florindo handelt. Die Komplikationen seines doppelten Spiels halten Truffaldino in Atem, bis schließlich Beatrice und Florindo, trotz aller listigen Maßnahmen ihres gemeinsamen Dieners, glücklich zusammenfinden.

1. Aufzug, 9. Auftritt

Straße, rechter Hand ein Gasthof.
TRUFFALDINO: *allein*
Nun bin ich des Wartens müde! - Bei meinem Herrn bekommt man wenig zu essen, und nach dem wenigen muß man auch noch lange seufzen. Es ist Mittag in der Stadt; aber in meinem Magen ist es schon vor zwei Stunden Mittag gewesen. Andere Reisende, sobald sie in eine Stadt kommen, gehen nach dem Gasthofe, aber mein Herr läßt Koffer und alles auf dem Posthause; macht Visiten und kümmert sich gar nicht um den armen Bedienten. Man sagt zwar, man soll den Herren gern und willig dienen - man sollte aber auch den Herren sagen, daß sie ein wenig mehr Menschenliebe für ihre Bedienten hätten. Hier ist ein Gasthof! - Potz! - Was für ein herrlicher Geruch fährt in meine Nase! Ich möchte wohl hineingehen und sehen, ob es für meine Zähne nichts zu tun gäbe. - Aber - o du armer Truffaldino! Mein Beutel ist so leer als mein Magen! - Eh' ich länger ein Bedienter sein will, so will ich lieber - aber was soll ich tun? Ich armer Teufel kann ja gar nichts machen!

1. Aufzug, 14. Auftritt

TRUFFALDINO: *allein*
Oh, das ist lustig! Wie viele gibt es nicht, die einen Herrn suchen, und ich habe gleich zwei. Aber was Teufel soll ich machen? - Ich kann ja nicht beide bedienen. - Nicht? - warum nicht? - Wenn ich beiden aufwarte, so werd ich auch doppelt bezahlt und bekomme doppelt zu essen. - Und wenn's herauskommt - was verlier ich? Nichts. Wenn mich einer fortjagt, so bleibe ich bei dem andern. So wahr ich ein ehrlicher Kerl bin, ich will's versuchen. Und sollte es auch nur einen Tag dauern. Nur zu, nur zu! - Lustig, nun will ich für beide Herren nach der Post gehen. *Er will gehen.*

1. Aufzug, 21. Auftritt

TRUFFALDINO: *Hernach der Träger*
Bring mir den Pasqual! - Hahaha! Da hab ich mir recht gut durchgeholfen. Freund Truffaldino! du bist ein ganzer Kopf! Wenn ich nur lesen und schreiben könnte, so würd' ich ein Autor und machte Historienbücher. - Aber potz Blitz! ich darf den Brief nicht offen übergeben; der Herr ohne Bart ist verzweifelt hitzig. - Mir fällt etwas ein. Ich habe gesehen, daß die Leute Briefe mit gekautem Brote siegeln. So will ich es auch machen. *Er zieht ein Stück Brot aus der Tasche.* Es verdrießt mich, das Brot dazu zu gebrauchen - aber was soll man machen? *Er kaut ein Stück, schluckt es aber hinunter, wie er es aus dem Munde nehmen will.* Hoho! ich hab's hinuntergeschluckt; ich muß ein ander Stück kauen. *Wie vorhin.* Es ist wider meine Natur. Ich will es noch einmal versuchen. *Endlich gelingt es ihm mit Mühe, und er siegelt.* Endlich hab ich es getroffen. - Mich deucht, daß es recht gut gemacht ist. - Man kann nicht sehen, daß er offen war. - Nun will - Wetter! da hab ich den Koffer vergessen. - He! Kamerad! Hierher mit dem Koffer!

In: Carlo Goldoni, Der Diener zweier Herren. Übers. v. Ludwig Schröder, neu durchgesehen v. Otto C. A. zur Nedden. © Philipp Reclam Jun. GmbH & Co., Stuttgart 1977, S. 13 f., 17, 22 f.

Witold Gombrowicz (1904 - 69):
Yvonne, die Burgunderprinzessin
Komödie in vier Akten. Übers. v. Heinrich Kunstmann. - Entst.: 1935,
UA: Warschau 1957.

Ein in Langeweile erstarrter Hof gerät außer Fassung, als Prinz Philipp zunächst aus einer Laune heraus sich mit einem dahergelaufenen Mädchen, Yvonne, verlobt, das nicht nur von niedriger Herkunft und häßlich ist, sondern auch fast durchgängig stumm bleibt. Der Prinz rechtfertigt sich gegen alle höfischen Bedenken damit, daß seine Tat zeige, daß sein Geist sich frei von natürlichen und gesellschaftlichen Gesetzmäßigkeiten entscheiden könne. Durch ihre Passivität verstört Yvonne den ganzen Hof, wird zur Projektionsfläche aller verdeckten und unterdrückten Unvollkommenheiten und Ängste der Gesellschaft, bis sie schließlich von allen Mitgliedern der Hofgesellschaft gemeinsam ermordet wird.
Der Prinz sagt sich in dieser Szene von Yvonne los und wendet sich der koketten Hofdame Isa zu.

III. Akt

PRINZ:
Yvonne, ich habe dir gewisse Geständnisse zu machen. Eben, vor einem Augenblick, habe ich dich mit Isa verraten. Du hörst auf, meine Verlobte zu sein. Es tut mir leid, aber ich kann daran nichts ändern. Du hast keinen Sex-Appeal, worüber Isa in hohem Maße verfügt. Hege keinen Groll gegen mich, wenn ich dich auf diese Weise so leichthin davon unterrichte. Ich habe jedoch beschlossen, eine gewisse Leichtigkeit auszunutzen, die plötzlich über meine Natur zu herrschen beginnt ... dank deiner ... dank deiner, mein Schatz. *Küßt Isa die Hand. Zu Yvonne* Was stehst du so da? Du kannst allerdings hier herumstehen, solange du willst, das ist völlig egal! Sag mir Lebewohl! Ich gehe fort, ich schwimme weg, ich rücke ab, ich entferne mich, ich breche mit dir! Du weißt, es hilft nichts, wie angewurzelt stehen zu bleiben! (...) *Zu Isa* Verzeih, mein Schätzchen, ich habe vergessen, dich zu fragen, ob du einverstanden bist? Schlag es mir nicht ab. *Küßt ihre Hand* Oh, eine jede dieser Gesten macht mich gesund. Ich werde sofort entsprechende Dispositionen treffen lassen. Man braucht die Tatsache unserer Verlobung vor der Welt nicht zu verbergen. Meine Eltern werden sich freuen. Der Kammerherr ... der brave Kammerherr! Der ganze Hof ... Allen wird ein Stein vom Herzen fallen. Es fing an, unerträglich zu werden. *Zu Yvonne* Was stehst du noch da? Mir scheint, zwischen uns ist bereits alles geklärt. Worauf wartest du noch, meine Liebe? (...)
Du kannst dir hier die Beine in den Leib stehen, aber du wirst es nicht schaffen, mich in eine dumme Situation zu bringen. Ich habe mich geändert. Ich ändere den Ton, und sofort hat sich alles geändert! Du stehst da wie ein Gewissensbiß, aber das geht mich nichts an! Steh hier herum, solange du willst! Ha, ha, ha! Im übrigen hast du es gern, wenn man dir deinen mangelnden Sex-Appeal vorhält und dich damit quält. Du selber kannst dich nicht ausstehen, du bist dein eigener Feind, deshalb provozierst du alles unbewußt und hetzt sie gegeneinander auf, und jeder fühlt sich vor dir wie ein

Räuber und Schurke. Du kannst hier ein Jahr lang wie angewurzelt stehen, finster und rätselhaft, du wirst nie über meine Frivolität und Leichtigkeit siegen. (...) Nein, nein, kein Mitleid. Leichtfertig wollen wir sein! Ich kenne sie jetzt, ich habe Erfahrungen. Vor allem muß überhaupt etwas gesprochen werden, solange sie hier wartet, und zweitens muß man ihr in leichtem fröhlichen Ton die schlimmsten Dinge sagen. Es geht geradezu darum, ihr die allerunangenehmsten und allerunanständigsten Dinge in unschuldigem und bagatellisierendem Ton zu sagen. Das gestattet ihr nicht, zum Vorschein zu kommen, das läßt ihr Schweigen nicht zu Wort kommen und macht ihr Stehen unverbindlich. Das versetzt sie in eine Sphäre, in der sie ratlos ist. Hab' keine Sorge um mich, jetzt droht mir nichts mehr. Es ist wahnsinnig leicht, die Verbindung mit einem Menschen zu lösen, vor allen Dingen ist es eine Frage des Tonwechsels. Soll sie da stehen, natürlich, bitte schön, soll sie da stehen und schauen ... Und - im übrigen laß' uns gehen. Richtig, das ist mir gar nicht eingefallen, daß man einfach weggehen kann. Wenn sie steht, wollen wir gehen. *Yvonne bückt sich.* Verbeug' dich nicht vor mir! (...) Leg' das hin! Was hast du da aufgehoben? Was ist das? Ein Haar? Wozu das? Wessen Haar ist das? Ein Haar Isas. Leg' es hin. Du willst es behalten? Was willst du damit? (...) Ich ertrage es nicht, daß sie... dieses Haar ... bei sich haben soll! Gib her! *Nimmt es ihr* Ich habe es ihr genommen! Was bedeutet das, daß ich es ihr genommen habe? Sie hat ja nicht dieses Haar, sondern uns - uns hat sie in sich! *Zu Isa* Wir sind dort in ihr. Bei ihr. In ihrem Besitz. (...)

Nun will der Prinz nicht mehr, daß die Trennung von Yvonne bekanntgemacht wird; er verrät seinem Freund die Mordabsicht. Eine Entfernung Yvonnes vom Hof genüge nicht, weil sie dann weiter existiere: "Ich werde hier sein - sie dort - Brrr ... Ich will nicht. Lieber will ich einmal töten."

In: Witold Gombrowicz: Gesammelte Werke, Bd. 5: Theaterstücke. Yvonne, die Burgunderprinzessin, hrsg. Von Fritz Arnold u. Rolf Fieguth, © 1997 Carl Hanser Verlag München, Wien

Witold Gombrowicz (1904 - 1969):

Yvonne, die Burgunderprinzessin

Komödie in vier Akten. Übers. v. Heinrich Kunstmann. - Entst.: 1935,
UA: Warschau 1957.

Der Inhalt des Stücks ist bereits zur vorangehenden Szene vorgestellt worden.
Wie alle anderen am Hof ist auch Königin Margarethe durch Yvonnes Existenz sehr
verunsichert. Überall breitet sich Mißtrauen aus. Sie hat inzwischen ihren Mann, König Ignaz,
im Verdacht, ihre heimlich geschriebenen Gedichte gelesen zu haben. In dieser Szene nun
hat sie sich entschlossen, Yvonne zu vergiften. Dabei wird sie von dem gleichfalls zum Mord
entschlossenen König und dem Kammerherrn - beide hinter einem Sofa versteckt -
beobachtet.

IV. Akt
Königin tritt ein, sieht sich um, in der Hand ein Fläschchen. (...)
Die Königin tut ein paar Schritte in Richtung von Yvonnes Zimmer, bleibt stehen,
holt aus dem Busenausschnitt ein kleines Schreibheft hervor, stößt einen leichten
Seufzer aus und bedeckt ihr Gesicht mit der Hand. (...)
KÖNIGIN: *liest* Ich bin vereinsamt. *Wiederholt* Ja, vereinsamt bin ich und allein ...
Liest
Niemand kennt die Geheimnisse meines Busens. *Spricht* Niemand kennt meinen
Busen.
Niemand kennt ihn, oh, oh! *Liest*
Dir, verschwiegnes Heftchen,
Vertrau ich meine Träume,
meine reinen Schäume,
mein ganzes Tun und Planen,
das niemand soll erahnen.
Spricht Das niemand soll erahnen, das niemand soll erahnen. Oh! *Bedeckt ihr
Gesicht* Schrecklich - schrecklich ... Töten, töten ... *Hebt das Fläschchen hoch* Gift,
Gift ... (...)
Mit schmerzhafter Grimasse Das niemand soll erahnen. *Macht eine Handbewegung*
Lesen wir weiter. Lesen wir! Feuern wir uns an mit dieser Lektüre zur schrecklichen
Tat. *Liest*
Für euch, Leute, sitz ich auf dem Thron,
Auf dem Haupt die Kron.
Euch bleibt verborgen, was in meinem Busen bohrt,
Ihr glaubt, ich sei mächtig,
vernünftig und prächtig,
doch ich möcht bloß geschmeidig sein. *Spricht*
Geschmeidig, oh! Oh! Geschmeidig. Das habe ich geschrieben?
Das ist von mir. Von mir! Töten, töten! *Liest*
Geschmeidig wie der Haselstrauch,

Geschmeidig wie des Flieders Hauch,
Geschmeidig wie des Pferdes Bein,
Das eilige Rauschen im Hain,
Das hurtige Lüftchen im Maien,
Nur geschmeidig wünsch' ich zu sein.
Geschmeidig und keine Königin sein.
Geschmeidigkeit, oooh, Geschmeidigkeit, aaah! Ah!
Verbrennen, vernichten! Haselstrauch, Himbeerstrauch, Fliederstrauch ...
Schrecklich. Das habe ich geschrieben! Das ist von mir, von mir! Und wenn mich der Teufel holt, es ist von mir! Oh, jetzt merke ich erst, wie scheußlich es ist. Ignaz also ... hat es gelesen! Oooh! Das ist eine Ähnlichkeit - das ist eine Ähnlichkeit ... Wie es in ihr wühlt und schmatzt ... Oh, sie ist eine fürchterliche Anspielung auf meine Poesie! Eine Denunziantin! Die mich verrät! Ich bin es ! Ich bin es! Von mir ist das! Zwischen uns besteht eine Ähnlichkeit. Oh, wie sie alles aus mir hervorzerrt und zur Schau gestellt hat! Jeder, der sie ansieht, kann die Ähnlichkeit mit Margarethe entdecken. Jeder, der sie betrachtet, kann sehen, wie ich wirklich bin. Genau so, als läse er meine Werke. Genug! Sie muß zugrunde gehen! Genug! O Margarethe, du mußt sie ausrotten! Vorwärts, du todbringendes Fläschchen! Sie darf nicht mehr auf dieser Erde existieren. Es ist höchste Zeit, denn alles wartet nur darauf, diese giftige Beziehung aufzudecken. Ich kann nicht wegen dieser Denunziantin das Opfer von Spott, Schikanen, Lächerlichkeit und menschlicher Aggression werden. Ausrotten! Gehn wir, gehen wir - treten wir mit diesem Fläschchen leise in ihr Zimmer und gießen ein paar dieser Tröpfchen in ihre Medizin... Niemand wird es merken! Niemand wird es wissen. Sie ist kränklich, wird man denken, und so starb sie eben, ganz einfach ... Wer sollte erraten, daß ich es war. Ich bin die Königin! *Geht* Nein, nein. Moment mal, so kann ich nicht gehen. Ich sehe aus wie immer - und so soll ich sie vergiften? Ich muß mich verändern. Mich wenigstens zerzausen... die Haare... So, nicht zuviel, nicht zu ostentativ, nur soviel, um das Aussehen zu ändern. Oh, jetzt... so, so!... (...)
So zerzaust soll ich gehen? Oh, oh, oh! Das kann dich verraten! Wenn dich jemand mit diesem zerwühlten Haar ertappt... Hör' auf, mit dir zu sprechen. Gewiß spricht auch sie mit sich. Margarethe, hör' auf, mit dir zu sprechen, das kann dich verraten. *Sieht in den Spiegel* Oh, wie dieser Spiegel mich ertappt. Erst wenn sich meine innere Häßlichkeit in meinen Zügen spiegelt, kann ich gehen. Hör' auf, mit dir zu sprechen, es wird jemand hören. Ich kann nicht aufhören, mit mir zu sprechen. Ob alle Mörder vor der Tat mit sich sprechen? Was ist hier? Hier ist etwas anomal! *Sieht sich um* Eine sonderbar bösartige Unordnung. Verzerr' dich, verzerr' dich, Margarethe! So, ja, nun laß uns gehen! du mit mir, ich mit dir, Wieso du mit mir und ich mit dir - ich gehe doch allein. Verzerr' dich! Laß uns gehen! Erinnere dich all deiner Gedichte und geh'! Erinnere dich all deiner geheimen geschmeidigen Träume und geh'! Erinnere dich deines Haselstrauches, deines Fliederhauches und geh'! Oh, oh, oh, ich gehe, ich gehe! Ach, ich kann nicht. - Es ist zu verrückt! Gleich, einen Augenblick - beschmieren wir uns, nur noch das... *Beschmiert sich mit Tinte* So, mit diesen

Flecken ist es leichter ... Jetzt bin ich eine andere. Halt, das kann dich verraten! Nein, geh'n wir! Die Denunziantin töten! (...)

Nun springt der König hervor, will seiner Frau die Gedichte entreißen und beschimpft sie als Mörderin und Giftmischerin. Königin Margarethe fällt kurz in Ohnmacht. Dann gesteht ihr Mann, daß er selbst "die Zimperliese" Yvonne töten wolle, ja sogar schon früher einmal eine Frau gemordet habe. "Jetzt weißt du auch, was in mir ist." Das zu zeigen ist Yvonne durch ihre bloße Existenz gelungen.

In: Witold Gombrowicz: Gesammelte Werke, Bd.5: Theaterstücke. Yvonne, die Burgunderprinzessin, hrsg. Von Fritz Arnold u. Rolf Fieguth, © 1997 Carl Hanser Verlag München, Wien

Jugendclub der Bühnen der Stadt Köln, 1998

Maxim Gorki (1886 - 1936):

Nachtasyl

Schauspiel in vier Akten. Übers. v. August Scholz. - Entst. 1896, UA: Moskau 1902

"In der Tiefe" - so ein früherer Titel des Stückes - trifft sich der unterste Stand der russischen Gesellschaft: Betrüger, Säufer, Dirnen und Heruntergekommene hausen im Elendsquartier des Ehepaares Kostylew. Auf engstem Raum prallen die Gescheiterten und ihre Wünsche aufeinander, so daß es zu Eifersuchtsszenen, Prügeleien und Totschlag kommt. Luka, ein 60-jähriger Wanderprediger, stößt zu der rohen Gesellschaft und weckt in Einzelnen wieder Hoffnungen und Pläne für ein verändertes, besseres Leben. Nastja, eine 24-jährige Straßendirne, erträumt sich Erlebnisse von wahrer Liebe und Leidenschaft mit Hilfe ihres Groschenromans "Verhängnisvolle Liebe".

III. Akt

NASTJA:
mit geschlossenen Augen, bewegt den Kopf im Takt zu ihrer Erzählung, die sie in singendem Tone vorträgt In der Nacht also kommt er in den Garten, in die Laube, wie wir es verabredet hatten ... und ich warte schon längst und zittre vor Angst und Kummer. Auch er zittert am ganzen Leibe und ist kreideweiß, in der Hand aber hat er einen Revolver ... (...)
Und mit schrecklicher Stimme spricht er zu mir: "Meine teure Geliebte ..." (...)
"Meine Herzallerliebste", sagt er, "mein Goldschatz! Die Eltern verweigern mir ihre Einwilligung dazu", sagt er, "daß ich dich heirate, und drohen mir mit ihrem Fluche, wenn ich nicht von dir lasse. Und so muß ich mir denn", sagt er, "das Leben nehmen ..." Und sein Revolver war ganz fürchterlich groß und mit zehn Kugeln geladen ...
"Lebe wohl", sagt er, "traute Freundin meines Herzens! Mein Entschluß ist unwiderruflich ... ich kann ohne dich nicht leben." Ich aber antworte ihm: "Mein unvergeßlicher Freund ... mein Raoul ..." (...)
springt auf Schweigt ... ihr Unglücklichen! Ihr ... elenden Strolche! Könnt ihr überhaupt begreifen, was Liebe ist ... wirkliche, echte Liebe? Und ich ... ich habe sie gekostet, diese wirkliche Liebe! - *Zum Baron:* Du Jammerkerl ... willst ein gebildeter Mensch sein ... sagst, du hättest im Bett Kaffee getrunken ... (...)
setzt sich wieder Ich will nicht ... Ich erzähl' nicht weiter ...Wenn sie's nicht glauben wollen ... und darüber lachen ... - *Bricht plötzlich ab, schweigt ein paar Sekunden, schließt wieder die Augen und fährt dann laut und hastig fort zu erzählen, wobei sie im Takt zu ihrer Rede die Hand bewegt und gleichsam auf eine in der Ferne erklingende Musik lauscht.* - Und ich antworte ihm darauf: "Du Freude meines Daseins! Du mein glänzender Stern! Auch ich vermag ohne dich nicht zu leben ... weil ich dich wahnsinnig liebe und allezeit lieben werde, solange das Herz in meiner Brust schlägt! Aber", sag' ich, "beraube dich nicht deines jungen Lebens ... denn sieh, deine teuren Eltern, deren einzige Freude du bist - sie bedürfen dein ... Laß ab von mir! Mag ich lieber zugrunde gehen ... aus Sehnsucht nach dir, mein Leben ... ich bin allein... ich

bin - so eine! ... Ja, laß mich sterben ... was liegt dran ... denn ich tauge nichts ... und habe nichts ... rein gar nichts ..." - *Bedeckt ihr Gesicht mit den Händen und weint still in sich hinein.* (...)
preßt ihre Arme gegen die Brust: Großväterchen! Bei Gott ... 's ist wahr! Alles ist wahr! ... Der Student war ein Franzose ... Gastoscha hieß er ... und ein schwarzes Bärtchen hatte er ... und trug immer Lackstiefel ... Der Blitz soll mich auf der Stelle treffen, wenn's nicht wahr ist! Und wie er mich liebte ... ach, wie er mich liebte!

Man sollte dieses Drama nicht allein als Bild der Gestrandeten sehen: Der Konflikt und die Spannung zwischen der Realität und der ihr entwachsenden Sehnsucht ist bei diesen Menschen nur radikaler.

In: Russisches Theater des XX. Jahrhunderts, hg. v. Joachim Schondorff.
Verlag Albert Langen u. Georg Müller, München 1960, S. 183-185. (Gleiche Übersetzung bei Reclam)

Maxim Gorki mit russischen Schulkindern, 1928

Christian Dietrich Grabbe (1801 - 1836):

Scherz, Satire, Ironie und tiefere Bedeutung

Ein Lustspiel in drei Aufzügen. Entst. 1822, EA: 1827, UA: Wien 1876

Grabbe, der Sohn eines Zuchthausverwalters aus Detmold, will zunächst Schauspieler werden, doch wie so vieles in seinem kurzen Leben, bleibt der Versuch ohne Erfolg. - Wie Büchner schreibt Grabbe vor dem Hintergrund einer sinnentleerten Welt. Diese Literaturkomödie entbehrt einer durchgehenden Handlung. Sie ironisiert jegliche religiösen Vorstellungen und persifliert die große dramatische Form.

Zweiter Aufzug, zweite Szene *(Rattengifts Zimmer)*

RATTENGIFT: *sitzt an einem Tische und will dichten*
Ach, die Gedanken! Reime sind da, aber die Gedanken, die Gedanken! Da sitze ich, trinke Kaffe, kaue Federn, schreibe hin, streiche aus, und kann keinen Gedanken finden, keinen Gedanken! - Ha, wie ergreife ichs nun? - Halt, halt! was geht mir da für eine Idee auf! - Herrlich! göttlich! eben über den Gedanken, daß ich keinen Gedanken finden kann, will ich ein Sonett machen, und wahrhaftig dieser Gedanke über die Gedankenlosigkeit, ist der genialste Gedanke, der mir nur einfallen konnte! Ich mache gleichsam eben darüber, daß ich nicht zu dichten vermag, ein Gedicht! wie originell! *Er läuft schnell vor den Spiegel*
Auf Ehre, ich sehe doch recht genial aus! *Er setzt sich an einen Tisch*
Nun will ich anfangen! *Er schreibt*
Sonett.
Ich saß an meinem Tisch und kaute Federn,
So wie - -
Ja, was in aller Welt sitzt nun so, daß es aussieht wie ich, wenn ich Federn kaue? Wo bekomme ich hier ein schickliches Bild her? Ich will ans Fenster springen und sehen, ob ich draußen nichts Ähnliches erblicke! *Er macht das Fenster auf und sieht ins Freie*
Dort sitzt ein Junge und kackt - Ne, so sieht es nicht aus! - Aber drüben auf der Steinbank sitzt ein zahnloser Bettler und beißt auf ein Stück hartes Brot - Nein, das wäre zu trivial, zu gewöhnlich!
Er macht das Fenster wieder zu und geht in der Stube umher
Hm, hm! fällt mir denn nichts ein? Ich will doch einmal alles aufzählen, was kauet. Eine Katze kauet, ein Iltis kauet, ein Löwe - Halt! ein Löwe! - Was kauet ein Löwe? Er kauet entweder ein Schaf, oder einen Ochsen, oder eine Ziege, oder ein Pferd - Halt! ein Pferd! - Was dem Pferde die Mähne ist, das ist einer Feder die Fahne, also sehen sich beide ziemlich ähnlich - *Jauchzend* Triumph, da ist ja das Bild! Kühn, neu, calderonisch!
Ich saß an meinem Tisch und kaute Federn,
So wie *indem er hinzuschreibt*
der Löwe, eh der Morgen grauet,
Am Pferde, seiner schnellen Feder kauet -

Er liest diese zwei Zeilen noch einmal laut über und schnalzt mit der Zunge, als ob sie ihm gut schmecken
Nein, nein! So eine Metapher gibt es noch gar nicht! Ich erschrecke vor meiner eignen poetischen Kraft! *Behaglich eine Tasse Kaffee schlürfend*
Das Pferd eine Löwenfeder! Und nun das Beiwort 'schnell'! Wie treffend! Welche Feder möchte auch wohl schneller sein als das Pferd? - Auch die Worte 'eh der Morgen grauet!' wie echt homerisch! Sie passen zwar durchaus nicht hieher, aber sie machen das Bild selbständig, machen es zu einem Epos im kleinen! - O, ich muß noch einmal vor den Spiegel laufen! *Sich darin betrachtend*
Bei Gott, ein höchst geniales Gesicht! Zwar ist die Nase etwas kolossal, doch das gehört dazu! Ex ungue leonem, an der Nase das Genie!

Insel Verlag, S. 56-59; auch in: Werke. Histor.-krit. Gesamtausgabe in 6 Bänden. Hrsg. v. der Akademie der Wissenschaften in Göttingen. Verlag Lechte, Emsdetten (Westfalen), 1960. 1. Bd., S. 213 ff. - Auch die Szene zwischen Teufel und Schmied in der vierten Szene des ersten Aufzugs eignet sich als Vorsprechtext.

Günter Grass (geb. 1927):

Onkel, Onkel

Ein Spiel in vier Akten. Entst. 1956, EA 1965, UA: Köln 1958

Die Hauptfigur in Grass' Drama ist von Beruf Mörder, möglicherweise auch mit pädophilen Neigungen. Doch seine Tötungserfolge geraten durch seine Pedanterie und die Anarchie der ihn umgebenden Kinder ins Stocken. Von seinem derzeitigen Beobachtungsobjekt, der kranken Sophie Domke, stiehlt er sich die Puppe Pinkie.

Zweiter Akt, Vorspiel

Vor dem Vorhang. - Bollin sitzt auf einem Stuhl. Auf dem Fußboden steht neben dem Stuhl ein Telefon. Bollin hält die Puppe Pinkie auf dem Schoß und spielt mit ihr. Unter dem Stuhl liegen Aktenordner.
BOLLIN: Noch nicht genug? Immer klein Nimmersatt sein? *Er hält die Puppe ans Ohr.*
Ja, hör ich richtig? Schon wieder? - Na schön, aber zum letzten Mal. *Er steht auf, setzt die Puppe auf den Stuhl, zieht ein langes Messer aus der Tasche und macht ein finsteres Gesicht.* Mein Name ist Bollin. Was, Sie kennen mich nicht, mein viel zu schönes Fräulein? Lesen Sie keine Zeitung? Aufgepaßt, ich zeige Ihnen, wie zärtlich Bollin sein kann. *Er stößt einen Schrei aus und sticht mit dem Messer in den Bauch der Puppe.* Sägespäne! - Na, Pinkie, nun zufrieden? *Er wischt das Messer sorgfältig ab, nimmt dann Nadel und Zwirn und vernäht den Stich.* Weißt du, zu oft dürfen wir das nicht machen. Allenfalls zweimal in der Woche. - Was ist denn nun schon wieder. Pinkie, du bist maßlos. Willst du nicht lieber Tauziehen oder vielleicht Nageleinschlagen? - Solch ein Dickkopf! Entweder Stechen oder Schießen, was anderes macht dir kaum noch Spaß.
Er steht auf und zieht einen von der Decke hängenden Haken tiefer und hängt die Puppe daran auf. Aber nicht schielen, Pinkie! Denk an unsere Vereinbarung. Es irritiert mich zu sehr. - Fünf Meter. *Er schreitet eine Strecke ab, nimmt militärische Haltung an und zieht eine Luftpistole.* Waffe geladen und entsichert. Fünf Meter Abstand. Pistolenschießen freihändig links, drei Schuß ... Feuererlaubnis! *Er schießt.* Daneben, daneben. Alles Fahrkarten. Aber du hast Schuld. Dabei hab ich dich so gebeten, mich normal anzublicken. - Dreh' dich eben um. Strafe muß sein! *Er dreht die Puppe um, schreitet noch einmal die Strecke ab und lädt die Pistole.* Jetzt tu' nicht beleidigt, du weißt ganz genau, daß ich die Übung zu Ende schießen muß. - Waffe geladen und entsichert. Fünf Meter Abstand. Pistolenschießen freihändig, rechts, drei Schuß ... Feuererlaubnis! *Er schießt.* Na also! Waffe entladen und gesichert, Übung beendet! - Das hättest du auch von vorne haben können. *Er nimmt die Puppe ab und betrachtet den Rücken. Die Stimme eines Offiziers nachahmend:* Ausgezeichnet, Bollin, machen Sie so weiter! - Hast du gehört, Pinkie? Vielleicht werde ich befördert. - Jawohl, Herr Leutnant, so weitermachen! - Abtreten! - Ich soll so weitermachen, hat er gesagt.

Das Telefon schrillt, Bollin nimmt den Hörer ab. Bollin. Wer ist da? - Hm, hm. *Zur Puppe:* Ein junger Mann, der mich bewundert. Was können Sie denn vorweisen? - Was? - Aber Sie gehen ja vollkommen unsystematisch vor. *Zur Puppe:* Er will mein Schüler werden. Hören Sie mal, junger Freund, wenn Sie in diesem Beruf etwas leisten wollen, dann dürfen Sie mich auf keinen Fall blindlings nachahmen. Selbst ist der Mann! Lassen Sie sich was einfallen. Ideen, sagte mein Onkel Max, helle Momente, Geistesblitze! Und wenn Ihnen eines Tages solch ein geniales Lichtchen aufgegangen ist, dann dürfen Sie wieder anrufen.
Er legt auf.
Dem hab ich's gegeben. Wie hieß er gleich? - Erwin soundso. *Er betrachtet lange und nachdenklich die Puppe.* Schon bin ich zu alt, um mit Puppen zu spielen. - Auch sollte ich andere Wege gehen. Epigonen kommen mir auf die Schliche. Meine Karteien sind in Gefahr. Schon machen die Illustrierten mir Angebote. Auch sollte ich etwas für meine Gesundheit tun. Die Stadtluft ist nahezu mörderisch. Grippe greift um sich. Auf Wiedersehen, Pinkie. Ich geh aufs Land, in den Wald. Bollin will sich mal die Natur ansehen. *Mit den Aktenordnern geht er ab.*

Durch die unberechenbaren, aggressiven Jugendlichen Sprotte und Jannemann läßt sich Bollin nacheinander seine drei wichtigsten Werkzeuge abnehmen: seine Uhr, seinen Füllfederhalter und schließlich auch seine Pistole, mit der ihn die Jugendlichen - fast aus Langeweile - erschießen.

In: Günter Grass, Theaterspiele (Studienausgabe Bd. 12).
© Steidl Verlag, Göttingen 1994

Franz Grillparzer (1791 - 1872):

Die Jüdin von Toledo

Historisches Trauerspiel in fünf Aufzügen. Entst. 1824 - ca. 1852, UA: Prag 1872

Das Drama, das Grillparzer bis zu seinem Tod unter Verschluß hielt, beschäftigte ihn fast dreißig Jahre. Eine junge, verspielte und betörend schöne Jüdin bringt den gesamten Staatsapparat ins Wanken, da König Alfons VIII. nicht im Stande ist, ihrer Verführung zu widerstehen. Rahel verschafft sich unerlaubt Zutritt zum königlichen Garten; als sie gefaßt werden soll, wirft sie sich vor dem König auf die Knie, der von diesem Geschöpf sofort eingenommen ist. Die Jüdin wird mit ihrem Vater und ihrer Schwester Esther zum Schutz gegen antisemitische Hetze ins Gartenhaus gebracht, wo sich vom letzten Faschingsball auch ein königliches Gewand befindet.

Zweiter Aufzug

Rahel, eine Federkrone auf dem Kopfe und einen goldgestickten Mantel um die Schultern, ist bemüht, einen Lehnstuhl aus dem Seitengemache rechts herauszuschleppen. Esther ist durch den Haupteingang eingetreten.

RAHEL: Hier soll der Lehnstuhl her, hier in die Mitte. (...)
Der König hat das Haus uns eingeräumt,
Solang wir es bewohnen, ist's das unsre.
Sie haben den Stuhl in die Mitte gerückt.
RAHEL *sich besehend*:
Und meine Schleppe, nicht wahr? steht mir gut,
Und diese Federn nicken, wenn ich nicke,
Nun fehlt noch eins und, warte nur, ich hol es. (...)
RAHEL *kommt zurück mit einem Bild ohne Rahmen.*
Hier ist des Königs Bild, gelöst vom Rahmen
Das nehm ich mit.
ESTHER: Treibt wieder dich die Torheit?
Wie oft nicht warnt' ich dich!
RAHEL: Und hab ich dir gehorcht?
ESTHER: Beim Himmel, nein.
RAHEL: Und werd's auch diesmal nicht.
Das Bild gefällt mir. Sieh, es ist so schön,
Ich häng es in der Stube nächst zum Bette.
Des Morgens und des Abends blick ich's an
Und denke mir - was man nun eben denkt
Wenn man der Kleider Last von sich geschüttelt
Und frei sich fühlt von jedem läst'gen Druck.
Doch daß sie meinen nicht, ich stahl es etwa,
- Bin ich doch reich und brauche Stehlens nicht -

Du trägst mein eigen Bild an deinem Hals,
Das hängen wir an dieses andern Stelle,
Das mag er ansehn, so wie seines ich
Und mein gedenken, hätt' er mich vergessen.
Rück mir den Schemel her, ich bin die Kön'gin,
Und diesen König heft ich an den Stuhl.
Die Hexen sagt man, die zur Liebe zwingen,
Sie bohren Nadeln, so, in Wachsgebilde,
Und jeder Stich dringt bis zum Herzen ein,
Und hemmt und fördert wahrgeschaffnes Leben.
Sie befestigt das Bild an den vier Ecken mit Nadeln an die Lehne des Stuhls.
O gäbe jeder dieser Stiche Blut,
Ich wollt' es trinken mit den durst'gen Lippen
Und mich erfreun am Unheil das ich schuf.

Nun hängt es da und ist so schön als stumm,
Ich aber red ihn an als Königin
Mit Mantel und mit Krone die mich kleiden.
Sie hat sich auf den Schemel gesetzt und sitzt vor dem Bilde.
Ihr ehrvergessner Mann, stellt Euch nur fromm,
Ich kenne dennoch jeden Eurer Schliche.
Die Jüdin, sie gefiel Euch, leugnet's nur!
Und sie ist schön, bei meinem hohen Wort,
Nur mit mir selber etwa zu vergleichen.
Der König, von Garceran und Isaak gefolgt, ist gekommen und hat sich hinter den Stuhl gestellt, die Arme auf die Rücklehne gelegt, sie betrachtend.
RAHEL *fortfahrend* Ich, Eure Königin, nun duld es nicht,
Denn eifersüchtig bin ich wie ein Wiesel.
Ob Ihr nun schweigt, das mehrt nur Eure Schuld.
Gesteht! Gefiel sie Euch? Sagt ja!
KÖNIG: Nun ja!
Rahel fährt zusammen, blickt nach dem Bilde, dann aufwärts, erkennt den König und bleibt regungslos auf dem Schemel.

Das Drama, das mit der Verzauberung des verstandesgeleiteten Herrschers beginnt, endet in Zerstörung des Unbekannten, Unfaßbaren, und damit in einer entzauberten Welt.
Alfons verläßt für Rahel seine Ehefrau, vernachlässigt aber auch seine Staatspflichten. Als Rebellion droht, fordert die Königin von den Granden Rahels Tod. Der König eilt zu der bereits ermordeten Geliebten, doch beim Anblick der Toten scheint die Faszination von ihm abgefallen: Er erkennt die Äußerlichkeit seiner Liebe zu Rahel und stellt sich wieder in den Dienst des Staates.

Franz Grillparzer: Die Jüdin von Toledo, Historisches Trauerspiel in fünf Aufzügen. Philipp Reclam Jun. GmbH & Co, Stuttgart 1965, S. 22-24

Gerhart Hauptmann (1862 - 1946):

Die Ratten

Berliner Tragikomödie in fünf Akten. - UA: Berlin 1911

In einer ehemaligen Kaserne, als Mietshaus und Theaterfundus genutzt, führt Hauptmann verschiedenste Klassen der Gesellschaft vor, doch alle tragen den Mief und die Verkommenheit der Wilhelminischen Zeit. Frau John, Reinemachefrau im Fundus des ehemaligen Theaterdirektors Hassenreuter und seit ihrem verstorbenen Kind ungewollt kinderlos, erblickt ihre Chance, als das polnische Dienstmädchen Piperkarcka aufgelöst von ihrer Schwangerschaft erzählt.

I. Akt

DIE PIPERKARCKA: Nu ja. Ick will nu also Schlachtensee oder Halensee. Muß jehn un muß nachsehn, ob ich ihm treffe! *Sie trocknet ihre Tränen und will sich erheben.*
FRAU JOHN: *verhindert die Piperkarcka am Aufstehen.* (...)
DIE PIPERKARCKA: Denn soll meine Wirtin heute soll warten umsonst verjeblich auf mir. Ick spring im Landwehrkanal und versaufe. (...)
Zu Hause darf ick mir nu janz natürlich nich blicken lassen, wie ick verändert bin. Mutter schreit doch auf'n ersten Blick! Vater haut mir Kopf an die Wand und schmeißt mir Straße. Jeld hab ick nu ebenfalls ooch weiter nu weiter keens nich, als wie Stücker zwei Joldstücke, was ick mich Jackettfutter einjenäht. Hätte mich schlechter Mensch nich Mark nich Pfennig übriggelassen. (...)
I jrade! Ick stürze mir Landwehrkanal! *Sie steht auf.* - Ick schreibe Zettel, ick lasse Zettel in mein Jackett zurück: du hast mit deine verfluchte Schlechtigkeit deine Pauline im Wasser jetrieben! dann setze vollen Namen Alois Theophil Brunner, Instrumentenmacher, zu. Denn soll er sehn, wie er mit sein Mord auf Jewissen man meinswegen fertig wird. (...)
Ick jeh, mit meine letzten Pfennig kaufen mir Vitriol - trefft, wen trefft! - und jießen dem Weibsbild, wo mit ihm jeht - trefft, wen trefft! - mitten in Jesicht! Trefft, wen trefft! Brennt ihm janze verfluchte hübsche Visage kaputt! Mir jleich! Brennt ihm Bart kaputt! Brennt ihm Augen kaputt, wenn er mit andres Frauenzimmer jeht. Trefft, wen trefft! Hat mir betrogen, zujrunde jerichtet, hat mir Jeld jeraubt, hat mich Ehre jeraubt! hat mich verfluchtiger Hund verführt, verlassen, belogen, betrogen, in Elend jestoßen! Trefft, wen trefft! Soll blind sein! Nase soll wegjefressen sein! Soll jar nich mehr überhaupt auf Erde sein! (...)
Wat hab' ick Oktober vorijen Jahr bis heutijen Tag for Himmelsangst ausjestanden. Bräutijam steßt mir fort! Mietsfrau steßt mir fort. Schlafbodenstelle is mir jekindigt. Wat du ick denn, daß man mir so verachtet und von die Leute verflucht un ausstoßen muß?

Frau John erkauft sich Piperkarckas Kind und schiebt es ihrem außerhalb arbeitenden Mann als ihr eigenes unter. Als das polnische Mädchen ihr Kind sehen und schließlich wiederhaben will, gerät Frau John unter Druck: Sie schickt ihren gemeingefährlichen Bruder Bruno Mechelke zur Piperkarcka, doch statt sie lediglich zu verschrecken, tötet Bruno sie. Herr John bringt nach und nach die Wahrheit ans Licht, bis seine Frau den Freitod wählt.

In: Sämtliche Werke, Bd.II, Dramen. © Ullstein Buchverlage GmbH, Berlin 1965

Pfalztheater Kaiserslautern, 1997

Friedrich Hebbel (1813-63):

Maria Magdalena

Ein bürgerliches Trauerspiel in drei Akten. UA: Königsberg 1846

Hebbel stellt die zerstörend engherzige Ordnung in der Familie eines kleinherzig-moralistischen Tischlermeisters vor. Die Tochter Klara muß nach dem Tod der Mutter den Haushalt versorgen, bekommt weder den, den sie liebt, noch den, von dem sie im falschen Versprechen auf eine Heirat ein Kind erwartet, und bringt sich am Ende um. Karl ist das schwarze Schaf der Familie, wurde von der Mutter verwöhnt, trinkt, spielt, macht Schulden und wird eines Juwelendiebstahls verdächtigt und deshalb zeitweise inhaftiert, zu Unrecht, wie sich zu aller Überraschung herausstellt. Da er keine Zukunft in dem Lebenskreis sieht, dem er entstammt, möchte er ("Nachher zu Schiff!") nach Amerika auswandern. Vorher möchte er mit dem Gerichtsdiener Adam ("Rotrock"), der ihn ins Gefängnis gebracht und damit den Tod der Mutter verursacht hat, noch eine Rechnung begleichen.

III. Akt, 7. Szene

KARL: *tritt ein*
Kein Mensch daheim! Wüßt' ich das Rattenloch unter der Türschwelle nicht, wo sie den Schlüssel zu verbergen pflegen, wenn sie alle davongehen, ich hätte nicht hineinkönnen. Nun, das hätte nichts gemacht! Ich könnte jetzt zwanzigmal um die Stadt laufen und mir einbilden, es gäbe kein größeres Vergnügen auf der Welt, als die Beine zu brauchen. Wir wollen Licht anzünden! *er tut's.* Das Feuerzeug ist noch auf dem alten Platz, ich wette, denn wir haben hier im Hause zweimal zehn Gebote. Der Hut gehört auf den dritten Nagel, nicht auf den vierten! Um halb zehn Uhr muß man müde sein! Vor Martini darf man nicht frieren, nach Martini nicht schwitzen! Das steht in einer Reihe mit: Du sollst Gott fürchten und lieben! Ich bin durstig! *ruft:* "Mutter!" Pfui! Als ob ich's vergessen hätte, daß sie da liegt, wo auch des Bierwirts Knecht sein Nußknackermaul nicht mehr mit einem "Ja, Herr!" aufzureißen braucht, wenn er gerufen wird! Ich habe nicht geweint, als ich die Totenglocke in meinem finsteren Turmloch hörte, aber - Rotrock, du hast mich auf der Kegelbahn nicht den letzten Wurf tun lassen, obgleich ich die Bossel schon in der Hand hielt, ich lasse dir nicht zum letzten Atemzug Zeit, wenn ich dich allein treffe, und das kann heut abend noch geschehen, ich weiß, wo du um zehn zu finden bist. Nachher zu Schiff! Wo die Klara bleibt? Ich bin ebenso hungrig als durstig! Heut ist Donnerstag, sie haben Kalbfleischsuppe gegessen. Wär's Winter, so hätt's Kohl gegeben, vor Fastnacht weißen, nach Fastnacht grünen! Das steht so fest, als daß der Donnerstag wiederkehren muß, wenn der Mittwoch dagewesen ist, daß er nicht zum Freitag sagen kann: geh du für mich, ich habe wunde Füße!

Im folgenden Gespräch mit seiner Schwester bringt er sein Verhältnis zum Vater auf den Punkt: "Wir passen ein für allemal nicht zusammen, er kann's nicht eng genug um sich haben, er möchte seine Faust zumachen und hineinkriechen, ich möchte meine Haut abstreifen, wie den Kleinkinderrock, wenn's nur ginge!" Am Ende des Dramas bringt Karl seinem an der Welt verzweifelnden Vater die Nachricht, daß sich Klara im Brunnen zu Tode gestürzt hat.

In: Friedrich Hebbel, Maria Magdalena. C. C. Buchners Verlag, Bamberg 1985, S. 38 f. - Auch in: Sämtliche Werke. Histor.-krit. Ausgabe. Hrsg. v. Richard Maria Werner.
B. Behr Verlag, Berlin 1911. Bd. 2

Schiller-Theater Berlin, 1966

Friedrich Hebbel (1813 - 1863):

Judith

Eine Tragödie in fünf Akten. - UA: Berlin 1840

Hebbel läßt in seinem ersten Stück eine Frau und einen Mann auftreten, die in ihrer Radikalität weder nebeneinander bestehen können, noch vermögen sie, der Anziehungskraft des gleichwertig Starken zu widerstreben.
Als in der Stadt Bethulien, die durch den großen Feldherrn Holofernes belagert und ausgehungert wird, kein Mann den Widerstand wagt, fühlt sich die noch jungfräuliche Witwe Judith berufen, ihr Volk zu retten. Die Jüdin zieht mit ihrer Dienerin Mirza aus, um den Tyrannen im Auftrage Gottes zu töten. Sie verstellt sich vor Holofernes zunächst als Verräterin ihres unwürdigen Volkes, muß aber im zweiten Treffen ihren Haß und Mordplan gegen ihn gestehen. Holofernes - erstmals auf ein ebenbürtiges Gegenüber treffend - will die schöne wie herbe Jüdin verführen. Judith wird verwirrt und überwältigt von der Stärke und Männlichkeit des Holofernes und gibt sich ihm in Haßliebe hin. Daß Judiths Sinne entgegen ihrem Willen verführt werden, läßt den späteren Mord an Holofernes zu einer persönlichen, nicht nur politischen Tat werden.

5. Akt

JUDITH: *stürzt mit aufgelöstem Haar, schwankend herein. Ein zweiter Vorhang wird zurückgeschlagen. Man sieht den Holofernes schlafen. Zu seinen Häupten hängt sein Schwert*
Es ist hier zu hell, zu hell! Lösch die Lichter, Mirza, sie sind unverschämt! (...) Sieh mich nicht an, Mädchen! Niemand soll mich ansehen! *Sie schwankt* (...)
MIRZA: Komm, laß uns fliehen von hier!
JUDITH: Was? Bist du in seinem Solde? Daß er mich mit sich fortzerrte, daß er mich zu sich riß auf sein schändliches Lager, daß er meine Seele erstickte, alles dies duldetest du? Und nun ich mich bezahlt machen will für die Vernichtung, die ich in seinen Armen empfand, nun ich mich rächen will für den rohen Griff in meine Menschheit hinein, nun ich mit seinem Herzblut die entehrenden Küsse, die noch auf meinen Lippen brennen, abwaschen will, nun errötest du nicht, mich fortzuziehen?
MIRZA: Unglückliche, was sinnst du?
JUDITH: Elendes Geschöpf, das weißt du nicht? Das sagt dir dein Herz nicht? Mord sinne ich! - *da Mirza zurücktritt* Gibt's denn noch eine Wahl? - Sag' mir das, Mirza. Ich wähle den Mord nicht, wenn ich - was red' ich da! Sprich kein Wort mehr, Magd! Die Welt dreht sich um mich. (...) Höre mich, und thu, worum ich dich bitte. Wenn meine Kraft mich verlassen, wenn ich ohnmächtig hinsinken sollte, dann bespritz' mich nicht mit Wasser. Das hilft nicht. Ruf mir ins Ohr: Du bist eine Hure! Dann spring' ich auf, vielleicht pack' ich dich und will dich würgen. Dann erschrick nicht, sondern ruf' mir zu: Holofernes hat dich zur Hure gemacht, und Holofernes lebt noch! O, Mirza, dann werd' ich ein Held sein, ein Held, wie Holofernes! (...)
MIRZA: Wohl mir, daß ich nicht schön bin!

JUDITH: Das übersah ich, als ich hieher kam. Aber, wie sichtbar trat es mir entgegen, als ich *sie zeigt auf die Kammer* dort einging, als mein erster Blick auf das bereitete Lager fiel. Auf die Kniee warf ich mich nieder vor dem Gräßlichen und stöhnte: verschone mich! Hätte er auf den Angstschrei meiner Seele gehört, nimmer, nimmer würd' ich ihn - - doch, seine Antwort war, daß er mir das Brusttuch abriß und meine Brüste pries. In die Lippen biß ich ihn, als er mich küßte. "Mäßige deine Glut! Du gehst zu weit!" hohnlachte er und - o, mein Bewußtsein wollte mich verlassen, ich war nur noch ein Krampf, da blinkte mir was Glänzendes ins Auge. Es war sein Schwert. An dies Schwert klammerten sich meine schwindelnden Gedanken an, und hab' ich in meiner Entwürdigung das Recht des Daseins eingebüßt: mit diesem Schwert will ich's mir wieder erkämpfen! Bete für mich! jetzt thu ich's! (...) O Mirza, was betest du? (...)

Nicht wahr, Mirza, der Schlaf ist Gott selbst, der die müden Menschen umarmt; wer schläft, muß sicher sein! *Sie erhebt sich und betrachtet Holofernes.* Und er schläft ruhig, er ahnt nicht, daß der Mord sein eignes Schwert wider ihn zückt. Er schläft ruhig - ha, feiges Weib, was dich empören sollte, macht dich mitleidig? Dieser ruhige Schlaf nach einer solchen Stunde, ist er nicht der ärgste Frevel? Bin ich denn ein Wurm, daß man mich zertreten und als ob nichts geschehen wäre, ruhig einschlafen darf? Ich bin kein Wurm. *Sie zieht das Schwert aus der Scheide.* Er lächelt. Ich kenn es, dies Höllenlächeln; so lächelte er, als er mich zu sich niederzog, als er - - Tödt' ihn, Judith, er entehrt dich zum zweitenmal in seinem Traum, sein Schlaf ist nichts als ein hündisches Wiederkäuen deiner Schmach. Er regt sich. Willst du zögern, bis die wieder hungrige Begier ihn weckt, bis er dich abermals ergreift und - *sie haut Holofernes Haupt herunter.* Siehst du, Mirza, da liegt sein Haupt! Ha, Holofernes, achtest du mich jetzt? (...)

Sei stark, Mirza, ich flehe dich, sei stark! Jeder deiner Schauer kostet mich einen Theil meiner selbst; dies dein Zurückschwindeln, dies grausame Abwenden deiner Blicke, dies Erblassen deines Gesichts könnte mir einreden, ich habe das Unmenschliche gethan und dann müßt' ich ja mich selbst ... *Sie greift nach dem Schwert* (...)

Judith kehrt mit ihrer Dienerin als Heldin gefeiert heim, befürchtet aber, ein Kind von Holofernes zu gebären.

In: Sämtliche Werke. Histor.-krit. Ausgabe. Hrsg. v. Richard Maria Werner. B. Behr Verlag, Berlin 1911. Bd. 1, S. 67-73

Friedrich Hebbel (1813 - 1863):

Herodes und Mariamne

Tragödie in fünf Akten. - UA: Wien 1849

Um seine Macht als König in Jerusalem zu sichern, läßt Herodes den Bruder seiner Frau Mariamne töten und wird für dieses Vergehen vor den römischen Regenten in Ägypten berufen. Unsicher, ob er durch das Gericht freigesprochen oder getötet wird, verlangt er von seiner Frau den Selbstmord, sollte er von der Reise nicht heimkehren. In vollkommener Liebe zu ihrem Mann will Mariamne ihm in den Tod folgen, doch sie schweigt darüber, weil ein solcher Befehl ihre Selbstbestimmtheit kränkt. Aus Argwohn befiehlt Herodes dem Vizekönig Josephus, den Mord an seiner Frau auszuführen, sollte Mariamne zu schwach dazu sein. Bestürzt erfährt die Königin von diesem Todesbefehl und empfängt ihren glücklich heimkehrenden Mann nicht. Salome, die eifersüchtige Schwester des Königs, bezichtigt Mariamne des Ehebruchs mit dem Vizekönig Josephus. Herodes läßt diesen töten, da er den geheimen Befehl an Mariamne verriet. Als der König erneut seine Frau verlassen muß, um in einen gefährlichen Krieg zu ziehen, hofft Mariamne dem Mißtrauen ihres Mannes verzeihen zu können, sollte er ihrer Liebe nun vollkommen trauen.

Dritter Akt, sechste Szene

HERODES: Wahr ist's, ich ging zu weit. Das sagte ich
Mir unterwegs schon selbst. Doch wahr nicht minder,
Wenn sie mich liebte, würde sie's verzeihn!
Wenn sie mich liebte! Hat sie mich geliebt?
Ich glaub' es. Aber jetzt - Wie sich der Tote
Im Grabe noch zu rächen weiß! Ich schaffte
Ihn fort, um meine Krone mir zu sichern,
Er nahm, was mehr wog, mit hinweg: ihr Herz!
Denn seltsam hat sie, seit ihr Bruder starb,
Sich gegen mich verändert, niemals fand
Ich zwischen ihr und ihrer Mutter noch
Die kleinste Spur von Ähnlichkeit heraus,
Heut glich sie ihr in mehr als einem Zug,
Drum kann ich ihr nicht mehr vertraun, wie sonst!
Das ist gewiß! Doch muß es darum auch
Sogleich gewiß sein, daß sie mich betrog?
Die Bürgschaft, die in ihrer Liebe lag,
Ist weggefallen, aber eine zweite
Liegt noch in ihrem Stolz, und wird ein Stolz,
Der es verschmäht, sich zu verteidigen,
Es nicht noch mehr verschmähn, sich zu beflecken?
Zwar weiß sie's! Joseph! Warum kann der Mensch
Nur töten, nicht die Toten wieder wecken,
Er sollte beides können oder keins!
Der rächt sich auch! Er kommt nicht! Dennoch seh' ich

Ihn vor mir! "Du befiehlst?" - Es ist unmöglich!
Ich will's nicht glauben! Schweig mir, Salome!
Wie es auch kam, so kam es nicht! Vielleicht
Fraß das Geheimnis, wie verschlucktes Feuer,
Von selbst sich bei ihm durch. Vielleicht verriet er's,
Weil er mich für verloren hielt und nun
Mit Alexandra sich versöhnen wollte,
Bevor die Kunde kam. Wir werden sehn!
Denn prüfen muß ich sie! Hätt' ich's geahnt,
Daß sie's erfahren könnte, nimmer wär' ich
So weit gegangen. Jetzt, da sie es weiß,
Jetzt muß ich weitergehn! Denn, nun sie's weiß,
Nun muß ich das von ihrer Rache fürchten,
Was ich von ihrer Wankelmütigkeit
Vielleicht mit Unrecht fürchtete, muß fürchten,
Daß sie auf meinem Grabe Hochzeit hält!
Soemus kam zur rechten Zeit. Er ist
Ein Mann, der, wär' ich selbst nicht auf der Welt,
Da stünde, wo ich steh'. Wie treu er denkt,
Wie eifrig er mir dient, beweist sein Kommen.
Ihm geb' ich jetzt den Auftrag! Daß sie nichts
Aus ihm herauslockt, weiß ich, wenn sie ihn
Auf Menschenart versucht! - Verrät er mich,
So zahlt sie einen Preis, der - Salome,
Dann hast du recht gehabt! - Es gilt die Probe! *Ab*

Erneut erfährt Mariamne in Herodes Abwesenheit von dessen Todesbefehl. Aus gekränktem Stolz will sich die Königin zunächst selbst ermorden, besinnt sich aber darauf, daß allein der Argwöhnische sie töten solle. Herodes findet seine Frau tanzend auf einem Fest, als er heimkehrt. Er läßt seine scheinbar untreue Königin hinrichten und erfährt von ihrer Treue und Unschuld erst nach ihrem Tod.

In: Friedrich Hebbel: Herodes und Mariamne, Tragödie. Philipp Reclam Jun. GmbH & Co, Leipzig, S. 66 f.

Rudolf Herfurtner (geb. 1947):

Der Nibeljunge

UA: Nürnberg 1994

Unmittelbar vor der 1. Szene, in der Alte Uhu und Hirschkuh den Säugling Siegfried finden, um dessen Geschichte es in Herfurtners Stück geht, tritt erstmals ein Kriegskind auf. Es erinnert an Kriegsstationen - nicht nur aus der Geschichte der Nibelungen.

KRIEGSKIND:
Dietrich schlug Grim
und Dietrich schlug Hilde,
das weiß ich.
Und Kain schlug Abel,
Und Heime schlug Dietrich,
Und die Germanen schlugen die Römer,
Und die Sarazenen schlugen die Kreuzritter,
Und die Deutschen schlugen die Polen.
Und die Russen schlugen die Deutschen,

Und Drei drei drei
war bei Issos Keilerei.
Das Kind hüpft wie bei einem Hüpfspiel

Und David schlug Goliath,
Und Dietleib schlug Ingrim,
Und Lauring schlug Wolfhard und Ilsung,
Und Amerika schlug Japan,
Und die Katholiken schlugen die Protestanten,
Und die Moslems schlugen die Hindus.
Und die Amelungen schlugen die Lauringe,
Und Kühnhild schlug die Zwerge,
Und Attila schlug Milas.

Und drei drei drei
war bei Issos Keilerei.

Und Siegfried schlug sie alle,
bis auf Hagen, der schlug Siegfried
Und Etzel schlug die Burgunden
und Hagen auch,
oder... ich weiß nicht mehr.

© Verlag der Autoren, Frankfurt/Main; Abgedruckt in: Marion Victor (Hrsg.): Spielplatz 6, Frankfurt/Main 1993

Pit Holzwarth (geb. 1956)
und das Ensemble der bremer shakespeare company:

Die Erfindung der Freiheit oder Kann denn Fliegen Sünde sein

UA: Bremen 1989

Es ist die Zeit der ersten Ballonflüge. Sie sind Symbole für die Umwälzungen des Weltbildes, weil sie den Menschen ermöglichen, sich über ihre Erdgebundenheit zu den Sternen oder gar zu den Göttern zu erheben und so einen alten Traum der Menschheit zu erfüllen, wie er sich schon in dem Mythos vom Flug des Ikarus kundttut. Es ist nicht nur ein Triumph der Wissenschaft und Technik, es ist auch der Beginn militärischer und vor allem ökonomischer Möglichkeiten des Bürgertums, das über die Schlösser des Adels hinweg seine Waren schneller und billiger transportieren kann, wenn es gelingt, den Ballon zu lenken. Blanchard, der mutige Flieger, sieht die Verwertungsmöglichkeiten anfangs noch nicht; er wird am Ende zurückschrecken: "Ich wollte Schönheit, aber ich bekam Entsetzen."

2., 6. und 11. Szene

Blanchard fliegt im Ballon. Musik.
BLANCHARD:
Oh, welch ein Morgen! Oh, wie groß ist mein Glück! Ich weiß nicht,
welche Gesinnung die Erde, die ich verlasse, hegt, aber wie sehr ist der Himmel für uns. Hallo! Hallo! Seht ihr mich? Ich bin es: Jean-Pierre Francois Blanchard. Über mir der gewölbte, lachende Himmel, dem kein Mißklang das Geringste seiner Schönheit nimmt. Weiße Wolkenwirbel, endloses Blau, ein Lichtermeer, ein Farbenmeer. Reiner Wind, reines Nichts. Und eine unvorstellbare Stille, wie sie auf der Erde niemals vorkommt. Es ist kein Vergnügen, es ist wirkliches Glück. Den fürchterlichen Qualen des Hasses und der Verleumdung entflohen, beschäme ich alle meine Feinde, indem ich mich so weit über sie erhebe. Seht, ihr Unglückseligen, wieviel man verliert, wenn man den Fortgang der Wissenschaften hindert. Könntet ihr doch jetzt unter meinem Ballon mithängen; ihr würdet aufstampfen vor Lust darüber, wie das Luftschiff dahinsaust.
(...)
Blast, ihr Winde! Blast stärker, spielt mit mir! Hey, hörst du mich, Südost? Blas stärker, Bruder West, und du, Nord, trag mich in den Süden. Treibt mich durch die Wolkentäler, peitscht mich durch die Wolkenwände. Hier oben seid ihr Winde frei. Ich schwimme im unendlich grenzenlosen Luftozean wie ein Fisch in einem Meer, das die ganze Welt umspült und mich durstig macht nach immer mehr. In feine, reine Luft getaucht durchströmt mich eine nie gekannte Heiterkeit. Ich bringe sie euch zurück.
Füllt Luft in einen Flakon.
Diese silbernen Schlangenlinien: der Fluß. Und die Bäche: Adern, die diesen wunderschönen Teppich, diese sonnengefleckte Erde durchziehen. Der winterliche

Wald, wie ein Mooskissen. Seltsam, wie klein und zerbrechlich alles aussieht, bedeckt mit einer jungfräulichen Schneedecke; wie Spielzeug.
(...)
Jetzt, wo das Dunkel der Nacht hereinbricht, flößt mir dieses Kloster alles andere als das Gefühl der Heiterkeit ein. Dieser Turm, dieser gewaltige Finger zeigt drohend ins Leere. Hier oben wohnt kein Gott, hier fliege ich, Jean-Pierre Francois Blanchard. Was ist der Glaube den Menschen mehr, als ein erhobener Zeigefinger, der sie zum Gehorsam ruft, auf daß sie ihre Ketten demütig ertragen. Und so gehen sie: gebückt, erkaltet und so klein, so winzig klein, zum Schweigen geknechtet. Wer sollte auch ihr Schreien, ihr Beten erhören!? Ganz allein, wie das letzte Leben, fliege ich über die weite Begräbnisstätte des ohnmächtigen Landes, durch das lange Totenhaus der Erde, Ein Haß gegen alles Dasein kriecht wie Fieberfrost an mich heran und nirgendwo ein Schutz vor der Übermacht der Höhe.

© bremer shakespeare company, Bremen

Henrik Ibsen (1828 - 1906):

Peer Gynt

Ein dramatisches Gedicht in fünf Akten. Übersetzung von Christian Morgenstern. - Entst. 1866-67. UA: Kristiana/Norwegen 1876

"Peer, du lügst!" - Mit den ersten Worten des Dramas schimpft die Mutter über einen Wesenszug Peer Gynts, der sein Leben lang bestimmend bleiben wird. Mit seinem Hang zur Übertreibung und Phantasterei verdreht er die Wirklichkeit und flüchtet vor ihr.

Erster Akt
Abhang mit Laubholz bei Aases Hof. Ein Bach schäumt hernieder. Auf der andern Seite eine alte Mühle. Heißer Sommertag. Peer Gynt, ein kräftig gebauter Mensch von zwanzig Jahren, kommt den Steig herab. Aase, seine Mutter, klein und fein, folgt ihm zornig scheltend auf dem Fuße.

AASE: Peer, du lügst!
Peer Gynt *ohne sich aufzuhalten*: Nein, nein, ich lüg' nicht! (...)
Kräftig blies der Wind von da;
Und so stand der Weg mir offen,
Mich durchs Holz hindurchzubirschen,
Hinter dem er grub - (...)
Lautlos horchend, hör ich seinen
Huf im harten Firnschnee knirschen,
Seh vom einen Horn die Zacken,
Wind mich durch Geröll und Wacken
Vorwärts, und, verdeckt von Steinen,
Seh ich einen Prachtbock - einen,
Wie man ihn seit Jahren zehn,
Sag' ich dir, hier nicht gesehn! (...)
Ein Knall!
Und den Bock zusammenbrennen!
Aber knapp, daß er zu Fall,
Sitz ich auch schon rittlings droben,
Greif ihm in sein linkes Ohr,
Reiß mein Messer schon hervor,
Ihm's gerecht ins Blatt zu rennen.
Hui, da hebt er an zu toben,
Springt, pardauz, auf alle viere,
Wirft zurück sein Horngeäst,
Daß ich Dolch und Scheid verliere,
Schraubt mich um die Lenden fest,
Stemmt's Gestäng mir an die Waden,
Klemmt mich ein wie mit 'ner Zang,

Und so stürmt er, wutgeladen,
Just den Gendingrat entlang! (...)
Mutter, hast du den
Gendingrat einmal gesehn?
Wohl 'ne Meile läuft er drang
Hin, in Sensenrückenbreite.
Unter Firneis, Schuttmoränen,
Schnee, Geröll, Sand, kunterbunter,
Sieht dein Aug' auf jeder Seite
Stumme, schwarze Wasser gähnen,
An die fünf-, die siebenzehn-
Hundert Ellen rank hinunter.
Dort lang stoben pfeilgeschwind
Er und ich durch Wetter und Wind!
Nie ritt ich solch Rößlein, traun!
Unsrer wilden Fahrt entgegen
Schnob's wie Sonnenfunkenregen.
Adlerrücken schwammen braun
In dem schwindeltiefen Graun
Zwischen Grat und Wasserrande -
Trieben dann davon wie Daun.
Treibeis brach und barst am Strande;
Doch sein Lärm ging ganz verloren;
Nur der Brandung Geister sprangen
Wie im Tanze, sangen, schwangen
Sich im Reihn vor Aug und Ohren! (...)
Da stößt
Plötzlich, wie ein Stein sich löst,
Dicht vor uns ein Schneehuhn auf,
Flattert gackernd, aufgeschreckt,
Aus dem Spalt, der es versteckt,
Meinem Bock, bums! vor die Lichter.
Der verändert jach den Lauf -
Und mit einem Riesensatze
Nieder in den Höllentrichter! (...)
Ob uns schwarzer Bergwand Fratze,
Nid uns bodenloser Dust!
Durch zersplißne Nebelschichten
Erst, sodann durch einen dichten
Schwarm von Möwen, die, durchschnitten,
Kreischend auseinanderstritten -
Nieder, nieder, nieder sauste es.
Aber aus der Tiefe grauste es
Weiß wie eine Rentierbrust.

Mutter, das war unser eigen
Bild, das aus des Bergsees Schweigen
Tief vom Grund zum Spiegel eilte,
Umgekehrt, wie unser Sturz
Lotrecht auf ihn nieder pfeilte. (...)
Bock vom Berge, Bock vom Grunde
Stieß zur selbigen Sekunde!
Das Gespritz und das Geklatsche!
Na, da lag man in der Patsche.
Nicht gar lang dann, und wir fanden
Irgendwo 'nen Fleck, zu landen;
Er, er schwamm, und ich umschlang ihn -
Und hier bin ich nun ...
AASE: Und er?
PEER GYNT: Hm, der springt wohl noch umher.
Schnalzt mit den Fingern, wippt sich auf den Hacken und fügt hinzu:
Wenn du'n laufen siehst, so fang ihn!

Peer Gynt hält sich an den Spruch der Trolle: "Sei du selbst dir genug!", gelangt auf seiner genußhungrigen Lebensfahrt aber nie zu Bewußtsein über sich selbst. Ein Innehalten scheint für Peer unmöglich. In seinem grenzenlosen Egoismus jagt er skrupellos und doch vergeblich seinem Glück nach: im Trollenreich, als Negerhändler in Afrika und schließlich in Ägypten, durch Irrenhausinsassen zum Kaiser gekrönt.
Dabei vergißt er seine Geliebte Solveig, die bis zu Peers Rückkehr als alter Mann ihm die Treue hält und ihn mit ihrer unbedingten Liebe von aller Schuld freispricht.

In: Henrik Ibsen, Dramen, Rütten und Loening, Berlin, 3. Aufl. 1987, S. 9-12.

Eugène Ionesco (1912 - 94):

Die Nashörner

Übers. v. Claus Bremer u. Christoph Schwerin.
UA (in dt. Sprache): Düsseldorf 1959; Paris 1960.

In einer Kleinstadt tauchen eines Tages auf ungeklärte Weise Nashörner auf. Was anfangs noch harmlos erscheint, wächst zu einer wahren Epidemie. Die verschreckte Empörung der Kleinstädter weicht einem zunehmenden Arrangement mit der neuen "Bewegung". Immer mehr Bürgerinnen und Bürger entdecken das Nashorn in sich und bekennen sich bald offen zu ihrer eigenen Nashorn-Natur, sowohl innerlich wie äußerlich. Was anfangs grotesk und verrückt erschien, wird, indem es mehr und mehr von der Gesellschaft akzeptiert und offensiv vertreten wird, zur Normalität. Nur der Protagonist Behringer, ein kleiner Angestellter, bleibt standhaft gegenüber dem Nashornismus, selbst als sein Freund Hans und seine Freundin Daisy ihren Widerstand aufgeben und die Schönheit der Nashörner zu entdecken glauben. Wo Behringer nur ein Schnauben der Nashörner hört, hört Daisy ein Singen und sieht ein Tanzen: "Götter sind's." Behringer erscheint ihr verstockt und eifersüchtig. Sie trennen sich unversöhnt. Mit dem folgenden Monolog endet das Stück, gerade als Daisy über die Treppe die Wohnung ihres Freundes verlassen hat.

BEHRINGER: *betrachtet sich noch immer im Spiegel* Ein Mensch ist doch weiß Gott nicht so häßlich. Wenn ich auch nicht zu den schönsten gehöre. Glaub mir, Daisy. *Er dreht sich um.* Daisy! Daisy! Wo bist du, Daisy? Das kannst du doch nicht machen! *Stürzt zur Tür.* Daisy! *Auf dem Treppenabsatz beugt er sich über das Geländer.* Daisy! Komm herauf! Komm zurück, meine kleine Daisy! Du hast ja nicht mal gegessen! Daisy, laß mich doch nicht ganz allein! Was hast du mir versprochen! Daisy! Daisy! *Er gibt es auf, sie zu rufen, macht eine verzweifelte Geste und geht ins Zimmer zurück.* Natürlich. Wir haben uns nicht mehr verstanden. Eine zerrüttete Ehe. Das war nicht mehr zu machen. Aber sie hätte mich nicht ohne ein Wort verlassen sollen. *Schaut ringsumher.* Kein Wort hat sie mir hinterlassen. Das macht man doch nicht. Jetzt bin ich völlig allein. *Er schließt die Tür sorgfältig, aber wütend ab.* Mich erwischt man nicht. *Wendet sich an alle Nashornköpfe.* Euch werde ich nicht folgen, ich verstehe Euch nicht! Ich bleibe, was ich bin. Ich bin ein menschliches Wesen. Ein Mensch. *Setzt sich in den Sessel.* Die Lage ist völlig unhaltbar. Es ist mein Fehler, daß sie gegangen ist. Ich war ihr ein und alles. Was wird aus ihr werden? Noch jemanden auf dem Gewissen. Ich fürchte das Schlimmste, das Schlimmste ist möglich. Armes verlassenes Kind, in dieser Welt voll Ungeheuern! Niemand kann mir helfen, sie wiederzufinden, niemand, weil es niemanden mehr gibt. *Erneutes Schnauben, rasendes Galoppieren, Staubwolken.* Ich will sie nicht hören. Ich werde mir Watte in die Ohren stopfen. *Er stopft sich Watte in die Ohren und spricht zu sich in den Spiegel.* Es gibt keine andere Lösung, als sie zu überzeugen. Sie zu überzeugen, aber wovon? Und sind diese Verwandlungen denn rückgängig zu machen? Ja, sind sie rückgängig zu machen? Eine Herkulesarbeit, die weit über meine Kräfte geht. (...) Und wenn, wie mir Daisy gesagt hat, wenn sie es sind, die recht haben? *Geht wieder zum Spiegel.* Ein Mensch ist nicht häßlich. Ein Mensch ist nicht häßlich! *Er betrachtet sich, indem er mit der Hand übers Gesicht fährt. (...) Schaut in die Handflächen.* Meine Hände sind feucht. Werden sie runzlig werden? *Er zieht die Jacke aus, öffnet das Hemd und besieht sich die Brust im Spiegel.* Ich habe eine schlaffe Haut. Ach, dieser zu weiße und behaarte Körper! Hätte ich nur eine harte Haut und diese herrliche tiefgrüne Farbe. Eine saubere Nacktheit wie sie, ganz ohne Haare. *Er hört dem Schnauben zu.* Ihre Gesänge haben Zauber! Könnte ich's doch nur wie sie! *Versucht sie nachzumachen.* Ahh, ahh, brrr! Nein, das ist es nicht. Versuchen wir es nochmal, stärker! Ahh, ahh, brrrrrr! Nein, nein, das ist es nicht. Wie kraftlos klingt das, so ohne alle Kraft! Ich kann nicht schnauben. Ich grunze nur. Ahh, ahh, brrr! Grunzen ist noch kein Schnauben! Was für ein schlechtes Gewissen habe ich jetzt. Ich hätte ihnen beizeiten folgen sollen. Jetzt ist es zu spät! Ein Ungeheuer bin ich, ein Ungeheuer. Nie werde ich Nashorn, nie,nie! Ich kann mich nicht mehr ändern. Ich würde so gerne, so schrecklich gerne. Aber ich kann nicht. Ich kann mich nicht mehr sehen. Ich schäme mich zu sehr. *Dreht sich vom Spiegel ab.* Wie häßlich ich bin! Elend über den, der seine eigene Art bewahren will! *Er fährt plötzlich auf.* Nun gut! Ich verteidige mich gegen alle Welt! Mein Gewehr! Mein Gewehr! Gegen alle Welt werde ich mich verteidigen, gegen alle Welt. Ich werde mich verteidigen. Ich bin der letzte Mensch. Ich werde es bleiben bis zum Ende! Ich kapituliere nicht!

In: Eugène Ionesco, Die Nashörner. Fischer-TB 1964, S. 154-157.
Leider konnten die Rechteinhaber für den Abdruck dieses Textes nicht ermittelt werden.

nesco (1912 - 94):

Der neue Mieter

Übertragen v. Lore Kornell. - UA: Helsinki 1955

Eine laut singende Concierge, mit einem klappernden Schlüsselbund ausgerüstet, betritt ein helles leeres Zimmer, schaut zum rückwärtigen Fenster auf den Lärm der Straße, als "ein Herr mittleren Alters", schwarz gekleidet, mit Melone, leise den Raum betritt - der neue Mieter.

CONCIERGE: Eigentlich habe ich Sie heute noch nicht erwartet... Ich dachte, Sie kämen erst morgen... Willkommen, willkommen... Gut gereist? Nicht müde? Wie Sie mich erschreckt haben! Sicher sind Sie früher fertig geworden, als Sie dachten! Deshalb! Denn ich war nicht darauf vorbereitet. *Schluckt.* Ich muß wieder schlucken. Das macht die Überraschung. Aber hier ist alles in schönster Ordnung. Ein Glück, daß Ihre Vorgänger, ich meine, die Mieter, die vor Ihnen hier gewohnt haben, zeitig genug ausgezogen sind. Der alte Herr hat sich pensionieren lassen. Was er eigentlich machte, das weiß ich nicht ganz genau. Sie haben gesagt, sie würden mir Ansichtskarten schreiben. Er war Beamter. Ruhiger Mann. Sie vielleicht auch? Ja? Nein? In welchem Ministerium, weiß ich nicht. Ich hab's vergessen. Gesagt hatte er's mir. Ach, wissen Sie, ich und die Ministerien... Dabei war mein erster Mann selber in einem. Als Bürodiener. Leute waren das. Sie erzählten mir alles. Oh, unter dem Siegel der Verschwiegenheit, daran bin ich gewöhnt. Ich bin nämlich diskret! Sie, die alte Dame, arbeitete nicht. Sie hat ihr ganzes Leben lang nichts getan. Ich räumte ihr die Wohnung auf, dann hatte sie noch eine Frau, die ihr die Besorgungen machte, und wenn die nicht kam, wer mußte einkaufen gehen? Natürlich ich. *Schluckt.* So eine Überraschung! Sie haben mich erschreckt! Wo ich Sie doch erst morgen erwartete. Oder übermorgen! Sie hatten einen kleinen Hund, die Leute, Katzen konnten sie nämlich nicht leiden, und überhaupt sind Katzen nicht erlaubt hier im Haus, vom Hausverwalter aus, mir ist es egal. Ordentliche Leute waren das, keine Kinder, sonntags fuhren sie aufs Land zu ihren Verwandten, in den Ferien nach Burgund; der Herr, der war von dort. Und da haben sie sich jetzt zur Ruhe gesetzt, aber den Wein, den Burgunder, den mochten sie nicht, der stieg ihnen zu Kopf, den Bordeaux, den hatten sie lieber, bloß nicht zuviel, Sie wissen ja, die alten Leute. Sogar, wie sie jung waren, da kann man nichts machen, Geschmackssache, bei mir ist das anders. Aber nett waren sie. Und Sie? Kaufmann? Beamter? Rentner? Pensioniert? Oh nein, pensioniert nicht, dafür sind Sie noch zu jung, aber weiß man's denn? Manch einer setzt sich früh zur Ruhe, nicht wahr, er fühlt sich nicht wohl, er kann sich's erlauben, jeder kann's nicht, um so besser für die, die's können! Haben Sie Familie?

MIETER: *stellt den Koffer auf den Boden, legt den Überzieher darauf*
Nein, Madame.

CONCIERGE: Stellen Sie den Koffer nur hin, sonst schläft Ihnen der Arm ein. Gutes Leder ist das. Stellen Sie ihn hin, wo Sie wollen. Sieh mal an, mein Schluckauf. Weg ist er! Die Überraschung ist vorbei! (...)

In: Masken, Szenen u. Spiele, S. 56-58. Entnommen aus: Theaterstücke II. Luchterhand Verlag, Neuwied/Berlin 1960. Auch in: Ionesco, Die Stühle. Der neue Mieter, Philipp Reclam Jun. GmbH & Co, Stuttgart.
Leider konnten die Rechteinhaber für den Abdruck dieses Textes nicht ermittelt werden.

Theater der Stadt Heidelberg, 1987

Walter Jens (geboren 1923):

Der Untergang. Nach den Troerinnen des Euripides

Entst. 1982

Diese Nachdichtung der "Troerinnen" des Euripides ist eines der eindringlichsten Werke, die die Sinnlosigkeit des Krieges anprangern. Troja ist zerstört, und die Frauen und Witwen der Besiegten warten im Gefangenenlager auf ihre Deportation nach Hellas. Als die Frauen verlost werden, wem sie künftig als Sklavinnen dienen werden, fällt die Wahl des Heerführers Agamemnon auf die Jungfrau Kassandra, die nie ernst genommene Seherin und Tochter der Königin Hekabe, die er sich als Bettgenossin wünscht.
Kassandra nimmt im Todesrausch Abschied, den Mord Klythaimestras an Agamemnon und den Muttermord des Orestes bereits voraussehend.

KASSANDRA: Hoch die Fackel!
Voran!
Ich bringe das Licht,
ich bin die Kerze
und das Feuer,
das dies Heiligtum erstrahlen läßt.

Hymen! Hymenaios!
Glücklicher Bräutigam!
Nach Griechenland ziehst du,
zum Lager des Königs,
dem Hochzeitsbett Agamemnons!
Hör auf zu greinen, Alte.
Immer nur Tränen
um den Mann, die Heimat, die Freunde.
Ich will nicht allein sein,
in meinem Glück.
Ich bin Braut, alte Frau.
Dies ist mein Hochzeitstag,
Mutter,
ich gehe voran,
Brautführerin und Braut zugleich,
ich bringe das Licht,
Hymenaios,
für dich,
und für die Totengöttin Hekate.
Millionen Sonnen sollen leuchten,
wenn Kassandra Hochzeit hält! (...)

So tanz doch, Mutter!
Lach mit deinem Kind,
und wieg dich im Takt,
ta-tam, ta-ta-ta-tam,
ta-tam, ta-ta-tam-ta.
O Dröhnen des Hochzeitsgesangs.
Ich schreie, ich tanze,
ich zerspringe vor Glück.
Kommt, Mädchen, im leuchtenden Kleid,
und stimmt Agamemnon,
meinem Gemahl
das Jubellied an!(...)
Nein, Mutter,
so darfst du nicht reden.
Nicht k l a g e n.
S c h m ü c k e n sollst du mich,
mein Haupt,
wie einen König vor der Schlacht,
mit Blumen kränzen.

Bring mich zu ihm,
zu m e i n e m Mann,
und wenn ich zaudere,
dann gib mir einen Stoß.
Pack mich! Heb mich auf,
wenn ich nicht weiter mag!
Apoll! Apollon!
Helenas Bett,
hast du gesagt,
brachte den Griechen Verderben,
aber Kassandras Lager,
hast du gesagt,
bringt ihnen den Tod!
Komm, Agamemnon!
Komm, umarme mich
und küß die Mörderin!
Mich!
Die dein Haus vernichten wird,
mit Kind und Kindeskindern,
Schlag für Schlag,
bis ihr gerächt seid,
meine Brüder,
und du, mein lieber Vater, auch.
Ich könnte viel erzählen,

wenn ich wollte,
viel vom ... still!
Nein. Nichts vom Beil,
das mir den Nacken spalten
und sich gegen meine Schlächter kehren wird.
Und nichts vom Muttermord,
den diese Hochzeit zeugt,
und nichts vom Untergang der Atreus-Sippschaft:
alle, alle tot!
Ich sag dir, Mutter:
Diese Stadt ist s e l i g,
wenn du sie mit Agamemnons Haus vergleichst.
Warte nur ab,
bald kommt der Tag,
an dem du denken wirst:
Die Gottbesessene hatte Verstand.
Es ist kein Taumel,
keine Raserei:
die Wehen sind's,
mit denen Loxias mich quält:
Die Wahrheit, Mutter, muß ans Licht. *Hält erschöpft inne.*

Die alte Hekabe muß ansehen, wie ihre Tochter Kassandra abgeführt wird - in den Tod durch Klythaimnestra -, und ihre andere Tochter Polyxena sich töten läßt. Die einzige nun verbleibende Hoffnung auf ein Wiedererstarken Trojas wird zunichte gemacht, als selbst der Enkel Hekabes, der kleine Sohn der Andromache mit Hektor - Astyanax - auf Anordnung der Griechen ermordet wird. Troja wird in Flammen gelegt, in denen die alte Königin bei Abfahrt der griechischen Flotte den Tod sucht.

In: Walter Jens, Der Untergang. © Kindler Verlag, München 1982, S. 23-27

Franz Kafka (1883 - 1924):
Ein Bericht für eine Akademie
Entst. u. UA: 1917

Da Kafkas Bericht über die allmähliche Menschwerdung des gefangenen Affen Rotpeter zuerst in der Monatsschrift "Der Jude" erschien, gingen Interpreten lange Zeit davon aus, Kafka erzähle eine Parabel über die verzweifelte Anpassung des jüdischen Volkes. Sie ist auch als Beschreibung einer allumfassenden Heimatlosigkeit lesbar. Der Mensch, unfähig, in die Unbewußtheit und Unschuld zurückzukehren, wird Künstler, um irgendwie in dieser verschrobenen Welt zu überleben. Das Künstlertum ist für Rotpeter willentliche Verzerrung des Ichs mit nicht endendem Schmerz. Hier erzählt er von seiner Schiffsüberfahrt von der Goldküste nach Hamburg im Käfig der Firma Hagenbeck.

AFFE ROTPETER:
Ich sah diese Menschen auf und ab gehen, immer die gleichen Gesichter, die gleichen Bewegungen, oft schien es mir, als wäre es nur einer. Dieser Mensch oder diese Menschen gingen also unbehelligt. Ein hohes Ziel dämmerte mir auf. Niemand versprach mir, daß, wenn ich so wie sie werden würde, das Gitter aufgezogen werde. Solche Versprechungen für scheinbar unmögliche Erfüllungen werden nicht gegeben. Löst man aber die Erfüllungen ein, erscheinen nachträglich auch die Versprechungen genau dort, wo man sie früher vergeblich gesucht hat. (...) Es war so leicht, die Leute nachzuahmen. Spucken konnte ich schon in den ersten Tagen. Wir spuckten einander dann gegenseitig ins Gesicht; der Unterschied war nur, daß ich mein Gesicht nachher reinleckte, sie ihres nicht. Die Pfeife rauchte ich bald wie ein Alter; drückte ich dann auch noch den Daumen in den Pfeifenkopf, jauchzte das ganze Zwischendeck; nur den Unterschied zwischen der leeren und der gestopften Pfeife verstand ich lange nicht.
Die meiste Mühe machte mir die Schnapsflasche. Der Geruch peinigte mich; ich zwang mich mit allen Kräften; aber es vergingen Wochen, ehe ich mich überwand. Diese inneren Kämpfe nahmen die Leute merkwürdigerweise ernster als irgend etwas sonst an mir. Ich unterscheide die Leute auch in meiner Erinnerung nicht, aber da war einer, der kam immer wieder, allein oder mit Kameraden, bei Tag, bei Nacht, zu den verschiedensten Stunden; stellte sich mit der Flasche vor mich hin und gab mir Unterricht. Er begriff mich nicht, er wollte das Rätsel meines Seins lösen. Er entkorkte langsam die Flasche und blickte mich dann an, um zu prüfen, ob ich verstanden habe; ich gestehe, ich sah ihm immer mit wilder, mit überstürzter Aufmerksamkeit zu; einen solchen Menschenschüler findet kein Menschenlehrer auf dem ganzen Erdenrund; nachdem die Flasche entkorkt war, hob er sie zum Mund; ich mit meinen Blicken ihm nach bis in die Gurgel; er nickt, zufrieden mit mir, und setzt die Flasche an die Lippen; ich, entzückt von allmählicher Erkenntnis, kratze mich quietschend der Länge und Breite nach, wo es sich trifft; er freut sich, setzt die Flasche an und macht einen Schluck; ich, ungeduldig und verzweifelt, ihn nachzueifern, verunreinige mich in meinem Käfig, was wieder ihm große

Genugtuung macht; und nun weit die Flasche von sich streckend und im Schwung sie wieder hinaufführend, trinkt er sie, übertrieben lehrhaft zurückgebeugt, mit einem Zuge leer. Ich, ermattet von allzugroßem Verlangen, kann nicht mehr folgen und hänge schwach am Gitter, während er den theoretischen Unterricht damit beendet, daß er sich den Bauch streicht und grinst.

Nun erst beginnt die praktische Übung. Bin ich nicht schon allzu erschöpft durch das Theoretische? Wohl, allzu erschöpft. Das gehört zu meinem Schicksal. Trotzdem greife ich, so gut ich kann, nach der hingereichten Flasche; entkorke sie zitternd; mit dem Gelingen stellen sich allmählich neue Kräfte ein; ich hebe die Flasche, vom Original schon kaum zu unterscheiden; setze sie an und - und werfe sie mit Abscheu, mit Abscheu, trotzdem sie leer ist und nur noch der Geruch sie füllt, werfe sie mit Abscheu auf den Boden. Zur Trauer meines Lehrers, zur größeren Trauer meiner selbst; weder ihn, noch mich versöhne ich dadurch, daß ich auch nach dem Wegwerfen der Flasche nicht vergesse, ausgezeichnet meinen Bauch zu streichen und dabei zu grinsen.

Allzuoft nur verlief so der Unterricht. Und zur Ehre meines Lehrers: er war mir nicht böse; wohl hielt er mir manchmal die brennende Pfeife ans Fell, bis es irgendwo, wo ich nur schwer hinreichte, zu glimmen anfing, aber dann löschte er es selbst wieder mit seiner riesigen guten Hand; er war mir nicht böse, er sah ein, daß ich den schwereren Teil hatte.

Was für ein Sieg dann allerdings für ihn wie für mich, als ich eines Abends vor großem Zuschauerkreis - vielleicht war ein Fest, ein Grammophon spielte, ein Offizier erging sich zwischen den Leuten - als ich an diesem Abend, gerade unbeachtet, eine vor meinem Käfig versehentlich stehen gelassene Schnapsflasche ergriff, unter steigender Aufmerksamkeit der Gesellschaft sie schulgerecht entkorkte, an den Mund setzte und ohne Zögern, ohne Mundverziehen, als Trinker von Fach, mit rund gewälzten Augen, schwappender Kehle, wirklich und wahrhaftig leer trank; nicht mehr als Verzweifelter, sondern als Künstler die Flasche hinwarf; zwar vergaß den Bauch zu streichen; dafür aber, weil ich nicht anders konnte, weil es mich drängte, weil mir die Sinne rauschten, kurz und gut "Hallo!" ausrief, in Menschenlaut ausbrach, mit diesem Ruf in die Menschengemeinschaft sprang und ihr Echo: "Hört nur, er spricht!" wie einen Kuß auf meinem ganzen schweißtriefenden Körper fühlte.

In: Franz Kafka, Sämtliche Erzählungen. Hrsg. v. Paul Raabe. Fischer Bücherei, Frankfurt a. M. 1970, S. 151-153

Heinrich von Kleist (1777 - 1811):

Amphitryon

Ein Lustspiel nach Molière. Entst. 1805/6, EA: 1807, UA: Berlin 1898

Die Titelfigur Amphitryon, Gatte der schönen Alkmene, ist zu Beginn des Dramas als Feldherr von Theben noch unterwegs, um eine Schlacht zu schlagen. Jupiter kommt zusammen mit dem Götterboten Merkur auf die Erde. Um sich Alkmene zu nähern, verwandelt sich der Göttervater in ihren Gemahl, während Merkur in die Haut des Sosias', des Dieners von Amphitryon, schlüpft. Noch bevor der Feldherr heimkehrt, soll Sosias vorauseilen, um Alkmene die Botschaft vom Sieg in der Schlacht zu überbringen. Inzwischen aber hat Alkmene mit dem vermeintlichen Gatten Jupiter die Nacht verbracht.

Erster Akt, erste Szene. *Es ist Nacht.*

SOSIAS *tritt mit einer Laterne auf*:
Heda! Wer schleicht da? Holla! - Wenn der Tag
Anbräche, wär mirs lieb; die Nacht ist - Was?
Gut Freund, ihr Herrn! Wir gehen eine Straße -
Ihr habt den ehrlichsten Geselln getroffen,
Bei meiner Treu, auf den die Sonne scheint -
Vielmehr der Mond jetzt, wollt ich sagen -
Spitzbuben sinds entweder, feige Schufte,
Die nicht das Herz, mich anzugreifen, haben:
Oder der Wind hat durch das Laub gerasselt.
Jedweder Schall hier heult in dem Gebirge. -
Vorsichtig! Langsam! - Aber wenn ich jetzt
Nicht bald mit meinem Hut an Theben stoße,
So will ich in den finstern Orkus fahren.
Ei, hols der Henker! ob ich mutig bin,
Ein Mann von Herz; das hätte mein Gebieter
Auf anderm Wege auch erproben können.
Ruhm krönt ihn, spricht die ganze Welt, und Ehre,
Doch in der Mitternacht mich fortzuschicken,
Ist nicht viel besser als ein schlechter Streich.
Ein wenig Rücksicht wär, und Nächstenliebe,
So lieb mir, als der Keil von Tugenden,
Mit welchem er des Feindes Reihen sprengt.
Sosias, sprach er, rüste dich, mein Diener,
Du sollst in Theben meinen Sieg verkünden
Und meine zärtliche Gebieterin
Von meiner nahen Ankunft unterrichten.
Doch hätte das nicht Zeit gehabt bis morgen,
Will ich ein Pferd sein, ein gesatteltes!

Doch sieh! Da zeigt sich, denk ich, unser Haus!
Triumph, du bist nunmehr am Ziel, Sosias,
Und allen Feinden soll vergeben sein.
Jetzt, Freund, mußt du an deinen Auftrag denken;
Man wird dich feierlich zur Fürstin führen,
Alkmen', und den Bericht bist du ihr dann,
Vollständig und mit Rednerkunst gesetzt
Des Treffens schuldig, das Amphitryon
Siegreich fürs Vaterland geschlagen hat.
- Doch wie zum Teufel mach ich das, da ich
Dabei nicht war? Verwünscht. Ich wollt: ich hätte
Zuweilen aus dem Zelt geguckt,
Als beide Heer im Handgemenge waren.
Ei was! Vom Hauen sprech ich dreist und Schießen,
Und werde schlechter nicht bestehn, als andre,
Die auch den Pfeil noch pfeifen nicht gehört. -
Doch wär es gut, wenn du die Rolle übtest?
Gut! Gut bemerkt, Sosias! Prüfe dich.
Hier soll der Audienzsaal sein, und diese
Latern' Alkmene, die mich auf dem Thron erwartet.
Er setzt die Laterne auf den Boden.
Durchlauchtigste! mich schickt Amphitryon,
Mein hoher Herr und Euer edler Gatte,
Von seinem Siege über die Athener
Die frohe Zeitung Euch zu überbringen.
- Ein guter Anfang! - "Ach, wahrhaftig, liebster
Sosias, meine Freude mäßg' ich nicht,
Da ich dich wiedersehe." - Diese Güte,
Vortreffliche, beschämt mich, wenn sie stolz gleich
Gewiß jedweden andern machen würde.
- Sieh! das ist auch nicht übel! - "Und dem teuren
Geliebten meiner Seel, Amphitryon,
Wie gehts ihm?" - Gnädge Frau, das faß ich kurz:
Wie einem Mann von Herzen auf dem Feld des Ruhms.
- Ein Blitzkerl! Seht die Suade! - "Wann denn kommt er?"
Gewiß nicht später, als sein Amt verstattet,
Wenngleich vielleicht so früh nicht, als er wünscht.
- Potz, alle Welt! - "Und hat er sonst dir nichts
Für mich gesagt, Sosias?" - Er sagt wenig,
Tut viel, und es erbebt die Welt vor seinem Namen.
- Daß mich die Pest! Wo kömmt der Witz mir her?

Als Sosias vor Amphitryons Haus eintrifft, findet er sein Ebenbild Merkur bereits auf seinem angestammten Posten und muß, da ihm Stockhiebe drohen, seine Identität verleugnen. Während diese Verwechslung sehr komisch anmutet, stürzt sie das Herrscherpaar Amphitryon - Alkmene in eine seelische Krise. Amphitryon erfährt bei seiner Heimkehr, er habe seine Frau bereits in der Nacht zuvor gebührend begrüßt und beschuldigt daher Alkmene der Untreue. Das Drama spitzt sich zu, bis Alkmene zwischen dem wahren Amphitryon und dem Gott steht, und in Jupiter den wirklichen Gatten zu erkennen glaubt. Selbst die einzig sichere Instanz des Menschen: das untrügliche Gefühl, ist durch das göttliche Eingreifen verwirrt. Jupiter gibt endlich seine Identität preis und eröffnet Thebens Herrscherpaar die Niederkunft des Halbgottes Herkules.

In: Heinrich von Kleist, Dramen. Hrsg. v. Eike Middel,
Philipp Reclam Jun. GmbH & Co, Leipzig 1977, S. 235f.

Serienaufnahmen „Amphitryon", o. J.

Heinrich von Kleist (1777 - 1811):

Penthesilea

Ein Trauerspiel in 24 Auftritten. Entst. 1806-1807, UA: Berlin 1876

Penthesilea, die Königin der Amazonen, hat sich durch eine Prophezeiung ihrer Mutter in den griechischen Helden Achill verliebt. Da nach dem Gesetz des Frauenstaates jede Amazone den Mann ihrer Kinder im Kampf bezwingen muß, messen sich die füreinander Entbrannten mehrmals im Kampf. Achill täuscht Penthesilea, indem er die Rolle des Besiegten spielt, und sie können sich so ihre Liebe entdecken. Doch als die beiden feindlichen Heere anrücken, kann weder Achill noch die Amazonenkönigin sich zur Unterwerfung durchringen. Als Achill eine weitere Kampfesaufforderung an Penthesilea richtet, um sich endgültig geschlagen zu geben, sieht diese ihre Liebe verraten und stürzt dem Geliebten voller Haß entgegen. Die Fürstin Meroe berichtet den tragischen Fortgang:

23. Auftritt

MEROE: O ihr, der Diana heil'ge Priesterinnen,
Und ihr, Mars' reine Töchter, hört mich an:
Die afrikanische Gorgone bin ich,
Und wie ihr steht, zu Steinen starr ich euch. (...)
Ihr wißt,
Sie zog dem Jüngling, den sie liebt, entgegen,
Sie, die fortan kein Name nennt -
In der Verwirrung ihrer jungen Sinne,
Den Wunsch, den glühenden, ihn zu besitzen,
Mit allen Schrecknissen der Waffen rüstend.
Von Hunden rings umheult und Elefanten,
Kam sie daher, den Bogen in der Hand: (...)
Achilleus, der, wie man im Heer versichert,
Sie bloß ins Feld gerufen, um freiwillig
Im Kampf, der junge Tor, ihr zu erliegen:
Denn er auch, o wie mächtig sind die Götter!
Er liebte sie, gerührt von ihrer Jugend,
Zu Dianas Tempel folgen wollt er ihr:
Er naht sich ihr, voll süßer Ahndungen,
Und läßt die Freunde hinter sich zurück.
Doch jetzt, da sie mit solchen Greulnissen
Auf ihn herangrollt, ihn, der nur zum Schein
Mit einem Spieß sich arglos ausgerüstet:
Stutzt er, und dreht den schlanken Hals, und horcht,
Und eilt entsetzt, und stutzt, und eilet wieder: (...)
Und will zurück noch zu den Freunden fliehn;
Und steht, von einer Schar schon abgeschnitten,

Und hebt die Händ empor, und duckt und birgt
In eine Fichte sich, der Unglücksel'ge,
Die schwer mit dunkeln Zweigen niederhangt. -
Inzwischen schritt die Königin heran,
Die Doggen hinter ihr, Gebirg und Wald
Hochher, gleich einem Jäger, überschauend;
Und da er eben, die Gezweige öffnend,
Zu ihren Füßen niedersinken will:
Ha! sein Geweih verrät den Hirsch, ruft sie,
Und spannt mit Kraft der Rasenden, sogleich
Den Bogen an, daß sich die Enden küssen,
Und hebt den Bogen auf und zielt und schießt,
Und jagt den Pfeil ihm durch den Hals; er stürzt:
Ein Siegsgeschrei schallt roh im Volk empor.
Jetzt gleichwohl lebt der Ärmste noch der Menschen,
Den Pfeil, den weit vorragenden, im Nacken,
Hebt er sich röchelnd auf, und überschlägt sich,
Und hebt sich wiederum und will entfliehn;
Doch, hetz! schon ruft sie: Tigris! hetz, Leäne!
Hetz, Sphinx! Melampus! Dirke! Hetz, Hyrkaon!
Und stürzt - stürzt mit der ganzen Meut, o Diana!
Sich über ihn, und reißt - reißt ihn beim Helmbusch,
Gleich einer Hündin, Hunden beigesellt,
Der greift die Brust ihm, dieser greift den Nacken,
Daß von dem Fall der Boden bebt, ihn nieder!
Er, in dem Purpur seines Bluts sich wälzend,
Rührt ihre sanfte Wange an, und ruft:
Penthesilea! meine Braut! was tust du?
Ist dies das Rosenfest, das du versprachst?
Doch sie - die Löwin hätte ihn gehört,
Die hungrige, die wild nach Raub umher,
Auf öden Schneegefilden heulend treibt;
Sie schlägt, die Rüstung ihm vom Leibe reißend,
Den Zahn schlägt sie in seine weiße Brust,
Sie und die Hunde, die wetteifernden,
Oxus und Sphinx den Zahn in seine rechte,
In seine linke sie; als ich erschien,
Troff Blut von Mund und Händen ihr herab.
Pause voll Entsetzen. (...)
Jetzt steht sie lautlos da, die Grauenvolle,
Bei seiner Leich, umschnüffelt von der Meute,
Und blicket starr, als wärs ein leeres Blatt,
Den Bogen siegreich auf der Schulter tragend,
In das Unendliche hinaus, und schweigt.

Wir fragen mit gesträubten Haaren, sie,
Was sie getan? Sie schweigt. Ob sie uns kenne?
Sie schweigt. Ob sie uns folgen will? Sie schweigt.
Entsetzen griff mich, und ich floh zu euch.

Als Penthesilea wieder zu sich kommt bei der Leiche ihres Geliebten, geht sie in den Freitod allein kraft ihres "vernichtenden Gefühls".

In: Heinrich von Kleist, Dramen. Hrsg. v. Eike Middel.
Philipp Reclam Jun. GmbH & Co, Leipzig 1977, S. 396 ff.

*Die Schauspielerin
Clara Ziegler als
Penthesilea, o. J.*

Heinrich von Kleist (1777 - 1811):

Das Käthchen von Heilbronn oder die Feuerprobe

Ein großes historisches Ritterschauspiel in fünf Akten. Entst.: 1808, UA: Wien 1810

Als Graf vom Strahl in Heilbronn einreitet, stürzt Käthchen, die Tochter des Waffenschmiedes Theobald Friedeborn, aus dem Fenster, um dem Ritter von nun an nicht mehr von der Seite zu weichen. Kleists Drama nimmt seinen Anfang vor Gericht: Käthchens Vater klagt den Grafen an, im Besitz satanischer Kräfte zu sein, die seine Tochter zu einem so tranceähnlichen Handeln nötigen. Friedrich Wetter vom Strahl muß daraufhin den - ihm ebenso unbegreiflichen - Vorgang dem Gericht darlegen.

Erster Aufzug, erster Auftritt

GRAF VON STRAHL: Ich war, es mögen ohngefähr zwölf Wochen sein, auf einer Reise, die mich nach Straßburg führte, ermüdet in der Mittagshitze an einer Felswand eingeschlafen - nicht im Traum gedacht' ich des Mädchens mehr, das in Heilbronn aus dem Fenster gestürzt war -, da liegt sie mir, wie ich erwache, gleich einer Rose, entschlummert zu Füßen, als ob sie vom Himmel herabgeschneit wäre! Und da ich zu den Knechten, die im Grase herumliegen, sage: ei, was der Teufel, das ist ja das Käthchen von Heilbronn! schlägt sie die Augen auf und bindet sich das Hütlein zusammen, das ihr schlafend vom Haupt herabgerutscht war. Katharine! ruf' ich, Mädel! wo kömmst auch her? auf fünfzehn Meilen von Heilbronn, fernab am Gestade des Rheins? "Hab' ein Geschäft, gestrenger Herr," antwortet sie, "das mich gen Straßburg führt; schauert mich im Wald so einsam zu wandern, und schlug mich zu Euch." Drauf laß ich ihr zur Erfrischung reichen, was mir Gottschalk der Knecht mit sich führt, und erkundige mich, wie der Sturz abgelaufen, auch was der Vater macht? Und was sie in Straßburg zu erschaffen denke? Doch da sie nicht freiherzig mit der Sprache herausrückt: was auch geht's dich an, denk' ich; ding' ich ihr einen Boten, der sie durch den Wald führe, schwing' mich auf den Rappen und reite ab. Abends in der Herberg', an der Straßburger Straß', will ich mich eben zur Ruh' niederlegen: da kommt Gottschalk der Knecht und spricht, das Mädchen sei unten und begehre in meinen Ställen zu übernachten. Bei den Pferden? frag' ich. Ich sage: wenn's ihr weich genug ist, mich wird's nicht drücken. Und füge noch, indem ich mich im Bett wende, hinzu: magst ihr wohl eine Streu unterlegen, Gottschalk, und sorgen, daß ihr nichts widerfahre. Drauf wandert sie kommenden Tages, früher aufgebrochen als ich, wieder auf die Heerstraße, und lagert sich wieder in meinen Ställen, und lagert sich Nacht für Nacht, so wie mir der Streifzug fortschreitet, darin, als ob sie zu meinem Troß gehörte. Nun litt ich das, ihr Herren, um jenes grauen, unwirschen Alten willen, der mich jetzt darum straft; denn der Gottschalk in seiner Wunderlichkeit hatte das Mädchen liebgewonnen und pflegte ihrer in der Tat als seiner Tochter. Führt dich die Reise einst, dacht' ich, durch Heilbronn, so wird der Alte dir's danken. Doch da sie sich auch in Straßburg, in der erzbischöflichen Burg, wieder bei mir einfindet, und ich gleichwohl spüre, daß sie nichts im Orte erschafft -

denn m i r hatte sie sich ganz und gar geweiht, und wusch und flickte, als ob es sonst am Rhein nicht zu haben wäre -, so trete ich eines Tages, da ich sie auf der Stallschwelle finde, zu ihr und frage, was für ein Geschäft sie in Straßburg betreibe? "Ei," spricht sie, "gestrenger Herr," und eine Röte, daß ich denke, ihre Schürze wird angehen, flammt über ihr Antlitz empor, "was fragt Ihr doch? Ihr wißt's ja" - Holla! denk' ich, steht es so mit dir? und sende einen Boten flugs nach Heilbronn dem Vater zu, mit folgender Meldung: das Käthchen sei bei mir; ich hütete seiner; in kurzem könne er es vom Schlosse zu Strahl, wohin ich es zurückbringen würde, abholen. (...) Drauf, da er am zwanzigsten Tage, um sie abzuholen, bei mir erscheint, und ich ihn in meiner Väter Saal führe, erschau' ich mit Befremden, daß er beim Eintritt in die Tür die Hand in den Weihkessel steckt und mich mit dem Wasser, das darin befindlich ist, besprengt. Ich, arglos wie ich von Natur bin, nöt'ge ihn auf einen Stuhl nieder, erzähle ihm mit Offenherzigkeit alles, was vorgefallen, eröffne ihm auch in meiner Teilnahme die Mittel, wie er die Sache seinen Wünschen gemäß wieder ins Geleis rücken könne; und tröste ihn und führ' ihn, um ihm das Mädchen zu übergeben, in den Stall hinunter, wo sie steht und mir eine Waffe von Rost säubert. Sowie er in die Tür tritt und die Arme mit tränenvollen Augen öffnet, sie zu empfangen, stürzt mir das Mädchen leichenbleich zu Füßen, alle Heiligen anrufend, daß ich sie vor ihm schütze. Gleich einer Salzsäule steht er bei diesem Anblick da; und ehe ich mich noch gefaßt habe, spricht er schon, das entsetzensvolle Antlitz auf mich gerichtet: das ist der leibhaftige Satan! und schmeißt mir den Hut, den er in der Hand hält, ins Gesicht, als wollt' er ein Greuelbild verschwinden machen, und läuft, als setzte die ganze Hölle ihm nach, nach Heilbronn zurück.

Obwohl der freigesprochene Wetter vom Strahl um seine Liebe zu dem Heilbronner Mädchen weiß, spricht seine Ehre gegen eine so unstandesgemäße Verbindung. Statt dessen wendet er sich zu Kunigunde von Thurneck, die vorgibt, zum Stamme der sächsischen Kaiser zu gehören, denn ein Traum weissagte dem Ritter, er werde eine Kaisertochter zur Gattin erhalten. Doch Graf Wetter vom Strahl erfährt vom schlafenden Käthchen, daß sie die Tochter des Kaisers ist, erkennt rechtzeitig die Schlechtigkeit Kunigundes, so daß der märchenhaften Hochzeit am Ende des Dramas nichts mehr im Wege steht.

In: Heinrich von Kleist, Das Käthchen von Heilbronn oder die Feuerprobe, Großes historisches Ritterschauspiel in fünf Aufzügen. Philipp Reclam Jun. GmbH & Co, Leipzig, S. 12
Der erste Auftritt des zweiten Aufzuges ist ebenfalls ein geeigneter Monolog des Ritters.

Heinrich von Kleist (1777 - 1811):

Der zerbrochene Krug

Ein Lustspiel. - Entst. 1802 - 06, UA: Weimar 1808

Kleists erste Begegnung mit den Schriften Kants sollte für den Dichter Lebenskrise, aber auch Thema seiner meisten Werke werden: Er mißverstand Kants Trennung von "Ding an sich" und Erscheinung als grundsätzliche Unfähigkeit des Menschen, Wahrheit zu erkennen.
Auch im "Zerbrochenen Krug" kreist die Handlung um Täuschung und Wahrheit.
Der Richter Adam hat sich zur Nacht das junge Evchen unter dem Vorwand gefügig machen wollen, er könne ihren Verlobten Ruprecht vor der Einziehung in den Soldatendienst bewahren. Als ihr Zukünftiger erschienen ist, hat der Richter Hals über Kopf die Flucht ergriffen und dabei den Krug der Frau Marthe zerschlagen. Die erstattet Anzeige gegen Ruprecht, den Eve - durch den Richter unter Druck gesetzt - als Schuldigen nennt. Am Morgen folgt eine Gerichtsverhandlung unter der Leitung des Richters Adam, die eher der Verdunkelung als Erhellung des Tatbestandes dient.

7. Auftritt

RUPRECHT: Glock zehn Uhr mocht es etwa sein zu Nacht -
Und warm, just diese Nacht des Januars
Wie Mai, als ich zum Vater sage: Vater!
Ich will ein bissel noch zur Eve gehn.
Denn heuren wollt ich sie, das müßt Ihr wissen,
Ein rüstig Mädel ists, ich habs beim Ernten
Gesehn, wo alles von der Faust ihr ging,
Und ihr das Heu man flog, als wie gemaust.
Da sagt' ich: willst du? Und sie sagte: ach!
Was du da gakelst. Und nachher sagt' sie, ja. (...)
Da sagt ich: Vater, hört Er? Laß Er mich.
Wir schwatzen noch am Fenster was zusammen.
Na, sagt' er, lauf; bleibst du auch draußen, sagt' er?
Ja, meiner Seel, sag ich, das ist geschworen.
Na, sagt' er, lauf, um eilfe bist du hier. (...)
Na, sag ich,
Das ist ein Wort, und setz die Mütze auf
Und geh; und übern Steig will ich, und muß
Durchs Dorf zurückgehn, weil der Bach geschwollen.
Ei, alle Wetter, denk ich, Ruprecht, Schlag!
Nun ist die Gartentür bei Marthens zu:
Denn bis um zehn läßt's Mädel sie nur offen,
Wenn ich um zehn nicht da bin, komm ich nicht. (...)
Sieh da! Da ist die Eve noch! sag ich,
Und schicke freudig Euch, von wo die Ohren
Mir Kundschaft brachten, meine Augen nach - (...)

Die Eve ists, am Latz erkenn ich sie,
Und einer ists noch obenein. (...)
Ich kann das Abendmahl darauf nicht nehmen,
Stockfinster wars, und alle Katzen grau.
Doch müßt Ihr wissen, daß der Flickschuster,
Der Lebrecht, den man kürzlich losgesprochen,
Dem Mädel längst mir auf die Fährte ging.
Ich sagte vorgen Herbst schon: Eve, höre,
Der Schuft schleicht mir ums Haus, das mag ich nicht;
Sag ihm, daß du kein Braten bist für ihn,
Mein Seel, sonst werf ich ihn vom Hof herunter. (...)
Nun schießt,
Da ich Glock eilf das Pärchen hier begegne
 - Glock zehn Uhr zog ich immer ab -, das Blatt mir.
Ich denke, halt, jetzt ists noch Zeit, o Ruprecht,
Noch wachsen dir die Hirschgeweihe nicht: -
Hier mußt du sorgsam dir die Stirn befühlen,
Ob dir von fern hornartig etwas keimt.
Und drücke sacht mich durch die Gartenpforte
Und berg in einen Strauch von Taxus mich:
Und hör Euch ein Gefispre hier, ein Scherzen,
Ein Zerren hin, Herr Richter, Zerren her, (...)
Ein Viertelstündchen dauerts so, ich denke,
Was wirds doch werden, ist doch heut nicht Hochzeit?
Und eh ich den Gedanken ausgedacht,
Husch! sind sie beid ins Haus schon, vor dem Pastor. (...)
Jetzt hebt sichs, wie ein Blutsturz, mir. Luft!
Da mir der Knopf am Brustlatz springt: Luft jetzt!
Und reiße mir den Latz auf: Luft jetzt, sag ich!
Und geh, und drück, und tret und donnere,
Da ich der Dirne Tür verriegelt finde,
Gestemmt, mit Macht, auf einen Tritt, sie ein. (...)
Just da sie auf jetzt rasselt,
Stürzt dort der Krug vom Sims ins Zimmer hin,
Und husch! springt einer aus dem Fenster Euch:
Ich seh die Schöße noch vom Rocke wehn. (...)
Das Mädchen steht, die werf ich übern Haufen,
Zum Fenster eil ich hin und find den Kerl
Noch in den Pfählen hangen, am Spalier,
Wo sich das Weinlaub aufrankt bis zum Dach.
Und da die Klinke in der Hand mir blieb,
Als ich die Tür eindonnerte, so reiß ich
Jetzt mit dem Stahl eins pfundschwer übern Detz ihm:
Den just, Herr Richter, konnt ich noch erreichen. (...)

Jetzt stürzt der Kerl, und ich schon will mich wenden,
Als ichs im Dunkeln auf sich rappeln sehe.
Ich denke, lebst du noch? und steig aufs Fenster
Und will dem Kerl das Gehen unten legen:
Als jetzt, ihr Herrn, da ich zum Sprung just aushol,
Mir eine Handvoll grobgekörnten Sandes - (...)
Wie Hagel, stiebend, in die Augen fliegt. (...)
Konnt ich des Kerls doch nicht mehr habhaft werden,
Und sitze auf und wische mir die Augen.
Die kommt, und ach, Herr Gott! ruft sie, und Ruprecht! (...)
Da ich jetzt aufersteh,
Was sollt ich auch die Fäuste hier mir schänden?
So schimpf ich sie und sage liederliche Metze
Und denke, das ist gut genug für sie.
Doch Tränen, seht, ersticken mir die Sprache.
Denn da Frau Marthe jetzt ins Zimmer tritt,
Die Lampe hebt, und ich das Mädchen dort
Jetzt schlotternd, zum Erbarmen, vor mir sehe,
Sie, die so herzhaft sonst wohl um sich sah,
So sag ich zu mir, blind ist auch nicht übel.
Ich hätte meine Augen hingegeben,
Knippkügelchen, wer will, damit zu spielen. (...)
Nun ja, Frau Marthe kam und geiferte,
Und Ralf, der Nachbar, kam, und Hinz, der Nachbar,
Und Muhme Sus und Muhme Liese kamen,
Und Knecht und Mägd und Hund und Katzen kamen,
's war ein Spektakel, und Frau Marthe fragte
Die Jungfer dort, wer ihr den Krug zerschlagen,
Und die, die sprach, ihr wißts, daß ichs gewesen.
Mein Seel, sie hat so unrecht nicht, ihr Herren.
Den Krug, den sie zu Wasser trug, zerschlug ich,
Und der Flickschuster hat im Kopf ein Loch. -

Nur der Gerichtsrat Walter und der Schreiber bemerken die plumpen Vertuschungen des Richters Adam und schöpfen Verdacht. Ohne die höhere Gerechtigkeit, aus Huisum angereist, käme es nicht zu dem versöhnlichen, aufklärenden Ende.

In: Heinrich von Kleist, Der zerbrochene Krug. 7. Auftritt, Verse 871-1045. Philipp Reclam Jun. GmbH & Co, Stuttgart 1969, S. 36-43. Auch in: Kleist, Sämtliche Werke und Briefe, Bd. 1, hrsg. v. Helmut Sembner. Dtv, München 1987, S. 207-212

Heinrich von Kleist (1777 - 1811):

Der zerbrochene Krug

Ein Lustspiel. - Entst. 1802 - 06, UA: Weimar 1808

Die Aussage der Frau Brigitte ist der letzte Anhaltspunkt für den Gerichtsrat Walter und alle Beteiligten, daß in dem vom Dorfrichter Adam geführten Verfahren der Richter zugleich der zu Verurteilende ist.
Adam hat bei seinem fatalen nächtlichen Ausflug (siehe die vorangehende Vorsprechszene) seine Perücke verloren. Dem Gerichtsrat erklärt er, sie sei beim Akten-Lesen einer Kerze zum Opfer gefallen.
Nun tritt Frau Brigitte als Zeugin auf, die Perücke in der Hand, die sie unter Eves Fenster gefunden hat. Außerdem hat sie Fußspuren gefunden, die zum Täter führen.
Die Komik der Frau entsteht vor allen Dingen dadurch, daß sie trotz ihres engen Verstehenshorizontes mit großer Ernsthaftigkeit den Fall des zerbrochenen Krugs darlegt.

Elfter Auftritt

FRAU BRIGITTE: Ihr Herrn, der Ruprecht, mein ich, halt zu Gnaden,
Der wars wohl nicht. Denn da ich gestern nacht
Hinaus aufs Vorwerk geh, zu meiner Muhme,
Die schwer im Kindbett liegt, hört ich die Jungfer
Gedämpft, im Garten hinten, jemand schelten:
Wut scheint und Furcht die Stimme ihr zu rauben.
Pfui, schäm Er sich, Er Niederträchtiger,
Was macht Er? Fort! Ich werd die Mutter rufen;
Als ob die Spanier im Lande wären.
Drauf: Eve! durch den Zaun hin, Eve! ruf ich.
Was hast du? Was auch gibts? - Und still wird es:
Nun? Wirst du antworten? - Was wollt Ihr, Muhme? - Was hast du vor? frag ich. -
Was werd ich haben? - Ist es der Ruprecht? - Ei so ja, der Ruprecht.
Geht Euren Weg doch nur. - So koch dir Tee.
Das liebt sich, denk ich, wie sich andre zanken. (...)
Da ich vom Vorwerk nun zurückekehre,
Zur Zeit der Mitternacht etwa, und just,
Im Lindengang, bei Marthens Garten bin,
Huscht euch ein Kerl bei mir vorbei, kahlköpfig,
Mit einem Pferdefuß, und hinter ihm
Erstinkts wie Dampf von Pech und Haar und Schwefel.
Ich sprech ein Gottseibeiuns aus, und drehe
Entsetzensvoll mich um, und seh, mein Seel,
Die Glatz, ihr Herren, im Verschwinden noch,
Wie faules Holz, den Lindengang durchleuchten. (...)
Da ich nun mit Erstaunen heut vernehme,
Was bei Frau Marthe Rull geschehn, und ich,
Den Krugzertrümmrer auszuspionieren,

Der mir zu Nacht begegnet am Spalier,
Den Platz, wo er gesprungen, untersuche,
Find ich im Schnee, ihr Herrn, euch eine Spur -
Was find ich euch für eine Spur im Schnee?
Rechts fein und scharf und nett gekantet immer,
Ein ordentlicher Menschenfuß,
Und links unförmig grobhin eingetölpelt
Ein ungeheurer klotzger Pferdefuß. (...)
Bei meiner Treu!
Erst am Spalier, da, wo der Sprung geschehen,
Seht, einen weiten, schneezerwühlten Kreis,
Als ob sich eine Sau darin gewälzt;
Und Menschenfuß und Pferdefuß von hier,
Und Menschenfuß und Pferdefuß, und Menschenfuß und Pferdefuß,
Quer durch den Garten, bis in alle Welt. (...)
Wer einen Dachs sucht, und die Fährt entdeckt,
Der Weidmann, triumphiert nicht so, als ich.
Herr Schreiber Licht, sag ich, denn eben seh ich,
Von euch geschickt, den Würdgen zu mir treten,
Herr Schreiber Licht, spart eure Session,
Den Krugzertrümmrer judiziert ihr nicht,
Der sitzt nicht schlechter euch, als in der Hölle:
Hier ist die Spur, die er gegangen ist. (...)
Hierauf: Herr Schreiber Licht, sag ich, laßt uns
Die Spur ein wenig doch verfolgen, sehn,
Wohin der Teufel wohl entwischt mag sein.
Gut, sagt er, Frau Brigitt, ein guter Einfall;
Vielleicht gehn wir uns nicht weit um,
Wenn wir zum Herrn Dorfrichter Adam gehn. (...)
Zuerst jetzt finden wir
Jenseits des Gartens, in dem Lindengange,
Den Platz, wo, Schwefeldämpfe von sich lassend,
Der Teufel bei mir angeprellt: ein Kreis,
Wie scheu ein Hund etwa zur Seite weicht,
Wenn sich die Katze prustend vor ihm setzt. (...)
Wohin? Mein Treu, den nächsten Weg zu euch,
Just wie Herr Schreiber Licht gesagt. (...)
Vom Lindengange, ja,
Aufs Schulzenfeld, den Karpfenteich entlang,
Den Steg, quer übern Gottesacker dann,
Hier, sag ich, her, zum Herrn Dorfrichter Adam.

In: Heinrich von Kleist, Der zerbrochene Krug. 11. Auftritt, Verse 1665-1782. Philipp Reclam Jun. GmbH & Co, Stuttgart. S. 64-68. Auch in: Kleist, Sämtliche Werke und Briefe, Bd. 1, hrsg. v. Helmut Sembdner. Dtv, München 1987
Und: Heinrich von Kleist, Dramen, Hg. v. Eike Middel, Reclam jun. Leipzig 1977.
Die Rolle der Eve enthält ebenfalls einen geeigneten Monolog.

Städt. Bühnen Münster, o. J.

Paul Kornfeld (1889 - 1942):

Palme oder Der Gekränkte

Komödie in fünf Akten. - UA: Berlin 1924

Palme, der Typ des ewig und rettungslos Beleidigten, war eine Lieblingsrolle des jungen Gustav Gründgens. -
Die seit 15 Jahren verwitwete Clara hat Palme, den Sohn ihrer Freundin zu Gast. Claras älterer Bruder Lauberjahn warnt vor Palme; er sei ein Mensch, den man nicht verstehen könne, "ohne Gleichmaß", ein wechselhafter Narr, der es auf Claras Tochter Helene abgesehen habe. Niemand vermutet, daß in Wahrheit Clara ein Verhältnis mit Palme hat. Aber auch von der älteren Geliebten hört Palme, daß ihm ein übergroßes Bedürfnis nach Unglück eigen sei. Wieder einmal fühlt er sich gekränkt und von der Welt verlassen und droht mit seiner Abreise. Selbst Helenes drei Verehrer Quinke, Plempe und Kimmich verdächtigt er, ihn durch Nichtachtung zu verwunden. Clara beruhigt ihn, sie tauschen Liebeserklärungen, Clara ermahnt ihn, leiser zu reden, bevor sie ins Nachbarzimmer zu Bruder, Tochter und deren Verehrern abgeht.

PALME: *allein*

Leiser, leiser! Ich spreche von meinen Gefühlen, und sie -! - Ah, ich möchte gar zu gern wissen, was jene drin sprechen. *Er horcht*: Natürlich! Lauberjahn hat das Wort im Maul! Was sagt er? - "Ich wüßte mir einen Bessern -" Gewiß, gewiß! Tausend Palmes wiegen erst einen Lauberjahn auf! Ich wüßte mir einen Bessern -! Und Helene? Was sagt sie? - "Wie oft habe ich dich gebeten, Mutter, ihn hinauszuwerfen!" Nun weiß ich es. Nun höre ich es. Doch überrascht's mich nicht. Helene kann nicht anders sprechen. Und Clara leugnet, daß sie eine Bestie ist! Doch Clara -? Clara schweigt! Kein Wort der Verteidigung! Ich weiß genug. Ich reise ab! Noch heute! Sofort! Und ohne Abschied! - Doch halt, noch einmal Lauberjahn! Wie -? "Er raucht ja -" Himmel, Himmel, sie alle rauchen, Lauberjahn raucht solche Zigarren, aber nur wenn ich es tue, ist es schlecht und entsetzlich! Himmel, Himmel, bin ich so verworfen, daß ich ganz anders gemessen werde als alle anderen? - Und noch Quinke weiß etwas -. Was sagt er? "Er stinkt!" - Wie? Was? Wer? Ich? Er stinkt -? Er stinkt -? Er stinkt -? Ach Gott, ich danke dir: sie sprechen vom Ofen! Wer kommt? Ich kann in diesem Augenblick keinem Menschen entgegentreten. *Ab*.

In: Juncker, Klaus (Hrsg.): Das Rowohlt-Theater-Lesebuch. Rowohlt Taschenbuch Verlag, Reinbek bei Hamburg 1983, S. 158. © Ernst Vilim, Neu-Wulmstorf.

August von Kotzebue (1761 - 1819):

Die deutschen Kleinstädter

Ein Lustspiel in vier Akten. Entst. Winter 1801/02, EA: 1803, UA: Wien 1802

Kotzebue, ein viel gespielter Autor seiner Zeit, läßt in diesem Stück durch die beiden Liebenden zwei Welten aufeinander treffen: die in veralteten Standeskonventionen verknöcherte Kleinstadt und die moderne Lebensart des Hofes.

Erster Akt, erste bis dritte Szene.

SABINE: *allein*
Sie steht am Fenster, schlägt es hastig zu, läuft an die Tür und ruft hinaus.
Margarete! Margarete! (...)
Die Post ist gekommen. Geschwind hinüber! sieh, ob ein Brief an mich da ist. - *Sie tritt hervor.* Schon seit fünf Wochen bin ich aus der Residenz zurück, und noch keine Zeile. Wenn ich heute wieder vergebens hoffe, so - so - ja was denn? - so werd ich böse und heirate Sperling. - Gemach! gemach! ich kann ja auch wohl böse werden, *ohne* Sperling zu heiraten. Wer wäre sonst am meisten gestraft?
MAGD: Da ist ein Brief Mamsellchen.
SABINE: *reißt ihr den Brief hastig aus der Hand*
Endlich! endlich! *Sie besieht die Aufschrift.* Von meiner Cousine. (...)
Sie liest flüchtig. 'Neues Schauspiel -' - was kümmert's mich? - 'Die Schleppen werden jetzt sehr lang getragen' - wer will das wissen? - 'englische Strohhüte' - wer hat darnach gefragt? - Wie? - schon zu Ende? - Keine Silbe von *ihm*? - Freilich hab ich ihm verboten, mir selbst zu schreiben, das schickt sich nicht. Aber er versprach doch, durch die Cousine - und auch die Cousine versprach - warum hat denn keines Wort gehalten? - bin ich schon vergessen? - er wollte ja selber kommen, mit Empfehlungsschreiben vom Minister? und nun kömmt er nicht und schreibt auch nicht. Er weiß doch, daß ich den Sperling heiraten soll. Der Vater quält mich, die Großmutter quält mich, und nun werd ich auch noch von *ihm* gequält! - *Sie zerreibt den Brief zwischen den Händen.* Es geschieht dir schon recht. Man hat dich genug vor den jungen Herren aus der Residenz gewarnt. Sie verlieben sich in einem Tage dreimal, und wenn sie abends in die Komödie gehn, wissen sie schon nichts mehr davon. - Aber Karl! Karl! auch du ein Alltagsmensch? auch du nur ein Schönschwätzer? *Sie zieht ein Porträt aus der Tasche.* Können diese edlen Züge täuschen? - mit *diesem* Blicke schwur er mir, in wenig Wochen selbst zu kommen und meinen Vater zu gewinnen. Sind fünf Wochen wenig? muß *ich* ihm vorrechnen, daß sie aus fünfunddreißig ewig langen Tagen bestehn? - O Karl! eile! sonst bin ich für dich verloren! *Sie betrachtet wehmütig das Bild.*

Der ersehnte Karl Olmers kommt wahrhaftig in Krähwinkel an, um bei Sabines Vater, dem Bürgermeister des Dorfes, um die Hand seiner Tochter anzuhalten. Der Erfolg braucht seine

Zeit, denn mit der ungezwungenen Art Olmers' fühlen sich die so ausgesprochen wichtigen Würdenträger der Kleinstadt vor den Kopf gestoßen. Als Sabine ihn auf einem abendlichen Spaziergang die ortsüblichen Umgangsformen lehrt und sich auch sein Titel als Geheimer Kommissionsrat herausstellt, steht der Verbindung nichts mehr im Wege. Sabine wächst durch ihre Liebe über die Kleinkariertheit ihres Dorfes hinaus. Die Emotionalität dieser Figur sollte ihr nicht Kraft und Scharfblick nehmen, die sie zur Durchführung ihres Heiratsplanes benötigt.

In: August von Kotzebue, Die deutschen Kleinstädter. Philipp Reclam Jun. GmbH & Co, Stuttgart 1978, S. 5 f.

Kammerspiele Berlin, 1914

Franz Xaver Kroetz (geb. 1946):
Bauern sterben
Dramatisches Fragment
Zweite Fassung Juni 1985. UA: München 1985

Der folgende Text entstammt dem Vorspiel zum Stück. In einer Vorbemerkung sagt Kroetz: "Das Vorspiel ist eigentlich nur zur Verständigung unter den Theaterleuten gedacht." Die Regieanweisung lautet: *In einem großen Raum sind die Toten einer langen Nacht in einer großen Stadt angeschwemmt worden. Für ihre letzten Auftritte bekommen sie ein liebenswürdiges Aussehen.*
Es treten ein Alter Komödiant, ein Junger Komödiant und eine Komödiantin auf. Der Alte Komödiant beklagt nach erfolgreichen Zeiten auf dem Theater einen Wechsel der Publikumsgunst und seine Kündigung. Der Junge Komödiant verspottet das "Papiergeschwätz" auf der Bühne und will hinaus ins echte Leben, in echten Rausch und echte Gefahren. Das letzte Wort hat nun die Komödiantin.

KOMÖDIANTIN:
Des isa ois a Schmarrn. Man muß realistisch sein und darf die Träume nicht vergessen. Des is für mich das Geheimnis von der Kunst. Auch der Künstler muß dafür sorgen, daß ihm das Leben nicht zu kurz kommt. Des is doch logisch. Ja, nur wer lebt, hat was zum Träumen. Logo! Ich war in meinem Traum an einem großen Tisch. Dort bewirteten mich Hundemenschen, oben Menschen und unten Hund. Die hatten gekocht, und ich hatte meinen Teller noch nicht leer, schon kam auf leisen Pfoten ein Wirt, und klatsch, bekam ich was nach. Nach dem Essen erzählte ich ihnen meine Story. Ich hab mich nicht aufgedrängt. Die waren echt neugierig. Ich sagte ihnen, daß ich mich - anfangs - töricht herumgetrieben hätte, wie das blöde Huhn, das von der Hühnerleiter fällt und nicht mehr weiß, wo es in den Stall geht. Ich breitete mich in einigen Wohngemeinschaften aus, und die in mir. Ich suchte, ich wanderte, vergebens, wie man sich denken kann. Ich ging ein Vierteljahr nach Indien, und als mir das Geld ausging, auf die Kanarischen Inseln, die sind zwar teurer, aber da gibt es keine Touristen. Ich habe sorglos in den Tag hinein gelebt. Dennoch genügte mir das nicht. Da war etwas in mir, das wußte ich, das muß raus. Raus muß das! Goldene Küsten und so, das ist ja ganz schön, aber das reicht nicht. Und indes ich mich hinauf sehnte in eine dämmernde Unendlichkeit - wo das fremde Gestad einen umfängt mit der bläulichen Woge - kommst du vollkommen verblödet herunter von des Fruchtbaums blühendem Wipfel. Und irgendwann schnakkelt es, und du sagst dir: jede blöde Kuh, die einigermaßen aussieht, wird Schauspielerin. Warum ich nicht? Tja, und dann bin ich am Max-Reinhardt-Seminar in Wien durchgefallen und an der Falckenberg-Schule auch, aber das hat mich überhaupt nicht irritiert. Ich habe gewußt, ich werd Schauspielerin. Und dann hab ich eben doch Privatunterricht genommen, auch wenn alle sagen, daß das Scheiße ist, ich hab doch Privatunterricht genommen. Was hätt ich denn anderes tun sollen? Ach was, das hab ich überhaupt nicht bereut, man kann über die Privatschulen sagen, was man will: klar, da gibts welche, die müßten vom Gewerbeaufsichtsamt geschlossen

werden, aber es gibt auch ein paar gute. Ich war bei "Iphigenie und Company", das hat mich an Sylvia Beach in Paris erinnert, die so einen Laden hatte, eine Buchhandlung, die Shakespeare und Co. oder so ähnlich hieß, und in der sind damals die irrsten Typen verkehrt, Hemingway, Gertrude Stein, Scott Fitzgerald, und natürlich Joyce. Ja, blöd bin ich nicht, reisen bildet und bumsen auch, man lernt Land und Leute kennen. Ja und jetzt bin ich hier und das sind jetzt die Heiligen Hallen für mich und die Kündigung hat mich echt umgehauen. Anfangs. Aber nicht bloß die Kündigung, sondern das Kantinengefasel: der hätt ich auch gekündigt, die hätt ich überhaupt nie engagiert, die würde in meinem Theater nicht mal die Mäntel aufhängen. Is ja bekannt: die lieben Kollegen! Das kann einen ganz schön runter bringen. Aber mich nicht. Ich bin nicht die Duse, das weiß ich, aber ich kann in jedem vernünftigen Stück, in dem ein paar vernünftige Frauenrollen drin sind, besetzt werden. Und nicht zum Nachteil der Aufführung. Dafür gibt es Beweise. *Kleine Pause, deutlich:* Und wenn alle Stricke reißen, kann ich mich in einen Affen verwandeln, der 12 kleine Äffchen gebiert. Und das glaubwürdig vom ersten bis zum letzten Augenblick. Das ist vielleicht eindrucksvoller, als wenn irgendein Fritzchen durch den Don Carlos stolpert. Und Theater oder Zirkus, das ist mir wirklich scheißegal. Ich will mich ausleben, und das kann ich überall dort, wo ich wen find, der mir zuschaut. Ich brauch die nicht, wenn, brauchen die mich. Weil ich find was, entweder nimmt mich der "Krone" oder ich geh in die Staatsoper als Statistin. Aber klein kriegen die mich nicht. *Will gehen.* Ach ja, der Traum, also ich hab erzählt und erzählt und alle haben sich halb tot gelacht und es war alles irrsinnig happy. Und dann ist irgendeiner von diesen Hundemenschen in eine Glasscheibe getreten und hat sich die ganze Pfote aufgeschnitten und geblutet wie eine Sau. Und die Stimmung war natürlich im Arsch. Klar. He, wartet auf mich, ihr sollts gefälligst warten.

In: Franz Xaver Kroetz, Nicht Fisch nicht Fleisch. Furcht und Hoffnung der BRD. Bauern sterben. 3 Stücke. Hg. u. mit einem Nachwort v. Jochen Ziller. Henschelverlag/Kunst und Gesellschaft, Berlin (DDR) 1986, S. 189 - 191.
Auch in: Neue Stücke 1. Rotbuch Verlag, Hamburg 1996.
© Franz Xaver Kroetz Dramatik, München.

Franz Xaver Kroetz (geb. 1946):

Bauern sterben

Dramatisches Fragment
UA: München 1985

Die folgende Szene ist der Beginn des Stücks (nach dem Vorspiel). Der Dialekt ist bei Kroetz eine Kunstsprache. Der Autor warnt explizit davor, den Dialekt unvollkommen nachzuahmen, besser wäre dann noch der ortsübliche Dialekt oder die hochdeutsche Sprache. Es existiert von diesem Stück ebenso eine hochdeutsche Fassung.

SOHN: *verzweifelt*
Mia brachan a Wassaleiding, ohne a Wassaleiding gäds nirgands mea.
A Wassaleiding hoda jeda. Mia brachan a neichs Doch, ohne a neichs Doch gäds nirgands mea. A neichs Doch hoda jeda. Mia brachan an richtign Schdrom fia richtige Maschina. Ohne richtige Maschina gäds nirgands mea. *Sehr laut*: Mia brachan an Heizing, mia brachan an Delefon und a Auddo brachma aa. Und umstein miaßma von da Milli afd Buinmast, aufd Buinmast. Mastviech! Nachat hamma Zeid fias Lem wia de andan aa. Umschdein, modernisian, ändan! Fuadan und aus, abschbrizn und aus! Oamoi am Dog und firti. Und aus is midm Rabs und de Kaffdoffein und am Hawan und am Woaz und am Glä und de Ruam. *Wild*: An Mais wuie seng, bloßno an Mais. Mastfuada zum Mastviech. Abschbrizn, und eifuadan, midm Dragdor und firti. *Leiser*: Und a Wei kriagadi nachat aa, wenn umgsteid werat und modernisird weis gern kamat des Wei, a jäde, wenns sigd: im Schdoi hoda umgscheid, ois is dodal modernisird! Gern kommat de wenns sigd, daß an Schdrom und as Wassa heanemma ko, wias ihra grod baßd. Und in Schdoi muaß ned eine ois Wei. Koa Schdoiarbad dengdsese und gfreitse. De sizd do und hods sche. Und wenns ihra zkoid werd, nachat reibts de Heizing af und die Wirm is do. *Schreit*: A Wei deswo no in Schdoi eine gäd, de finde ned, weis de nimma gibd. De wui heraußn bleim und zuaschaung, wiri alloa mid zwoamoi zwoa Stund am Dog firti mach. Olle bor Monat kimd da Mezga midm Hänga und aufglon werd, wos iwa 12 Zentna hod. Zentna furt Geld hea. Und sovui Geid is do, daßma Pfenning ned umdrahn muaß und de Marg aa ned. Und nachad wascha me jedn Dog und schmia mi ei und riach wia olle andan aa. Wei modernisiad is, weis aus is midda Millibandscharei und da Meggleschdreidarei, weis aus is mid de finf schdingadn Sai und de godvareggdn Henna und an Vatan seine Hasn und aus is mid da Koibaaufzuchd de wo da Deife gseng hod. *Bettelnd*: Umschdein miaßma, umschdein af Buinmast, de Mast macht an Bauan fed und geide. Wos Bullerl frißd, fari erm midm Dragdor vors Mai, und wos scheißd auf sein Rost, schbriz i erm blank in 10 Sekundn. Mastviech und Mastfuada, Fleisch und Geid. Und da Mensch is frei, weia Zeid hod! Ausis midm fluacha und schwizn. Und as Wei mog des, und da Mensch aa. Jeda mog des, *hochdeutsch*: weil es ist schön. weil es ist: sehr schön! *Pause, er schnauft tief und fällt in sich zusammen.*

Sohn und Tochter der Bauernfamilie machen sich mit dem Traktor auf, um den elterlichen Hof zu verlassen, wo die Großmutter und die Eltern gerade begraben worden sind. Die Kinder fahren mit dem Traktor in die Stadt, durchleben Fremdheit, Armut und Erniedrigung, um am Ende enttäuscht zum Grab zurückzukehren.

In: Franz Xaver Kroetz, Nicht Fisch nicht Fleisch. Furcht und Hoffnung der BRD. Bauern sterben. 3 Stücke. Hg. u. mit einem Nachwort v. Jochen Ziller. Henschelverlag/Kunst und Gesellschaft, Berlin (DDR) 1986, S. 191.
Auch in: Neue Stücke 1. Rotbuch Verlag, Hamburg 1996.
© Franz Xaver Kroetz Dramatik, München.

Münchener Kammerspiele, 1985

Franz Xaver Kroetz (geb. 1946):

Maria Magdalena

Komödie in drei Akten, frei nach Friedrich Hebbel.
Entst. 1972, UA:Heidelberg 1973

Fast hundertdreißig Jahre nach Hebbels Werk befaßt sich Kroetz in zwei Arbeiten mit dem Dichter, der auf der Schwelle zwischen Idealismus und Realismus anzusiedeln ist: Er schreibt 1972 "Maria Magdalena" und 1976 "Agnes Bernauer". Marie, dessen Vater Besitzer eines kleinen Schuhgeschäftes ist, wurde durch den Bankangestellten Leo schwanger. Für die noch unwissende Mutter scheint Maries Freund eine zu schlechte Partie zu sein, der Ehemann ihrer Tochter sollte zumindest Inspektor, wenn nicht Direktor werden.

4. Madonna allein

MARIE: Wiedersehn und schöne Grüße an den heiligen Geist.
Schaut aus dem Fenster.
Da rennt sie hin.
Dreimal hab ich es schon geträumt,
daß sie tot is!
Die Mama.
Komisch, wo man nix gegn sie hat, sondern liebt?!
Sie holt das Hochzeitskleid hervor.
Das tät mir wirklich passn!
Weg mit die Schleier. Ein tolles Kleid!
Sie schaut sich damit im Spiegel an.
Lieber Gott,
mach daß das Kind ein Abgang wird.
Sei vernünftig lieber Gott,
bitte!
Wenn du eine Macht hast,
dann mach,
daß es weggeht,
bevor man es merkt!
Das is eine Kleinigkeit,
wenn man etwas davon versteht.
Pause.
Mir lebn ja nicht in Münchn!
Wo es selbstverständlich is.
Daß man ein ledigs Kind hat.
Hier in Augsburg herrschn andere Gesetze!
Pause. Sie zieht das Kleid wieder aus.
Ich sag es dir im Gutn.
Sonst bring ich mich um.

Dann hast es!
Scheiß lieber Gott,
einen Doktor brauch ich.
Oder so was Ähnliches.
Pause.
Mach, daß es ein Abgang is.
Lieber Gott!
Dann glaub ich wieder an dich,
das schwör ich dir.
Aber zuerst mußt zeign, was du kannst.
Mit dem blödn Gred von der Mama wird man selber ganz
dumm.

Als Leo bei Maries Vater um ihre Hand anhält, erfährt er, daß die ersehnte Mitgift von zwanzigtausend Mark bereits ausgegeben ist. Daraufhin zieht der Bankangestellte seinen Heiratsantrag zurück. Peter ist ebenfalls interessiert an Marie, aber das fremde Kind soll erst in einer einjährigen Strafheirat mit Leo zur Welt gebracht werden. Peter stellt sich nach der Scheidung eine Familiengründung ohne jegliche Schande vor. Maries Bruder Karl gerät in den Verdacht, Juwelen gestohlen zu haben, woraufhin seine Mutter an einem Herzschlag stirbt. Noch bevor Karl entlastet wird, nutzt Leo die Gelegenheit und löst die Verlobung schriftlich auf. Nun will weder Peter Marie durch eine Heirat rehabilitieren, noch ihr Bruder sie mit nach München nehmen. Von niemandem ernst genommen, vergiftet sich Marie. Kroetz hält den Schluß in einer Balance zwischen tragischen und komischen Elementen, was bei der Darstellung der Marie ebenfalls wichtig ist.

In: Theater heute 6/1973. Auch in: Gesammelte Stücke, Frankfurt/Main1975. Auch in: Stücke 1, Rotbuch Verlag, Hamburg 1996. Und in: Franz Xaver Kroetz, Stücke, Henschelverlag, Berlin 1981. © Franz Xaver Kroetz Dramatik, München.

Franz Xaver Kroetz (geb. 1946):

Maria Magdalena

Komödie in drei Akten, frei nach Friedrich Hebbel.
Entst. 1972, UA: Heidelberg 1973

Der Lebemann Karl, der trotz gutem Einkommen als Vertreter nicht nur bei seiner Mutter Schulden macht, gerät unter Verdacht, bei dem Juweliergeschäft Huber eingebrochen zu haben. Erst als sich herausstellt, daß Hubers Sohn die Schmuckstücke entwendete, wird Karl aus der Untersuchungshaft entlassen. Aber die Wirkung, die die ansässige Zeitung durch die große Meldung der Schuld Karls und der nur kleingedruckten Entlastung erreicht, ist verheerend. Ein Weiterleben in Augsburg scheint für Karl unmöglich.

15. Amerika I

KARL: Keiner daheim?
Kommt.
Keine Empfänglichkeit für den Heimkehrer.
Eh gut.
In der ganzn Stadt bin ich umeinander.
Es Auto stehn lassn. Ich bin noch nie so gern zu Fuß
gegangen. Aber die Leut schaun. Schweine.
Weils mich kennen.
Aber keiner sagt was.
Vergönnt hättn sie es mir, daß ich es war.
Soviel is sicher.
Aber nein, meine Herrschaftn, das tut mir leid.
Mit Einbruch kann ich nicht dienen.
Ich glaub an meine Existenz, weil sie
mich ernährt und gut.
Trumpf Schokolade.
Pause.
Lauter Konserven, das hätts bei der Mama ned gebn.
Alles eingeteilt, und Wochntag zum Erkennen
auf dem Mittagstisch.
Lacht.
Kinderzeit schöne Zeit.
Montag Kaiserschmarrn oder Spinat und Wammerl.
Dienstag Leber, Niere, jedenfalls Inngreisch.
Mittwoch Leberknödel und Salat.
Oder Krautwickerl.
Selten Apfelstrudel. Leider.
Donnerstag? Scheiße, vergessn.
Freitag Fisch oder Dampfnudel mit Vanillesoße.

Samstag Gemüse nach Jahreszeit und Fleisch billig.
Sonntag Schweinernes und Kartoffelknödel.
Wenn möglich Gurkensalat.
Keine Pfannibatzerei. Selber gemacht. Halb roh und
halb gekocht.
Ein Genuß und die Zeit is vorbei.
Arme Mama!
Arme Mama.
Scheiße.

Amerika II

(...)
Das wird ein Fest.
Mutter gestorben.
Der Sohn unter Einbruchsverdacht
und die Tochter ein ledigs Kind.
Wie bei die Zigeuner.
(...)
Ziehn mir nach Münchn.
Augsburg is verbrannte Erde für uns.
München is besser.

In: Theater heute 6/1973. Auch in: Gesammelte Stücke, Frankfurt/Main 1975.
Auch in: Stücke 1, Rotbuch Verlag, Hamburg 1996. Und in: Franz Xaver Kroetz, Stücke,
Henschelverlag, Berlin 1981. © Franz Xaver Kroetz Dramatik, München.

Jakob Michael Reinhold Lenz (1751 - 1792):

Der Hofmeister oder Vorteile der Privaterziehung

Eine Komödie. - Entst. 1772/73, UA: Hamburg 1778

Mit diesem ersten größeren Theaterstück wollte Lenz all das aufnehmen, was ihn für den Sturm und Drang eingenommen hatte: Die Radikalität und Emotionalität der Figuren, die shakespearesche Sprengung der drei aristotelischen Einheiten (von Ort, Zeit und Handlung) und nicht zuletzt das Zu-Wort-kommen-Lassen der durch die Gesellschaft Eingezwängten oder Unterdrückten.
Läuffer, der neue Hofmeister der Familie Berg, eröffnet das Stück mit Klage und Zorn über die ihm unwürdige Lage.

Erster Akt, erste Szene

LÄUFFER:
Mein Vater sagt: ich sei nicht tauglich zum Adjunkt. Ich glaube, der Fehler liegt in seinem Beutel; er will keinen bezahlen. Zum Pfaffen bin ich auch zu jung, zu gut gewachsen, habe zu viel Welt gesehn und bei der Stadtschule hat mich der Geheime Rat nicht annehmen wollen. Mag's! er ist ein Pedant und dem ist freilich der Teufel selber nicht gelehrt genug. Im halben Jahr hätt' ich doch wieder eingeholt, was ich von der Schule mitgebracht, und dann wär' ich für einen Klassenpräzeptor noch immer viel zu gelehrt gewesen, aber der Herr Geheime Rat muß das Ding besser verstehen. Er nennt mich immer nur Monsieur Läuffer, und wenn wir von Leipzig sprechen, fragt er nach Händels Kuchengarten und Richters Kaffeehaus, ich weiß nicht: soll das Satire sein, oder - Ich hab ihn doch mit unserm Konrektor bisweilen tiefsinnig genug diskurrieren hören; er sieht mich vermutlich nicht für voll an. - Da kommt er eben mit dem Major; ich weiß nicht, ich scheu' ihn ärger als den Teufel. Der Kerl hat etwas in seinem Gesicht, das mir unerträglich ist. *Geht dem Geheimen Rat und dem Major mit viel freundlichen Scharrfüßen vorbei.*

Läuffer verliebt sich in die Tochter des Hauses, die ihren Hofmeister als Ausgleich für ihren in Halle studierenden Geliebten Fritz von Berg nimmt. Die Affäre zwischen Lehrer und Schülerin dient Läuffer indirekt als Rache gegen die ihn unterdrückende Familie Berg. Gustchen wird schwanger, woraufhin Läuffer flieht und sich aus schlechtem Gewissen selbst kastriert. Das Ende stimmt scheinbar versöhnlich: Das gefallene Gustchen heiratet ihren ehemals Geliebten Fritz, Läuffer bekommt ein naives Bauernmädchen.
Diese Haupthandlung ist durch rapide Ortswechsel und Aufwertung der Nebenfiguren fast gesprengt. Oft kommt es bei Lenz gerade auf die nicht ausgesprochenen, verkniffenen, viel böseren Gedanken an. Läuffer, ein gerader, schneller, feiner Mensch muß sich verändern, verstümmeln, damit ein "gutes" Ende, die Eingliederung in die Gesellschaft möglich wird.

In: Jakob Michael Reinhold Lenz, Der Hofmeister oder Vorteile der Privaterziehung, Eine Komödie, Philipp Reclam jun. GmbH & Co. Stuttgart 1993, S. 5

Jakob Michael Reinhold Lenz (1751 - 1792):

Catharina von Siena

Vierte Bearbeitung. Entst. 1776

Mit dem "Hofmeister" und den "Soldaten" hatte Lenz beachtliche Erfolge: Die Kritik war begeistert und hielt sie für Dramen Goethes. Als Lenz dieses Stück im Frühjahr 1776 schreibt, steht er bereits vor der Isolation. Seine einstigen literarischen Freunde wenden sich der Klassik zu; Lenz stößt in seiner geniehaften Exaltiertheit auf Ablehnung. Es gibt vier sehr unterschiedliche Bearbeitungen der immer Fragment gebliebenen "Catharina von Siena", trotzdem gilt es als sein vielleicht größtes Werk.
Nachdem die kritische Catharina von vielen Verehrern umsonst umworben wurde, verliebt sie sich in Rosalbino, einen Maler aus Florenz.

Erster Akt, erste Szene
Catharinens Zimmer

CATHARINA: *tritt herein nachlässig geputzt*
Die unerträglichen Geschöpfe!
Sie setzt sich ans Klavier; nachdem sie ein paar Griffe getan:
Der kniet vor mir von wegen meiner Haare,
Der wegen meiner Ohren, meiner Augen,
Der wegen meiner Füße gar -
Der, selber eingemacht in süßer Narrheit,
Trägt eingemachte Blumen mitten im Winter,
Der läßt sie gar sich in das Haar frisieren -
Und summen wie die Käfer um mich her.
Weiß es die heilige Ursula!
Durch Liebesreden meint ihr mir zu schmeicheln?
Ha ihr Verächtlichen - ihr fühlt das Wehen der Wange,
Die Gottheit dieses Blicks gerade wie
Käfer die Sonne.
Und daß nur einer ahndte *(schlägt sich auf die Brust)* was hier pocht!
Mir schmeicheln? ihr? mit dieser Ewigkeit
Von mir entfernt - und mich zu kennen - -
Wenn ich nicht meine Freundin Laura hätte,
Die mich versteht, die mich als Liebhaber liebt,
Wo blieb' ich, Laura, wo blieb' ich? - - *Sie spielt fort.* ah und doch - *spielt fort*
Mein Herz wo bist du! *Sie springt auf und öffnet ein Fenster.* Frische Luft, o Himmel,
Vor dieser kriechenden Insekten Atem!
Mein Vater - ah wie kannst, wie kannst du das
In deinem Hause leiden! *(...)*
EIN BEDIENTER: *tritt herein* Signora, der Maler!
CATHARINA: *verwirrt*

Wer? - Rosalb - Laß ihn warten - laß ihn wieder kommen - laß ihn bleiben - er ist es doch? (...) Sagt ihm er soll warten. (...)
Es ist ein wunderbarer Mensch - du kannst ihn nicht begreifen. Er war da und reiste wieder fort und kam wieder. *Läuft an die Tür und ruft hinaus.* Wenn Sie sich doch ein andermal wieder her bemühen wollten; ich bitte Sie um diese Gefälligkeit - *Kommt wieder zu Laura.* Ich hab ihn wiederkommen heißen. Ich kann dir nicht sagen, liebe Laura, was für ein außerordentlicher Mensch das ist. Es war denselben Tag als Trufalo bei mir gewesen war, ich legte mich ins Fenster, ich war des Lebens müde, ein Reisender ging vorbei. Mich erschröckte der herzhafte Blick, mit dem er nach dem Fenster sah; sonst schleichen sie unser Haus immer mit niedergesenkten Augen vorbei - ich ließ ihn heraufrufen, ich fragte ihn nach seinem Schicksal, nach seinen Umständen, er antwortete mir so frei - so frei. Ich hieß ihn niedersitzen. Florenz ist sein Geburtsort. Er warf ein Geheimnis über seine Familie; ich glaube, er ist einer von der Partei der Bianchi, wie wohl er sagte, er habe sich selbst Landes verwiesen, um der Leidenschaft, die er für die Malerei hätte, nachhängen zu können. Er hat ein Bild von dem berühmten Piazetto in Neapel gesehen, es ließ ihn nicht Tag noch Nacht ruhen, sagte er. Er reist nach Neapel, um ihm sein Geheimnis abzusehen und ihn zu übertreffen. Das gefiel mir, ich wurde munter, er sagte mir er werde seinen Vorsatz ändern und hier bleiben, um mich zu malen. Das gefiel mir nicht. In dem Augenblick sank er mir unter die gewöhnlichsten Farbenklecker hinab; ich zog meinen Beutel heraus und sagte ihm ich wollte ihm sein Bild vorausbezahlen; er sah mich beschämt an und flog zur Tür heraus. Ich schickte ihm den Bedienten nach, er fand ihn nicht. Den Abend ging ich zur Assemblée hinab. Als ich wieder heraufkam, stelle dir vor, es war um zwölf Uhr in der Nacht, finde ich *(sie eilt ins Nebenzimmer und holt ein Gemälde heraus, das sie aufrollt),* finde ich dieses Bild in meiner Schlafkammer auf meinen Lehnstuhl angelehnt. - Sag mir erkennst du mich? Ist nicht dieses Atmen des Busens, wie er mich für ihn zu sehen wünschte? - Diese Augen, dieses Lächeln - (...)
Ich bin verloren! da kommt was die Treppe herauf. *Sie rollt das Bild hastig zusammen und fliegt damit ins Nebenzimmer.*

Catharina bemerkt ihre Gefühle zu spät: Trufalo macht sich, durch eine Einladung Catharinas bestärkt, bereits Hoffnung auf eine baldige Heirat. Die Ehre der Familie steht auf dem Spiel - Catharina entgeht dem Zwang durch Flucht in die Berge. Dort begegnet sie einem Dorfmädchen, das durch ihren Geliebten (möglicherweise Rosalbino) verlassen wurde. Rosalbino findet Catharinas Versteck, und sie liegen sich in den Armen. Während Catharina von einem Schäferleben mit dem Geliebten träumt, fordert Rosalbino die Rückkehr Catharinens zur Familie und dem ungeliebten Zukünftigen, um in der Entsagung eine reine, ewige Liebe zu erreichen.

In: Werke und Briefe in drei Bänden. Hrsg. v. Sigrid Damm. Insel Verlag Anton Kippenberg. Band 1, Leipzig 1987, S. 449, 452-454.
(Auch in: J. M. R. Lenz, Werke und Schriften II. Hrsg. v. Britta Titel u. Hellmut Haug. Wissenschaftl. Buchgesellschaft, Darmstadt 1967, S. 459 f. Nach dem verbrannten Handschriftenmaterial von Weinhold.)

Gotthold Ephraim Lessing (1729 - 1781):

Emilia Galotti

Ein Trauerspiel in fünf Aufzügen. - Entst. 1757-1772, UA: Braunschweig 1772

Lessing, als vehementer Verfechter der Aufklärung, ist Begründer des bürgerlichen Trauerspiels, in dem erstmals dieser Stand behandlungswürdig erscheint. In "Emilia Galotti" stellt er dem willkürlichen, tyrannischen Adel die Bürgerschicht gegenüber, die gerade im Maßhalten, in der Einschränkung durch moralische Werte ihre Identität und ihren Stolz findet. Die Kritik am Feudalismus war durchaus mutig, weshalb es nicht verwundert, daß Lessing den Ort der Handlung von Deutschland nach Italien verlegt.
Der Prinz von Guastalla, gelangweilt von seiner Geliebten, der Gräfin Orsina, verliebt sich in das bürgerliche Mädchen Emilia, welche kurz vor der Heirat mit dem Grafen Appiani steht. Deshalb ist dem Prinzen jedes Mittel recht, die Verbindung noch vor der Festlichkeit zu lösen, und er beauftragt seinen intrigenerfahrenen Kammerherrn Marinelli, tatkräftig zu helfen.
Der Prinz hat Emilia bereits auf der Straße, durch das Porträt seines Hofmalers Conti und schließlich in der Kirche gesehen, wo er seine Bewunderung nicht mehr hat zurückhalten können. Darauf flüchtet Emilia vollkommen verwirrt nach Hause zu ihrer Mutter Claudia.

Zweiter Aufzug, sechster Auftritt

EMILIA: *stürzet in einer ängstlichen Verwirrung herein*
Wohl mir! wohl mir! - Nun bin ich in Sicherheit. Oder ist er mir gar gefolgt? *Indem sie den Schleier zurückwirft und ihre Mutter erblicket.* Ist er, meine Mutter? ist er? - Nein, dem Himmel sei Dank! (...) Nichts, nichts - (...) Ach, meine Mutter! (...) Nie hätte meine Andacht inniger, brünstiger sein sollen als heute: nie ist sie weniger gewesen, was sie sein sollte. (...) Eben hatt ich mich - weiter von dem Altare, als ich sonst pflege - denn ich kam zu spät -, auf meine Knie gelassen. Eben fing ich an, mein Herz zu erheben: als dicht hinter mir etwas seinen Platz nahm. So dicht hinter mir! - Ich konnte weder vor noch zur Seite rücken - so gern ich auch wollte; aus Furcht, daß eines andern Andacht mich in meiner stören möchte. - Andacht! das war das Schlimmste, was ich besorgte. - Aber es währte nicht lange, so hört' ich, ganz nah an meinem Ohre - nach einem tiefen Seufzer - nicht den Namen einer Heiligen - den Namen - zürnen Sie nicht, meine Mutter - den Namen Ihrer Tochter! - Meinen Namen! - O daß laute Donner mich verhindert hätten, mehr zu hören! - Es sprach von Schönheit, von Liebe. - Es klagte, daß dieser Tag, welcher mein Glück mache - wenn er es anders mache - sein Unglück auf immer entscheide. - Es beschwor mich - hören mußt' ich dies alles. Aber ich blickte nicht um; ich wollte tun, als ob ich es nicht hörte. - Was konnt' ich sonst? - Meinen guten Engel bitten, mich mit Taubheit zu schlagen; und wann auch, wenn auch auf immer! - Das bat ich; das war das einzige, was ich beten konnte. - Endlich ward es Zeit, mich wieder zu erheben. Das heilige Amt ging zu Ende. Ich zitterte, mich umzukehren. Ich zitterte, ihn zu erblicken, der sich den Frevel erlauben dürfen. Und da ich mich umwandte, da ich ihn erblickte - (...) Raten Sie, meine Mutter; raten Sie - Ich glaubte in die Erde zu sinken. - Ihn

selbst. (...) Den Prinzen. (...) Nach dem Blicke, mit dem ich ihn erkannte, hatt' ich nicht das Herz, einen zweiten auf ihn zu richten. Ich floh -
CLAUDIA: Und der Prinz dir nach -
EMILIA: [Und der Prinz mir nach -] Was ich nicht wußte, bis ich in der Halle mich bei der Hand ergriffen fühlte. Und von ihm! Aus Scham mußt' ich standhalten: mich von ihm loszuwinden, würde die Vorbeigehenden zu aufmerksam auf uns gemacht haben. Das war die einzige Überlegung, deren ich fähig war - oder deren ich nun mich wieder erinnere. Er sprach; und ich hab ihm geantwortet. Aber was er sprach, was ich ihm geantwortet - fällt mir es noch bei, so ist es gut, so will ich es Ihnen sagen, meine Mutter. Jetzt weiß ich von dem allen nichts. Meine Sinne hatten mich verlassen. - Umsonst denk ich nach, wie ich von ihm weg und aus der Halle gekommen. Ich finde mich erst auf der Straße wieder, und höre ihn hinter mir herkommen, und höre ihn mit mir zugleich in das Haus treten, mit mir die Treppe hinaufsteigen - - (...) Aber, nicht, meine Mutter? Der Graf muß das wissen. Ihm muß ich es sagen. (...) Sie wissen, meine Mutter, wie gern ich Ihren bessern Einsichten mich in allem unterwerfe. - Aber, wenn er es von einem andern erführe, daß der Prinz mich heute gesprochen? Würde mein Verschweigen nicht, früh oder spät, seine Unruhe vermehren? - Ich dächte doch, ich behielte lieber vor ihm nichts auf dem Herzen.(...) Nun ja, meine Mutter! Ich habe keinen Willen gegen den Ihrigen. - Aha! *Mit einem tiefen Atemzuge.* Auch wird mir wieder ganz leicht. - Was für ein albernes, furchtsames Ding ich bin! - Nicht, meine Mutter? - Ich hätte mich noch wohl anders dabei nehmen können und würde mir ebensowenig vergeben haben. (...) O meine Mutter! - so müßte ich mir mit meiner Furcht vollends lächerlich vorkommen! - Nun soll er gewiß nichts davon erfahren, mein guter Appiani! Er könnte mich leicht für mehr eitel als tugendhaft halten. - Hui! daß er da selbst kömmt! Es ist sein Gang.

Die Spannung zwischen Affinität und Schrecken gegenüber dem Prinzen zieht sich für Emilia bis zu ihrem Ende. Marinelli läßt den Hochzeitswagen durch Banditen überfallen, wobei der Graf Appiani getötet wird und Emilia unter dem Vorwand, sie zu schützen, auf das Schloß des Prinzen verschleppt wird. Emilia und ihrer Mutter dämmert die Intrige, ihrem angereisten Vater werden durch Orsina, die eifersüchtige Geliebte des Prinzen, die Augen geöffnet. Um Rache zu üben, gibt Orsina Oberst Galotti ihren Dolch, mit dem schließlich Emilia auf eigenen Wunsch durch den Vater getötet wird, da sie andernfalls fürchtet, der Verführung des Prinzen nicht standzuhalten.

In: Lessing, Emilia Galotti. Philipp Reclam Jun. GmbH & Co, Stuttgart 1994, S. 24-28

Gotthold Ephraim Lessing (1729 - 1781):

Nathan der Weise

Ein dramatisches Gedicht in fünf Aufzügen. - EA: 1779, UA: Berlin 1783

Für das Stück um den Juden Nathan im Jerusalem des 12. Jahrhunderts benutzte Lessing erstmals den Blankvers, der zur Form der deutschen Klassik aufstieg.
Recha, die Tochter des reichen Juden Nathan, wird durch den christlichen Tempelherrn Curd aus ihrem brennenden Haus gerettet. Curd ist Gefangener des Sultans und wurde nur deshalb nicht getötet, weil er Ähnlichkeit mit dem verschollenen Bruder des Herrschers hat. Erst nach persönlicher Einladung durch den heimgekehrten Nathan überwindet sich der Tempelherr, das jüdische Haus zu besuchen. Bei diesem Zusammentreffen verliebt sich Curd in die kluge, selbstbewußte Recha und hält später bei Nathan um ihre Hand an, er erhält aber keine klare Zustimmung. Als der Tempelherr von der Gesellschafterin des Hauses erfährt, daß das Mädchen christlicher Abstammung und durch Nathan nur als Tochter angenommen ist, wird er wütend und schildert die Begebenheit, ohne Namen zu nennen, dem Patriarchen von Jerusalem. Auch dem Sultan Saladin berichtet Curd den Fall, doch der mohammedanische Herrscher ist von der Weisheit und Rechtschaffenheit Nathans überzeugt und will sich bei dem reichen Juden für die Heirat zwischen Recha und Curd einsetzen. Der Patriarch hat bereits einen Klosterbruder als Kundschafter ausgesandt.

5. Aufzug, 3. Auftritt
Szene: die Palmen vor Nathans Hause, wo der Tempelherr auf- und niedergeht.

TEMPELHERR: Ins Haus nun will ich einmal nicht. - Er wird
Sich endlich doch wohl sehen lassen! - Man
Bemerkte mich ja sonst so bald, so gern! -
Will's noch erleben, daß er sich's verbittet,
Vor seinem Hause mich so fleißig finden
Zu lassen. - Hm! - ich bin doch aber auch
Sehr ärgerlich. - Was hat mich denn nun so
Erbittert gegen ihn? - Er sagte ja:
Noch schlüg' er mir nichts ab. Und Saladin
Hat's über sich genommen, ihn zu stimmen. -
Wie? sollte wirklich wohl in mir der Christ
Noch tiefer nisten, als in ihm der Jude? -
Wer kennt sich recht? Wie könnt' ich ihm denn sonst
Den kleinen Raub nicht gönnen wollen, den
Er sich's zu solcher Angelegenheit
Gemacht, den Christen abzujagen? - Freilich;
Kein kleiner Raub, ein solch Geschöpf! - Geschöpf?
Und wessen? - Doch des Sklaven nicht, der auf
Des Lebens öden Strand den Block geflößt,
Und sich davongemacht? Des Künstlers doch
Wohl mehr, der in dem hingeworfnen Blocke

Die göttliche Gestalt sich dachte, die
Er dargestellt? - Ach! Rechas wahrer Vater
Bleibt, trotz dem Christen, der sie zeugte, - bleibt
In Ewigkeit der Jude. - Wenn ich mir
Sie lediglich als Christendirne denke,
Sie sonder alles das mir denke, was
Allein ihr so ein Jude geben konnte: -
Sprich, Herz, - was wär' an ihr, das dir gefiel?
Nichts! Wenig! Selbst ihr Lächeln, wär' es nichts
Als sanfte schöne Zuckung ihrer Muskeln;
Wär', was sie lächeln macht, des Reizes unwert,
In den es sich auf ihrem Munde kleidet: -
Nein; selbst ihr Lächeln nicht! Ich hab es ja
Wohl schöner noch an Aberwitz, an Tand,
An Höhnerei, an Schmeichler und an Buhler
Verschwenden sehn! - Hat's da mich auch bezaubert?
Hat's da mir auch den Wunsch entlockt, mein Leben
In seinem Sonnenscheine zu verflattern? -
Ich wüßte nicht! Und bin auf den doch launisch,
Der diesen höhern Wert allein ihr gab?
Wie das? warum? - Wenn ich den Spott verdiente,
Mit dem mich Saladin entließ! Schon schlimm
Genug, daß Saladin es glauben konnte!
Wie klein ich ihm da scheinen mußte! wie
Verächtlich! - Und das alles um ein Mädchen? -
Curd! Curd! das geht so nicht. Lenk ein! Wenn vollends
Mir Daja nur was vorgeplaudert hätte,
Was schwerlich zu erweisen stünde? - Sieh,
Da tritt er endlich, im Gespräch vertieft,
Aus seinem Hause! - Ha! mit wem! - Mit ihm?
Mit meinem Klosterbruder? - Ha! so weiß
Er sicherlich schon alles! ist wohl gar
Dem Patriarchen schon verraten! - Ha!
Was hab ich Querkopf nun gestiftet! - Daß
Ein einz'ger Funken dieser Leidenschaft
Doch unsers Hirns so viel verbrennen kann! -
Geschwind entschließ dich, was nunmehr zu tun!
Ich will hier seitwärts ihrer warten; - ob
Vielleicht der Klosterbruder ihn verläßt.

Die Herkunft Rechas und auch Curds stellt sich durch den Klosterbruder heraus: Beide sind Kinder des verschollenen Bruders des Sultans und einer Deutschen, und somit sind sie Geschwister. Die etwas ernüchternde Auflösung paßt zum gesamten Stück: Die Charaktere handeln ihren klaren Gedanken folgend, ihre Gefühle sind geformt und gezügelt durch die

Vernunft. Recha und Curd werden nicht das erhoffte Paar, denn Lessing ging es nicht um privates Glück, sondern um ein Verstehen gerade des fremden Menschen.

In: Lessing, Nathan der Weise. Philipp Reclam Jun. GmbH & Co, Stuttgart 1968, S. 118 f.

Städt. Bühnen Münster, o. J.

Barbro Lindgren-Enskog (geb. 1939) / Cecilia Torudd (geb. 1942):
Algot Storm
Dramatisierung vom Byteatern Schweden. Aus dem Schwedischen von Günter Bergfeld
UA: Kalmar 1987, DEA: Wilhelmshaven 1988

Das Stück wird häufig unter dem Titel "Herr Sturm und sein Wurm" gespielt, und zwar von einem einzigen Schauspieler, der die verschiedenen Rollen annimmt, auch die des Erzählers. Die Elster kann er wie ein Puppenspieler bedienen.

1. Szene. Algots Alltag

ERZÄHLER: Algot ist ein kleiner Mann,
der nur freundlich sein kann.
Guten Tag. Guten Tag. Auf Wiedersehen.
Grüßt ins Publikum.
In seinem dunklen Anzug wirkt er fein,
die schwarzen Schuhe putzt er ständig rein.
Führt dies vor, putzt Schuhe usw.
Auf sein Haus ist er stolz.
ELSTER: Kra, Kra, Kra
ALGOT: Guten Tag, Guten Tag, Frau Elster.
ERZÄHLER: Des Nachbarn Haus ist nur aus Holz und nicht so schön wie seins.
Richtet sich auf, nimmt den Hut, wird zu Algot. Geht zu Algots Tür, die er öffnet. Sie quietscht. Vergißt, sich die Schuhe vor der Tür abzutreten; erneutes Quietschen, tritt die Schuhe ab, tritt ein. Hängt Hut und Jacke auf einen Kleiderbügel an den Kleiderständer. Reinigt die Jacke. Blickt sich um.
Nimmt einen Blumentopf. Stellt ihn vor einem fiktiven Fenster auf den Tisch. Sieht abwechselnd auf den Blumentopf und zum Fenster. Schaut mehrmals in den Blumentopf, auch aus verschiedener Höhe, aber es wächst nichts. Holt eine Blumenspritze und spritzt Wasser in den Topf. Blickt mehrmals hinein, aber es geschieht nichts. Stellt Blumentopf und -spritze zurück. Setzt sich auf den Stuhl. Nimmt sich Salat, ißt aber nicht und stellt ihn wieder zurück. Algot nimmt nun eine winzige Kaffeetasse und schenkt aus einer ebenso kleinen Kanne Kaffee ein. *Sieht sich um.*
ALGOT: Huhu
Trinkt schnell den Kaffee aus. Erhebt sich, geht zum Klavier, spielt ein paar Töne einer Melodie, wiederholt sie und beginnt zu weinen. Schneuzt sich in das Tischtuch.
ERZÄHLER: Ach, er ist ja so allein, manchmal muß er weinen, er ist wirklich schon schlimm dran, dieser kleine nette Mann.
Erhebt sich, zieht Hut und Jacke an.
Zweimal geht er jeden Tag in den Park hinunter, sieht im Herbst die Blätter fallen, immer bunter, immer bunter.
Richtet sich vor der Tür auf. Öffnet - schließt, Quietschen.

Algot Storm wird über eine Straße in den Park gehen. Dort begegnet er einem Wurm, der ihn bitten wird, ihn vor der gefräßigen Elster zu retten und in die Wärme seiner Wohnung mitzunehmen. So schließen beide Freundschaft.

© Verlag Autorenagentur GmbH, Frankfurt am Main 1988

Städt. Bühnen Münster, o. J.

Suzanne van Lohuizen (geb. 1953):

Der Junge im Bus

Aus dem Niederländischen von Jochen Neuhaus. UA: Amsterdam 1987, DEA: Berlin 1988

Im knappen Vorspiel lädt Wichard (eigentlich: Richard), die erwachsene Titelfigur, Kinder aus einem Klassenzimmer ein: "Kommt mit - / Ich muß euch was erzählen. / In meinem Bus." Diese ungewöhnliche Behausung schenkte ihm seine Mutter, als er zwölf Jahre alt war. Hier beginnt die erste Szene:

Eine Pause - die, wenn möglich, lange dauern soll. So lange, bis es spannend wird.

WICHARD: Damit ihr gleich mal Bescheid wißt. Ich bin verrückt.
(Pause.)
Na? Müßt ihr nicht lachen? Wollt ihr mich nicht ausschimpfen?
Habt ihr es eigentlich gehört? Oder seid ihr taub?
Ich bin VERRÜCKT, VERRÜCKT, VERRÜCKT, VERRÜCKT.
Ich kann nicht sprechen. Ich kann meinen eigenen Namen nicht sagen.
Wißt ihr, wie ich heiße? Wichard.
DAS IST EIN VERRÜCKTER NAME!
Wichard. Na - lacht doch.
Ich gehe nicht zur Schule. Ich wohne in einem Bus - in dem hier. DAS IST VERRÜCKT!!
Warum schaut ihr mich eigentlich so an?
Habt ihr noch nie einen Verrückten gesehen?
Soll ich vielleicht meine Hose runterlassen? Oder auf dem Kopf stehen? Oder alle Fenster von eurer Schule einschmeißen?
Mach ich glatt. Kenn ich nichts.
Könnt ihr heute abend zu eurer Mutter sagen: Ich habe heute einen echten Verrückten gesehen. Einen ganz schön schrägen Vogel.
SCHAUT NICHT SO!
Verrückte sind ganz normal. Meistens kann man es gar nicht sehen. Sie laufen einfach auf der Straße herum - oder sie quatschen ein bißchen mit den Milchtüten im Supermarkt - und niemand stört es. Nur wenn sie gefährlich werden - dann werden sie in ein Irrenhaus gesperrt und da dürfen sie nicht raus.
Ich habe auch in einem Irrenhaus gesessen.
Und ich verrate euch auch, warum.
Ich erzähle das nicht oft - weil das niemand verstehen kann. Nur Kinder - vielleicht.
Ich habe in einem Irrenhaus gesessen, weil ich probiert habe, meine Mutter umzubringen.
So. Jetzt wißt ihr Bescheid.
Pause.
Keiner sagt was. Ihr habt Angst, was?
Ihr seid mit einem Verrückten eingesperrt, und weit und breit kein Mensch.

JEDER HAT VOR MIR ANGST.
UND SO GEHÖRT SICH DAS AUCH!
Alle Lehrer hatten Angst vor mir.
Alle. Ich war sicher in zehn Schulen, und überall hatten sie Angst vor mir. In der Katharinen-Schule, in der Rosen-Schule, in der Brüder-Grimm-Schule, das war die allerschlimmste, in der Franz von Assisi-Schule mit lauter Patern, die an Gott glauben. Ich glaube nicht an Gott.
Aber überall hatten sie Angst.
Wollt ihr wissen, wie ich das gemacht habe? Wenn sie böse waren - und sie waren oft böse, das könnt ihr mir glauben - dann habe ich mich auf den Boden geworfen und so laut geschrien, wie ich nur konnte, und um mich getreten und geschlagen, und wenn mir einer zu nahe kam, habe ich noch stärker getreten, das hat ganz schön gesessen - und dann wurde es immer schlimmer und schlimmer, und dann kamen sie zu viert - mit Lehrerinnen und Lehrern auch aus den anderen Klassen - und dann packten sie mich an den Armen und an den Beinen und schleppten mich aus der Klasse.
Und ich habe nicht aufgehört zu schreien und zu treten, versteht ihr. Und dann sperrten sie mich in den Putzschrank - aber dann schlug ich mit dem Besen an die Tür oder auf den Eimer, daß es nur so gekracht hat -
Einmal habe ich sogar die Tür eingeschlagen - denn wenn ich böse werde - dann bin ich unglaublich stark. UNGLAUBLICH STARK. - Und dann haben sie meine Mutter angerufen und die kam dann und hat den Doktor mitgebracht, und dann habe ich eine Spritze gekriegt, und alles wurde mir schwarz und rot vor Augen, und dann wußte ich überhaupt nichts mehr.
LASS MICH IN RUHE MIT DEINEN SPRITZEN!
FASS MICH NICHT AN! FASS MICH NICHT AN!! Darum hatten sie alle Angst vor mir. Weil ich so schreien konnte.
Und dann haben sie mich geschlagen und mit den Füßen getreten, aber ich hörte nicht auf. Ich hörte nie auf.
Plötzlich ganz leise. Ich hörte nie auf.
Und als ich aufhörte, war ich verrückt.
Damals war ich zwölf. (...)

In: Marion Victor (Hrsg.): Spielplatz 2. Fünf Theaterstücke für Kinder, Frankfurt 1989.
© Verlag der Autoren, Frankfurt/Main

Arthur Miller (geboren 1915):

Hexenjagd

Ein Drama in zwei Akten. Deutsch von Marianne Wentzel. - UA: New York 1953

Unter dem Eindruck von Senator McCarthys Untersuchungen gegen "antiamerikanische Umtriebe" verfaßt Miller ein Stück über die Salemer Hexenprozesse im Jahre 1692. Er beschreibt, wie ein Dorf, von Hysterie ergriffen, sich Opfer ersinnt, um sie schließlich hinzurichten.
Als Betty und Abigail, die Tochter und die Nichte des Pastors Parris, mit anderen Mädchen zügellos tanzend im Wald entdeckt werden, fabulieren sie, sie seien durch Hexen im Dorf vom Teufel besessen gewesen. Um selbst einer Strafe zu entgehen, beschuldigen die Mädchen vor dem einberufenen Gericht eine Reihe angesehener Bürger. Auch Marry Warren, das Dienstmädchen der Farmerfamilie Proctor, tritt wider das Verbot ihrer Herrschaft als Zeugin im Salemer Prozeß auf. Für diesen Ungehorsam will John Proctor sie bei ihrer Rückkehr auspeitschen.

I. Akt, 2. Szene

MARRY WARREN:
Ich bin krank, ich bin krank, Herr. Bitte, bitte tut mir nichts. *Ihre Seltsamkeit wie ihre sichtliche Blässe und Schwäche beeindrucken ihn. Er gibt sie frei.* Mein Inwendiges ist ganz zitterig. Ich bin den ganzen Tag in den Gerichtsverfahren, Herr. (...) Gevatterin Osburn - wird gehenkt! *Eine erschrockene Pause folgt, währenddessen sie schluchzt.* (...)Aber Sarah Good nicht. Weil - seht Ihr, Sarah Good hat gestanden. (...) Daß sie - *in der Erinnerung von Schrecken übermannt* - sie einstens einen Pakt mit Luzifer schloß und ihren Namen in sein schwarzes Buch schrieb - mit ihrem Blut - und angelobte, Christenmenschen zu quälen, bis Gott niedergeworfen ist - und wir alle fürderhin die Hölle anbeten müssen. (...)
Herr, sie würgte uns beinah zu Tod vor dem ganzen Gericht. (...) Sie sandte ihren Geist aus. (...) Sie wollte mich schon oftmals töten, Gevatterin Proctor. (...) Ich hab's bisher nicht gewußt. Ich hab bisher überhaupt nichts gewußt. Wie sie in den Gerichtssaal kommt, sag ich zu mir, die Frau darf ich nicht anschuldigen, wo sie im Straßengraben schläft und so alt und arm ist. Aber dann - dann sitzt sie da und leugnet und leugnet, und ich fühl, wie es sonderbar kalt meinen Rücken raufsteigt und meine Kopfhaut sich zusammenzieht, und ich fühl um meinen Hals eine Klammer und kann nicht mehr atmen; und dann - *ekstatisch* - hör ich eine Stimme, die schreit, und es war meine Stimme - und mit eins fiel mir alles ein, was sie mir angetan hat. (...) *wie zu einer wundersamen, geheimen Einsicht gelangt*: So manches Mal, Herr, kam sie bettelnd da an die Tür, um ein Stück Brot und einen Becher Most - und merkt es wohl: Sooft ich sie mit leeren Händen wegschickte, murmelte sie. (...) Aber was murmelt sie? Ihr müßt Euch erinnern, Gevatterin Proctor. Im vorigen Mond - ich glaub, es war ein Montag - ging sie weg, und zwei Tage später meinte ich, mein Leib müßte bersten. Erinnert Ihr Euch? (...) Also, das sagte ich Richter Hathorne, und er fragt sie darauf: "Gevatterin Osburn", sagt er, "was für einen Fluch

murmelt Ihr, daß dies Mädchen krank wird, nachdem sie Euch wegschickte?" Und da antwortete sie - *ein altes Weib nachahmend* - "Ei, gar keinen Fluch, Eure Exzellenz. Ich sag nur meine Gebote her; meine Gebote, hoff ich, darf ich wohl hersagen", sagte sie! (...) Ja, doch Richter Hathorne sagt darauf: "Laßt uns Eure Gebote hören!" -*eifrig zu ihnen vorgebeugt* - und von allen zehn konnte sie nicht eines sagen. Sie kannte die Gebote gar nicht, und sie faßten sie bei einer offenen Lüge! (...) Ihr müßt es sehn, Herr, was wir tun, ist Gottes Werk. Und so geh ich jetzt jeden Tag hin. Ich bin - ich bin eine Amtliche vom Gericht, heißt es, und ich - (...)
PROCTOR geht mit langen Schritten zum Kaminsims und greift nach der dort hängenden Peitsche.
MARRY WARREN *kommt erschrocken, aber aufrecht vor, um ihre Selbstbehauptung kämpfend*: Ich leid kein Peitschen mehr! (...) *auf Elizabeth weisend*: Ich hab ihr heut das Leben gerettet! *Stille. Er läßt die Peitsche sinken.* (...) [Ihr seid] nebenhin genannt. Aber ich sagte, ich wüßt von keinem Zeichen, daß Ihr Euren Geist aussendet, um einem Böses zu tun, und wo sie sahen, wie nah ich doch bei Euch leb, ließen sie's fallen. (...) Ich gab mein Wort, ich darf nichts sagen. *Zu Proctor*: Ich hoff nur, Ihr laßt jetzt Euer Höhnen. Es ist noch keine Stunde, daß vier Richter und des Königs Statthalter mit uns zu Tische saßen. Ich - ich will, daß Ihr mir hinfort höflich begegnet. (...) *mit dem Fuß aufstampfend*: Ich laß mich nicht mehr zu Bett schicken, Herr! Ich bin achtzehn und eine Frau, ob auch allein!

Die Denunziation greift weiter um sich. Da John Proctor nach einer Affäre mit Abigail nicht weiter auf das Werben des jungen Mädchens eingeht, sind er und seine Frau die nächsten Opfer der Anschuldigungen. Der Farmer verstrickt sich im Versuch, die Wahrheit ans Licht zu bringen, und wird, wie seine Frau, zum Tode verurteilt und hingerichtet.

In: Arthur Miller, Hexenjagd. © Fischer Taschenbuch Verlag GmbH, Frankfurt am Main 1958, S. 49f.

Arthur Miller (geboren 1915):

Hexenjagd

Ein Drama in zwei Akten. Deutsch von Marianne Wentzel. - UA: New York 1953

Zum Inhalt vergleiche die Szene mit Marie Warren. Abigail Williams, die siebzehnjährige Waise "von auffallender Schönheit", ist eine der Mädchen, die im Wald bei unzüchtigen Tänzen ertappt wurde.

Zweiter Akt. Erste Szene

Ein Wald. Nacht. Vorn links fällt Licht auf einen Baumstamm. Proctor erscheint vorn links mit einer Laterne. Er blickt im Gehen zurück und bleibt dann, die Laterne hochhaltend, stehen. Hinter ihm erscheint Abigail, ein Tuch über dem Nachthemd, mit offenem Haar. Ein Augenblick fragenden Schweigens.
(...)
ABIGAIL: Wie kommst du? (...) *um sich blickend:* Ich mag bei Nacht den Wald nicht. Bitte komm näher. *Er tritt näher zu ihr, hält sich aber im Geist fern.* Ich wußte, daß du's warst. Als ich den Kies am Fenster hörte, wußt ich's, noch eh ich die Augen auftat. *Sie setzt sich auf das linke Ende des Baumstamms.* Ich dachte, du würdest viel früher kommen. (...) Warum tatst du's nicht? Ich bin jetzt so allein in der Welt. (...) Kamst du, mich zu höhnen? (...) Ich ertrag keine geilen Blicke mehr, John - Mein Geist ist ganz und gar verwandelt. Fromme Blicke gebührten mir, da ich so für sie leide. (...) *zieht das Nachthemd hoch:* Ei, sieh mein Bein an. Ich bin voller Löcher von ihren verwünschten Nadeln und Nägeln. *Sie faßt sich an den Leib.* Der Stich, den dein Weib mir beibrachte, ist immer noch nicht geheilt, weißt du. (...) Manchmal denk ich, sie pickt ihn wieder auf, während ich schlaf. (...) Und George Jacobs - *Sie streift ihren Ärmel zurück* - er kommt wieder und wieder und schlägt mich mit seinem Stock - jede Nacht, diese ganze Woche, immer auf die gleiche Stelle. Sieh nur, was für eine Beule ich hab. (...) O John, die Welt ist so voller Heuchler. *Verwundert, aufgebracht.* Sie beten im Kerker! Man sagt mir, sie alle beten im Kerker! (...) Oh, Gottes selber wird's bedürfen, um diese Stadt gehörig zu reinigen! (...) Ei, du lehrtest mich Gutheit, darum bist du gut. Du führtest mich durch ein Feuer, und all meine Unwissenheit ward weggebrannt. Es war ein Feuer, John, wir lagen im Feuer. Und seit jener Nacht darf keine Frau mich mehr schlechtheißen, oder ich wüßt ihr Antwort. Früher weint ich immer über meine Sünden, wenn der Wind mir die Röcke hob; und ward rot vor Scham, wenn eine alte Rebecca mich liederlich schalt. Und dann branntest du meine Unwissenheit hinweg. So kahl wie einen Dezemberbaum sah ich alle - wenn sie gleich Heiligen zur Kirche gingen, die Kranken zu speisen eilten, und in ihren Herzen Heuchler! Und Gott gab mir Kraft, sie Lügner zu heißen, und Gott ließ die Menschen auf mich hören, und bei Gott, ich will die Welt von ihnen säubern, aus Liebe zu Ihm! O John, was für ein Weib will ich dir sein, wenn die Welt wieder rein ist! *Sie küßt in großer Bewegung seine Hand.* Du wirst staunen, wenn du mich Tag um

Tag als ein Himmelslicht in deinem Haus siehst, ein - *Er steht auf und weicht erschrocken, bestürzt zurück.* Warum bist du kalt?

In: Arthur Miller, Hexenjagd. © Fischer Taschenbuch Verlag GmbH, Frankfurt am Main 1958, S. 69-70.

Bremer Theater, 1999

Arthur Miller (geb. 1915):
Der Tod des Handlungsreisenden
Zwei Akte und ein Requiem. Übers. Katrin Janecke. - UA: New York 1949

Die Uraufführung dieses Stücks lief 21 Monate lang mit 742 Vorstellungen. Zweimal wurde das Stück verfilmt, 1985 mit Dustin Hoffman in der Hauptrolle (Regie: Volker Schlöndorff). - Der 60jährige Handlungsreisende Willy Loman, verheiratet, Vater zweier erwachsener Söhne, wird nach einem arbeitsamen Leben von seiner Firma ausgemustert. Auch mit seinen Söhnen Biff (34 Jahre) und Happy (32 Jahre) hat er kein Glück. Biff war in der Schule ein erfolgreicher Footballspieler und bekam ein Stipendium. Aber er konnte die Erwartungen nicht erfüllen; spätestens als er den Vater mit einer heimlichen Geliebten beobachtet hat, ist er von den Lebenslügen des Materialismus angewidert. Sein Vater sieht seinerseits einen Dieb und Faulpelz in seinem ältesten Sohn, andererseits klammert er sich an die Hoffnung, daß Biff doch einmal erfolgreich sein werde. Biff sagt nach zwanzig bis dreißig verschiedenen Anstellungen von sich: "Es war mir immer besonders wichtig, mein Leben nicht zu verplempern, und jedesmal, wenn ich wieder herkomme, merke ich, daß ich's doch verplempert habe." - (Der folgende Text ist stark eingestrichen.)

BIFF: Ich möchte dir auf Wiedersehen sagen, Papa. (...) Ich komme nie wieder heim. (...) Nun hör mal zu, Papa. Bisher bin ich immer mit Krach aus dem Hause gegangen. Aber diesmal bin ich mit mir ins reine gekommen, ich hab versucht, es dir zu erklären. Aber ich - ich bin wohl nicht intelligent genug, um es dir klarzumachen. Na, es ist ja schließlich scheißegal, an wem es liegt. *Er faßt Willy am Arm.* Lassen wir's dabei! Komm, wir gehen rein und sprechen mit Mama. *Er versucht, Willy behutsam nach links zu ziehen.* (...) Wenn euch jemand fragt, wo ich bin und was ich mache: ihr wißt es nicht, und ihr kümmert euch nicht drum. Auf diese Weise kommt ihr davon los, und euch wird leichter ums Herz. Das ist am besten so, nicht? *Willy bleibt stumm, Biff tritt zu ihm.* Willst du mir nicht alles Gute wünschen, Häuptling? (...) Du alter Angeber, bist du etwa Zweiter Einkäufer? Du bist einer von den zwei Hilfseinkäufern des Zweiten Einkäufers - oder etwa nicht? (...) Du hast praktisch den Kopf voller Rosinen! Wie wir alle! Aber ich hab die Nase voll! *Zu Willy.* Und nun hör gut zu, Willy, jetzt komme ich dran. (...) Weißt du, warum ich drei Monate lang keine Adresse hatte? Ich habe in Kansas einen Anzug gestohlen und saß im Kittchen. (...) Seit meiner Schulzeit habe ich mich durch Klauereien um jede gute Stellung gebracht. (...) Nein! Ich denke nicht daran, mich aufzuhängen! Ich bin heute, mit dem Füller in der Hand, elf Treppen runtergerannt. Und mit einem Mal bin ich stehengeblieben, verstehst du? Und zwar mitten in dem Bürohaus, verstehst du? Ich bin mitten in dem Gebäude stehengeblieben und habe - den Himmel - gesehen. Ich habe all das gesehen, was ich an dieser Welt liebe. Arbeit und Essen und genug Zeit, um sich hinzusetzen und eine Zigarette zu rauchen. Und ich habe mir den Federhalter angeguckt und mich gefragt, warum, zum Teufel, ich ihn genommen habe? Warum ich versuche, etwas zu werden, was ich nicht sein will? Was ich in einem Büro zu suchen habe, warum ich einen verächtlichen, armseligen Narren aus mir mache, wo doch alles, was ich mir wünsche, da draußen vorhanden ist und nur darauf wartet, daß ich endlich sage: ich weiß, wer ich bin! Warum kann ich das nicht sagen, Vater? (...) Ich bin nur Dutzendware, Papa, du aber auch! (...) Ich bin keiner von den Großen, Willy, du aber auch nicht. Du gehörst zu denen, die sich ihr Leben lang abrackern und die dann im Müllkasten landen! Meine Taxe ist ein Dollar pro Stunde, Willy! In sieben Staaten hab ich's versucht, aber nirgendwo hat man mir mehr bezahlt. Einen Dollar pro Stunde! Begreifst du, was ich damit sagen will? Mit mir kannst du keine Lorbeeren ernten - und das mußt du endlich einmal einsehen. (...) *in höchster Wut*: Ich bin ein Nichts, Vater, ich bin ein Nichts! Begreifst du denn das nicht? Das hat nichts mit Trotz zu tun. Ich möchte nur sein, was ich bin, das ist alles. (...) *gebrochen, unter Tränen*: Läßt du mich nun endlich gehen? Und gibst du deine Hirngespinste auf, bevor es zu spät ist? *Er versucht, sich zusammenzunehmen, macht sich los und geht zur Treppe.* Ich gehe morgen früh. Bringt - bringt ihn zu Bett. *Erschöpft geht Biff nach oben in sein Zimmer.*

In: Arthur Miller, Der Tod des Handlungsreisenden.
© Fischer Taschenbuch Verlag GmbH, Frankfurt/Main 1958, S. 186-193.

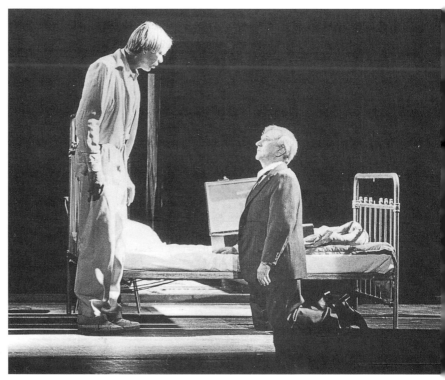

Schiller-Theater Berlin, 1985

Molière (1622-1673):
Die Schule der Frauen
Komödie in fünf Akten. Übers. v.: Hans Weigel. - UA: Paris 1662

Molières Plädoyer für eine liberale Erziehung der Frauen wurde ebenso heftig gefeiert wie abgelehnt, worauf der Dichter "Die Kritik der Schule der Frauen" verfaßte.
Arnolphe versucht sich eine zuverlässige und anständige Ehefrau heranzuziehen, indem er die junge Agnès in vollkommener Unwissenheit aufwachsen läßt. Doch gerade ihre Naivität läßt es zu, daß sie sich unvoreingenommen in Horace verliebt, während Arnolphe sich auf Reisen befindet. Als ihr notorisch eifersüchtiger Erzieher heimkehrt, verlangt er von Agnès detailliert über die vergangenen Tage Auskunft, die das Mädchen - sich keiner Schuld bewußt - auch freimütig gibt.

II. Akt, 5. Szene

    AGNES: Ich kann's noch gar nicht glauben... es ist so wunderbar.
Ich sitz' auf dem Balkon mit meiner Stickerei,
Da kommt hier auf der Straße ein junger Herr vorbei,
Ein schöner junger Herr, kaum daß er mich erblickt,
Macht er sein Kompliment und zieht den Hut und nickt.
Ich weiß, was sich gehört, erwidere im Nu
Den wohlerzognen Gruß und nick' ihm freundlich zu,
Die zweite Reverenz macht er sofort danach,
Worauf ich meinerseits auch eine zweite mach',
Da macht er eine dritte - und ich, im Augenblick,
Mach' gleichfalls eine dritte und nicke nett zurück.
Dann geht er langsam weiter, kommt langsam wieder her,
Macht neue Reverenzen - und immer ich wie er,
Und hätte nicht allmählich die Dunkelheit der Nacht
Uns beide erst verschwommen, dann unsichtbar gemacht,
Ich hätte immer weiter gegrüßt, daß er nicht denkt,
Ich wäre minder höflich, und sich darüber kränkt. (...)
Am Morgen kommt ein altes Weib ans Tor,
Winkt mich zu sich heran und flüstert mir ins Ohr:
"Sei mir gegrüßt, mein Kind, der Himmel segne dich,
Er gab dir deine Schönheit, so hold und jugendlich,
Wohl nicht damit du dich scheu in den Schatten stellst
Und deine Gottesgaben den anderen vorenthältst;
Drum sei dir anvertraut: Du hast ein Herz verwundet,
Das ohne deine Hilfe wohl nimmermehr gesundet." (...)
Ich frage ganz erstaunt: "Verwundet? Wen denn nur?" -
"Jawohl", sagt sie, "verwundet, nun leidet er gar sehr,
Du sahst ihn vom Balkon aus und trafst den Armen schwer."

"O weh", sag' ich, "getroffen? Womit? Wie kommt denn dies?
Ich kann mich nicht erinnern, daß ich was fallen ließ." -
"Nein", sagt sie, "deine Augen, nur die sind schuld daran,
Daß dieser arme Mensch nicht mehr gesunden kann." -
"Wie ist das möglich", sag' ich, "mein Gott, wie geht das zu,
Daß ich mit meinen Augen den Leuten Böses tu'?"
"In deinen Augen hast du, ganz ohne daß du's ahnst,
Ein Gift", sagt sie, "durch das du ihn ganz vernichten kannst.
Mit einem Wort: er siecht dahin elendiglich,
Wenn du", sagt sie und schaut so hoffnungsvoll auf mich,
"Wenn du zu grausam bist, ihm Retterin zu sein,
Geht dieser arme Mensch in ein, zwei Tagen ein." -
"Mein Gott", sag' ich, "das wäre ja wirklich grauenvoll,
Was will er, daß ich tu', wenn ich ihn retten soll?" -
"Er hat nur einen Wunsch", sagt sie, "und der ist klein;
Er möchte dich gern sehen, in deiner Nähe sein,
Denn nur in deinen Augen hast du, mein Kind, für ihn
Zur wunderbaren Heilung die rechte Medizin." -
"Ja, wenn's nur das ist", sag' ich, "dann freut's mich um so mehr,
Und er kommt hoffentlich, sooft er will, hierher." (...)
So ist er denn gekommen, und ich hab' ihn geheilt,
Ich bitt' Euch, sagt mir, daß Ihr auch meine Ansicht teilt;
Sein Leben und sein Tod waren ja in meinen Händen,
Was sollte ich denn anderes, als ihm das Leben spenden?!
Nichts kann mich so berühren wie anderer Wesen Schmerz,
Schon wenn ein Hündchen eingeht, bricht jedesmal mein Herz. (...)
Mein Gott, wie hat er sich gefreut! Sein Mißgeschick,
Es war wie weggeblasen - gleich auf den ersten Blick. (...)
Er hat gesagt: er liebt' mich, ich hätt' sein Herz betört,
So schöne Worte hab' ich noch nie vorher gehört,
So lieb, so zart, so reizend, nein, schönere gibt es nicht,
Und jedesmal, sooft er von seiner Liebe spricht,
Erfaßt ein süßer Schauer mich tief im Innern - hier -
Ich glühe wie im Feuer, ich bin ganz außer mir.

Arnolph ist fassungslos und empört über die bei Agnès entflammten Gefühle. Verzweifelt versucht er trotz allem, an seinen Heiratsplänen festzuhalten und verbietet Agnès jeglichen Umgang mit Horace. Da der Liebhaber nicht weiß, daß Arnolph der strenge Erzieher von Agnès ist, wählt er den älteren Herrn zu seinem Vertrauten. So ist Arnolph selbst über die geplante Entführung der jungen Frau bestens informiert. Als die Katastrophe für die Liebenden unausweichlich scheint, reist der Vater Horaces an, um seinen Sohn an die Tochter eines Freundes zu verheiraten. Da dies Agnès ist, finden sich die Verliebten, während Arnolph zuletzt allein dasteht.

In: Molière, Die Schule der Frauen. Deutsch von Hans Weigel. © Diogenes Verlag AG Zürich 1964. detebe-Klassiker Diogenes Taschenbuch 20200, S. 35-37

Stuttgart, 1957

Molière (1622 - 73):

Der Geizige

Neue deutsche Fassung von Wilfried Minks u. Thomas Körner. - UA: Paris 1668

Wie soll man mit Harpagon, einem reichen Menschen auskommen, dessen größte Leidenschaft der Geiz ist? Zwar möchte er die junge mittellose Marianne heiraten, doch muß er bei einem Streit in seinem Sohn den erfolgreicheren Konkurrenten erkennen. Nun ist auch noch Harpagons Kassette mit Gold, die er im Garten vergraben hat, verschwunden.

IV. Akt, 7. Szene

HARPAGON:
Diebe, Diebe, haltet den Dieb! Räuber! Mörder! Raubmörder! Gerechter Himmel! Gerechtigkeit! Ich bin hin, ich bin verloren, ich bin ermordet! Man hat mir die Kehle durchgeschnitten, man hat mir mein Geld geraubt! Wer, wer war's, wo ist er? Wo steckt er, wo hat er sich versteckt, wo finde ich ihn? Wo suchen, wo nicht suchen? Ist er hier, ist er da, wer da, halt, du da! Gib mir mein Geld, Hund! *packt sich selbst am Arm* Ach, ich selbst, mein Verstand, ganz verwirrt. Ich bin wo, ich bin wer, ich bin was? Ach, mein armes Geld, mein armes Geld, mein teurer Freund! Beraubt hat man mich deiner; verloren habe ich meine Stütze, meinen Trost, meine Freude. Alles ist aus für mich, was soll ich noch auf der Welt? Ohne dich kann ich unmöglich leben. Es ist aus, ich kann nicht mehr, ich sterbe, ich bin tot, ich bin unter der Erde. Ist denn hier niemand, der mich auferwecken will, indem er mir mein teures Geld zurückgibt oder mir sagt, wer es stahl? Wie, was sagt ihr, da ist niemand? Wer es auch war, der mir diesen Schlag versetzt hat, der hat den Zeitpunkt höchst genau gewählt, gerade als ich mit meinem Sohn sprach, dem Verräter, dem Verfluchten. Ich hole die Polizei! Sie soll in meinem Haus alles foltern und vernehmen. Alles! Diener, Dienerinnen, Sohn, Tochter und mich auch. Oh, die vielen Leute, die da sind, ich kann ansehen, wen ich will, jeder erregt Verdacht in mir, jeder sieht ganz nach meinem Dieb aus. He, was redet ihr da? Sie wissen was? Was ist denn das da oben? Ist das dort etwa mein Dieb? Alles Diebe! Ich flehe euch an, wo ist mein Geld, sagt es mir! Jetzt lachen sie, sie lachen mich aus, ihr steckt doch alle unter einer Decke. Nur ich nicht! Polizei! Polizei her! Kommissare! Richter! Schöffen! Daumenschrauben! Ketten! Galgen! Henker! Ich will, daß alle Welt hängt! Und finde ich mein Geld nicht wieder, hänge ich mich selbst dazu!

Die Kassette hat Cléantes Diener gefunden, und so kann sie Cléante bei seinem Vater gegen seine geliebte Marianne eintauschen.

Neue dt. Fassung v. Wilfried Minks u. Thomas Körner, Programmbuch des Dt. Schauspielhauses. © Neue Schauspielhaus GmbH, Hamburg, S. 164

Molière (1622 - 73):

Der eingebildete Kranke

Komödie in drei Aufzügen
Übers. v. Hans Weigel. - UA: Paris 1673

Argan bildet sich ein, an einer schweren Krankheit zu leiden - ein gutes Geschäft für den Arzt Purgon und den Apotheker Fleurant, die den reichen Bürger kräftig ausnehmen, auch wenn ihre Medizin nichts hilft. Argan drangsaliert seine ganze Familie, nur das gewitzte Dienstmädchen Toinette weiß sich durchzusetzen und verhindert so, daß Argans untreue junge Frau statt der aufrichtig liebenden Tochter als Erbin eingesetzt wird.
Die Komödie kippte in eine makabre Tragödie, als Molière in der Rolle des Kranken bei der 4. Vorstellung am 17. Februar 1673 zusammenbrach und, kurz nachdem er zu Ende gespielt hatte, verstarb.

Erster Akt. Erste Szene

ARGAN: *sitzt allein in seinem Zimmer, vor sich einen Tisch, kontrolliert mit Hilfe von Jetons eine Apothekerrechnung*
Zwei und drei: fünf - und fünf: zehn - und zehn: zwanzig. Drei und zwei: fünf. - "Am Vierundzwanzigsten: einen milden, vorbereitenden, lindernden Einlauf, um die werten Eingeweide des gnädigen Herrn zu befeuchten, zu erweichen und zu erfrischen." Sehr höflich sind seine Rechnungen, das gefällt mir immer wieder an diesem Fleurant - "die werten Eingeweide des gnädigen Herrn" - dreißig Sous. Ja, Herr Magister, aber Höflichkeit ist nicht alles, man muß auch ein Einsehen haben und die Kranken nicht schröpfen. Dreißig Sous für eine Spülung, nein, dafür bedanke ich mich, dafür haben Sie früher zwanzig verlangt, und wenn ein Apotheker "zwanzig" sagt, heißt das "zehn". - Hier: zehn. "Ferner, am nämlichen Tag: einen wirksamen abführenden Einlauf mit doppeltem Zusatz von Rhabarber, Blütenhonig, Sennes etcetera etcetera laut Vorschreibung, um den werten Unterleib des gnädigen Herrn zu spülen und auszuputzen - dreißig Sous." Zehn, wenn Sie gestatten. "Ferner, am nämlichen Tag, abends: eine einschläfernde Leber-Emulsion, um die werte Nachtruhe des gnädigen Herrn zu fördern ..." Dagegen ist kein Wort zu sagen; ich habe gut geschlafen. "... fünfunddreißig Sous." Siebzehneinhalb - zehn, fünfzehn, sechzehn, siebzehn ... eins, zwei, drei, vier, fünf. - "Am Fünfundzwanzigsten: eine wirksame abführende und stärkende Arznei, kombiniert aus frischem Zimt und orientalischen Sennes etcetera etcetera laut Vorschreibung des Herrn Doktor Purgon, um die werte Galle des gnädigen Herrn auszuscheiden und zu entleeren, eineinhalb Taler." Aber Herr Magister, das ist nicht Ihr Ernst, man muß die Kranken doch leben lassen, Herr Doktor Purgon hat mir nicht eineinhalb Taler verordnet - einen, einen Taler, wenn ich bitten darf! - "Ferner, am nämlichen Tag: einen schmerzstillenden, zusammenziehenden Trank, um den gnädigen Herrn zu beruhigen, dreißig Sous." - Gut, fünfzehn. - "Am Sechsundzwanzigsten: einen entlüftenden Einlauf, um die werten Winde des gnädigen Herrn zu vertreiben,

dreißig Sous." - Herr Magister! Zehn. - "Am Siebenundzwanzigsten: ein kräftiges Pulver, um die werte Verdauung zu befördern und die werten schlechten Säfte des gnädigen Herrn abgehen zu lassen, einen Taler." - Einen halben? Ja? Es freut mich, daß Sie vernünftig sind. - "Am Achtundzwanzigsten: eine Dosis geklärter und gesüßter Molke, um das werte Blut des gnädigen Herrn zu läutern, zu besänftigen, abzukühlen und zu erfrischen - zwanzig Sous." - Gut! Zehn Sous. - "Ferner einen herzstärkenden vorbeugenden Saft, gebraut aus zwölf Gran Ziegelstein, Granatapfel- und Zitronensaft etcetera etcetera laut Vorschreibung, zwei Taler." Oho, Herr Magister, nicht so eilig, bitte; wenn Sie mir so kommen, freut mich ja das ganze Kranksein nicht! Einen Taler, ja? - Also: Zwanzig - vierzig. Drei und zwei: fünf - und fünf: zehn - und zehn: zwanzig. Einundzwanzig Taler, vier Sous und sechs Kreuzer. Ich habe also in diesem Monat eingenommen: eins, zwei, drei, vier, fünf, sechs, sieben, acht Arzneien, eins, zwei, drei, vier, fünf, sechs, sieben, acht, neun, zehn, elf, zwölf Einläufe; im letzten Monat zwölf Arzneien und zwanzig Einläufe. Kein Wunder, daß es mir weniger gut geht! Ich werde es dem Doktor sagen - er muß das ausgleichen. - *ruft* He! Fort mit dem Zeug! - Niemand ist hier. Wie oft soll ich's noch sagen? - Immer lassen sie mich allein. Ich kann sie ja nicht anbinden. *er schwingt eine Glocke* Kein Mensch hört mich. Viel zu leise ist diese Glocke! - Kling, kling, kling! - Nichts zu machen. - Kling, kling, kling! - Sie sind taub. - Kling, kling, kling! Als würde ich nicht läuten. Toinette! Du Hündin, du Mistvieh! Kling! Kling! Kling! Ich fahre aus der Haut. *er schreit nur noch* Kling, kling, kling, du Teufelsaas! Gibt es denn das, einen armen Kranken so allein lassen?! Kling, kling, kling, erbärmlich ist das! Kling, kling, kling, o du mein Gott und Herr, sie lassen mich ja sterben. Kling, kling, kling ...

In: Molière, Der eingebildete Kranke. Deutsch von Hans Weigel,
© Diogenes Verlag AG, Zürich 1975, S. 11-13

Ingegerd Monthan (geb. 1943):

Die Geschichte vom Baum

Aus dem Schwedischen von Verena Reichel.
UA: Västeras 1985, DEA: München 1988

Eine Eberesche, gespielt von einer Schauspielerin und begleitet von einer ihr eigenen Musik, erfährt, daß unter ihr ein Schatz begraben ist. Über die Musik sagt die Autorin in einer Vorbemerkung: "Die Musik des Baums holt ihre Töne aus der Natur und spielt direkt auf unseren Gefühlen."

1. Szene. Wie es ist, eine Eberesche zu sein

Eberesche: Kinder - ich will euch was sagen:
Ich bin eine Eberesche.
Der Baum, der unsterblich ist.

Kinder, hört zu!
Ich singe einen Tag herbei.

Er kommt.

Ein neuer Tag ist da.
Ganz neu.
Er zeigt sich mir zum ersten Mal.

Alles mögliche kann passieren.
Willkommen, unbekannter Tag.

Kinder, hört zu!
Ich singe einen Wind herbei.

Er kommt.

Ich singe, das Ohr dicht an der Erde.
Erde - ohne dich bin ich wie der Wind - heimatlos.
Erde - ich liebe dich.

Kinder, hört zu!
Ich singe ein Lachen herbei.

Es kommt.

Lachen heißt wachsen.

Einen Jahresring zum anderen legen.
Hört:
Wie es knackt im Holz.
Seht:
Ich strecke den Stamm.
Fühlt:
Wie es kribbelt in der Wurzel
tief unten im Boden.

Neige dich vor dem Tag und dem Wind, meine Krone.
Äste - breitet euch aus - nehmt Platz in der Sonne.
Laßt die Blätter tanzen - sich in der Brise wiegen -
die roten Beeren leuchten im ersten Morgenlicht.

Ahhhhahhhh!

Kinder - ich will euch was sagen:
Eine Eberesche sein - das bedeutet
Arbeit und nochmal Arbeit.
Tag und Nacht - in Wind und Wetter -
ob Sommer, ob Winter - Herbst oder Frühjahr -
was tue ich?

Tja - alles andere als einfach bloß dastehen!

Hallo, du da oben - Ast mit der Gabel - ja, da
ganz oben links - dreh dich bitte
ein Stück weiter nach rechts.
Wieso?
Na hör mal!
Du verdeckst die Zweige in der unteren Etage.
Jeder braucht Sonne - nicht nur du.
Nun!

Herzlichen Dank.
Jetzt sieht es schon besser aus.
(...)

Moment mal!
Da kommt eine Nachricht von der Wurzel.
Ja - hier spricht die Eberesche - kommen!

Was für ein Wirrwarr!
Da muß etwas passiert sein.

Das ganze Wurzelgeflecht ist in Aufruhr.
Was ist denn los?
Immer der Reihe nach - Ordnung, wenn ich bitten darf!
Ihr macht mich nervös.

Was wollt ihr denn sagen?
Wie bitte?!

Ist das die Möglichkeit?
Ist das wirklich wahr!
Und ihr seid euch eurer Sache sicher?
Wie tief?
Zwei Äste tief.
Aha.
Wie groß?
So groß wie der halbe Stamm.
Na so was!
Wie schwer?
Liebe Freunde - immer mit der Ruhe.
So schwer wie zehn Liter Wasser.
Donnerwetter.
Verzeiht mir - aber das ist eine Sensation.
Ja - ihr sollt alles erfahren - vom kleinsten Zweig
bis zur reifsten Beere.
Drängt mich nicht - ich weiß es selbst nicht genau.
Tut was anderes solange.
Seht euch um. Seht nach, ob es
Regen gibt, oder sonstwas.
Hallo - Wurzelgeflecht - Holz oder Stein?
Leder? Das ist ungewöhnlich.
Was sagt ihr? Eine Wurzelfaser tastet sich hinein
um nachzuschauen. Gut!
Wenn es ist, was ich glaube - dann -
was hast du gesagt?
Du bist jetzt in dem Ledersack drin?
Es ist ein Ledersack.
Natürlich.
Ein großer - schwerer Ledersack - tief unten
zwischen meinen Wurzeln.

Hab ichs nicht gesagt!
Alles mögliche kann passieren.
Ja.
Was fühlst du?

Sind es - sind es...
harte - hast du gesagt - runde -
mhm, stimmt genau - kalte, trallala!
Lieber Himmel - ich zittere wie Espenlaub!
Von der Wurzel bis zum Wipfel!
Eine letzte Frage - Sonne oder Mond?
O wei, o wei, der Saft steigt in mir hoch -
Sonne oder Mond?

Sonne!
Habt ihrs gehört! Sonne!

Kinder - ich will euch was sagen:
Ich steh auf einem Schatz.
Auf einem großen Ledersack voll Gold.
Ist das nicht wunderbar - ich bin die Eberesche
die auf einem Schatz wächst.

Wunderbar.

Wind - hörst du mich?
Blas es hinaus über die Erde,
blas es hinaus in die Wälder:
(...)

Kann es was Schöneres geben - stellt euch vor -
ich weiß von einem Schatz - jetzt muß ich nur noch
jemand finden, dem ich ihn schenken kann.

Bloß wem - das ist die Frage.
Hier kommt nie jemand vorbei.
Seit hundert Jahren keine Menschenseele.
(...)

Kinder - seht ihr den Pfad, der sich da
durch die Ebene schlängelt.
An diesem Pfad steh ich seit hundert Jahren.
Allein.
Ich hab ihn selbst getauft.
Pfad der einsamen Eberesche.
Jetzt muß ich ihn umtaufen:
Pfad der fröhlichen Begegnung.

Das Astwerk hat etwas gesehen.

Hinter dem kleinen Hügel dort hinten.
Etwas, das sich bewegt
ist auf dem Weg hierher.

Es nähern sich zwei Landstreicher, die die Eberesche fällen werden, um an den Schatz zu kommen. Am Ende wird die Eberesche neue Triebe treiben.

© Verlag Autorenagentur GmbH, Frankfurt am Main

Theater im Marienbad Freiburg, o. J.

Harald Mueller (geb. 1934):

Totenfloß

Enst. 1984 - 86, UA: Oberhausen 1984, UA der Neufassung München 1986

Man schreibt das Jahr 2050. Eine Atomexplosion hat die Welt weitgehend unbewohnbar gemacht. Checker, eine "halb Mensch, halb Tier" lebt als genetisch entartete "Überlebensmaschine" bei Heidelberg; er sucht im chemisch verseuchten Müllfeld nach Eßbarem. Eine "Überlebenskarte" weist ihm die Stadt Xanten als "clean" aus; also will er den Rhein abwärts fahren.
Aus einem "großen Ausspucker" fällt die verseuchte Retortengeburt Itai. Checker benutzt den hilflos Blinden als Reittier. Sie gelangen ans Rheinufer zwischen Mannheim und Mainz, wo sie erst den alten Kuckuck und dann auch noch das Mädchen Bjuti aufgabeln, das ausgestoßen wurde, weil sie alte Bücher gelesen und auswendiggelernt hat. Sie hat eine schöne und eine wunde Körperseite.

BJUTI:
Seid willkommen, Wanderer aus der Ferne! Der Schirm Bogs wird sich über euch öffnen, und die große Atavar, Göttin des Schmerzes und der Musik, wird euch in ihre Arme nehmen. (...)
Seht diese Haut, die reine Stirn der Engel! Ja, ich bin fernen Himmeln geweiht! Ich bin schön! Eh, wo bleibte Quatsche, du Fuck? So schön, daß man erschüttert ins Knie bricht.
(...) Fremder, ich grüße dich! Du nennst mich Bjuti? Okay, Boy, okay! Doch wißt, ich habe viele Namen. Ihr könnt mich Flora, Julia, Roma nennen. (...)
Ich habe euch den Frühling mitgebracht. (...) Frühling, das war, als alles anfing zu blühen. Kommt, wir gehen durchs blühende Land. Die Wälder sind grün, die Felder, die Wiesen --- Griffel vonne Titten, du Wichs! --- Grün und mit farbigen Blumen bestickt. Die Luft ist voll Flieder- und Veilchenduft! (...)
Wir treten in einen Buchenwald mit neuem, frischem Frühlingsgrün, füllen den Kopf mit den Stimmen der Vögel - *Kuckuck ahmt bis zum Schluß der Passage Vogelstimmen nach.* knien nieder auf dunkelgrünem Moos und schauen zu den hohen Bäumen empor. Wie die Zweige von jungen Blättern und Knospen strotzen! *Bjuti reißt Itai die Hände von den Ohren:* Knospen strotzen, is das nix, du Kotz?! Und wir legen die Arme um eine Birke, umschlingen sie, drücken sie an die Brust, von Glück geschüttelt und vor Freude toll! Uff, was'n Satz! Ja, so ein Frühling in Zauberfarben! Die blauen Anemonen, der tiefgrüne Klee, die weißen Wälder der Kirschblütenzeit - (...) Ich hüte den Feuersalamander. Glotz hier, in meiner Rechten, glotz! Und den Zitronenfalter in meiner linken Hand. (...) Dazu --- Geißblatt, Rittersporn und Vergißmeinnicht. Topalfa, eh? (...) Keine Angst, es kommt noch besser: Die Sonnenrosette im schwarzen Stein --- den halbmondfarbenen Drachenthron und --- das lautlos stampfende Herz der Welt --- Na? Yeahyeah, ich habse alle noch drauf! Sone Wörter dürfen nicht exgehn, Bodies! Ich buddel sie ausm ganzen Shit. Sie sind - secondo! - Bunter Staub, der von sehr fernen Sternen fällt. (...)

Auch ich sehe manchmal die Trauerweiden mit strömenden Tränen am Bachufer stehn. Ich sehe ihre hängenden Arme und ihren im Leid verzogenen Mund. Ihre Augen liegen tief in den Höhlen und haben an Glanz und Leben verloren. --- Na, biste stoned, was ich im Globus hab? --- Oh, alle Himmel, es ist lange her, daß ich vom Bach ein Lachen hörte! Ich höre die Weiden nur sehr leise atmen, unmerklich, kaum spürbar. Und ächzen, daß mir das Blut in den Adern gerinnt. So ächzt es und es stöhnt es in meinem Kopf. Und ich vergrabe ihn tief in den Armen. Und Arme und Kopf noch tiefer in mir. Denn dann quillt der totale Shit in mir hoch, unaufhaltsam, und ich --- ringe nach Luft und --- Secondo, gleich bin ich da! --- Und die Angst vorm Shit wird größer und größer. Sie wächst und wächst und übersteigt jedes Maß. Thats it, Bodies! Doch bevor ich in meinen giftigen Körpersäften ertrinke, schenke ich mir diese leise Musik - *Bjuti läßt ihre langen Haare übers Gesicht fallen, beugt sich vor und sitzt regungslos. Plötzlich, man weiß nicht von woher, ertönt eine Mozartmelodie.*
Ja, fremder Mann, auch du bist Musik. Sing, sing, sing! Sing mit mir, kleines, zagendes Herz!

Gemeinsam werden die drei auf einem Floß Richtung Xanten fahren.

In: Totenfloß. Ein Stück von Harald Mueller. © Rowohlt Verlag GmbH, Reinbek

Johann Nestroy (1801-1862):

Der Zerrissene

Posse mit Gesang in drei Akten
UA: Wien 1844

Nestroy selbst war es, der in der Rolle des Lips in der Uraufführung einen überwältigenden Erfolg feiern konnte.

I. Akt. Fünfte Szene
Lips allein. Lips tritt zur Mitte rechts während dem Ritornell des folgenden Liedes aus der Türe des Speisesalons auf.

Lied

1

Ich hab' vierzehn Anzüg, teils licht und teils dunkel,
Die Frack' und die Pantalon, alles von Gunkel,
Wer mich anschaut, dem kommt das g'wiß nicht in Sinn,
Daß ich trotz der Garderob ein Zerrissener bin.
Mein Gemüt is zerrissen, das is alles zerstückt,
Und ein z'rißnes Gemüt wird ein[em] nirgends geflickt,
Und doch - müßt i erklärn wem den Grund von mein' Schmerz,
So stundet ich da als wie's Mandl beim Sterz.
Meiner Seel, 's is a fürchterlichs G'fühl,
Wenn man selber nicht weiß, was man will!

2

Bald möcht ich die Welt durchfliegn ohne zu rasten,
Bald is mir der Weg z' weit vom Bett bis zum Kasten;
Bald lad ich mir Gäst a paar Dutzend ins Haus,
Und wie s' da sein, so werfet ich s' gern alle h'naus.
Bald ekelt mich 's Leben an, nur 's Grab find ich gut,
Gleich drauf möcht ich so alt wer'n als der Ewige Jud;
Bald hab ich die Weiber alle bis daher satt,
Gleich drauf möcht ich ein Türk sein, der's hundertweis hat;.
Meiner Seel, 's is a fürchterlichs G'fühl,
Wenn man selber nicht weiß, was man will!

Armut is ohne Zweifel das Schrecklichste. Mir dürft einer zehn Millionen herlegen und sagen, ich soll arm sein dafür, ich nehmet s' nicht. Und was schaut anderseits beim Reichtum heraus? Auch wieder ein ödes, abgeschmacktes Leben. Langweile heißt die enorm horrible Göttin, die gerade die Reichen zu ihrem Priestertum verdammt, Palais heißt ihr Tempel, Salon ihr Opferaltar, das laute Gamezen und das unterdrückte Gähnen ganzer Gesellschaften ist der Choral und die stille Andacht, mit der man sie verehrt. - Wenn einem kleinen Buben nix fehlt und er is grantig, so gibt man ihm a paar Bracker, und 's is gut. Vielleicht helfet das bei mir auch, aber bei einem Bubn in meinem Alter müßten die Schläg vom Schicksal ausgehn, und von da hab ich nix zu riskiern; meine Gelder liegen sicher, meine Häuser sind assekuriert, meine Realitäten sind nicht zum Stehlen - ich bin der einzige in meiner Familie, folglich kann mir kein teurer Angehöriger sterben, außer ich selber, und um mich werd ich mir auch die Haar nicht ausreißen, wenn ich einmal weg bin - für mich is also keine Hoffnung auf Aufrieglung, auf Impuls. - Jetzt hab ich Tafel g'habt; wenn ich nur wüßt, wie ich bis zu der nächsten Tafel die Zeit verbring! - Mit Liebesabenteuer? - Mit Spiel -? Das Spielen is nix für einen Reichen, wem 's Verliern nicht mehr weh tut, dem macht 's Gewinnen auch ka Freud! - Abenteuer-? Da muß ich lachen! Für einen Reichen existieren keine Liebesabenteuer. Können wir wo einsteigen? Nein, sie machen uns so überall Tür und Tor auf! - Werden wir über a Stiegn g'worfen? Nein, Stubenmädl und Bediente leuchten uns respektvoll hinab. Werden auf uns Sulteln gehetzt? Wird was hinabg'schütt't auf uns? Nein, Papa und Mama bitten uns, daß wir ihr Haus bald wieder beehren. - Und selbst die Ehmänner - sind auch meistens gute Leut. Wie selten kommt eine Spanische-Rohr-Rache ins Spiel? Die korsische Blutrache liegt gar ganz in Talon. Wann hört man denn, daß ein Ehmann einen Kugelstutzen nimmt und unsereinem nachschießt? Ja, anreden tun s' ein', daß man ihnen was vorschießt! *Deutet Geld geben.* Das is die ganze Rache! Wo sollen da die Abenteuer herkommen? Man is und bleibt schon auf fade Alletagsgenüsse reduziert, die man mit Hülfe der Freundschaft hinunterwürgt. Das is noch das Schönste, über Mangel an Freunden darf sich der Reiche nicht beklagen. Freunde hab ich, und das, was für Freunde! Den warmen Anteil, den sie nehmen - wenn s' bei mir essen, das heiße Mitgefühl, wenn s' mit mir z'gleich einen Punschdusel kriegen, und die treue Anhänglichkeit! Ob einer zum Losbringen wär! - Keine Möglichkeit! Ich bin wirklich ein beneidenswerter Kerl, nur schad, daß ich mich selber gar nicht beneid'! -

Erläuterungen:
Ritornell: Das immer wiederkehrende Vor-, Zwischen- und Nachspiel des Liedes.
Gunkel: Josef Gunkel war zu dieser Zeit der Hofschneider in Wien.
Mandl beim Sterz: Redensart für "völlig verblüfft".
Gamezen: Gähnen
Bracker: Ohrfeige.
assekurieren: versichern.
Aufrieglung: Freiwerden von Energie, Elan.
Sulteln: Sultan, gebräuchlicher Hundename.
Talon: (franz.) Schuhabsatz, hier: liegt ganz am Boden.

Natürlich steht der Zerrissene vor einem Schicksalsschlag. Im Streit mit seinem Schlosser um eine Frau wird er durch ein nur provisorisch befestigtes Balkongeländer in einen See stürzen. Er und sein Schlosser halten sich gegenseitig für ertrunken, und deshalb verstecken sich die beiden vermeintlichen Mörder. Am Ende aller Verwicklungen findet Lips eine Liebe und wird von seiner Zerrissenheit geheilt.

In: Nestroys Werke in zwei Bänden. Aufbau-Verlag, Berlin und Weimar 1969, S. 314-316.

Nestroy als Knieriem

Titus Macchius Plautus (ca. 250 - 184):

Rudens (Das Tau/Das Schiffsseil)

Übers. v. Wilhelm Binder, überarb. v. Walther Ludwig. - UA: Rom, ca. 208 v. Chr.

Plautus überträgt griechische Stoffe auf römische Verhältnisse und prägt damit die europäische Komödienliteratur. Bei ihm treten Figuren auf, wie sie später wieder in der Commedia dell' arte zu finden sind, er beeinflußt Shakespeare (Motive des "Rudens" finden sich im "Sturm") und Molière. Mit Verwechslungen und Prügeleien, Wortwitzen, Situationskomik und Einlagen läßt er vergnügliche Possen treiben.
Zur Handlung der Komödie "Rudens": Ampelisca, schon als Kind entführt, soll von einem Kuppler nach Sizilien verkauft werden. Unterwegs erleiden sie Schiffbruch und kommen ausgerechnet zu einem Tempel der Venus, bei dem das Haus des verbannten Atheners Daemones steht; er wird sich am Ende der Komödie als Ampeliscas Vater erweisen. Er schützt Ampelisca nicht nur vor dem Kuppler, sondern gibt sie auch ihrem Geliebten zur Frau. In der folgenden Szene holt der zupackende Sklave des Daemones aus seinem Haus Wasser für die ihm unverhofft begegnende Ampelisca, von der er sich ein Liebesabenteuer als Gegenleistung verspricht. Während seiner Abwesenheit sieht Ampelisca den Kuppler nahen und flüchtet daher zurück in den Tempel, um beim heiligen Altar Schutz zu suchen.

II. Akt, 5. Auftritt

Sceparnio kommt mit gefülltem Krug zurück.
SCEPARNIO: Ihr ewigen Götter, niemals hab ich doch gedacht,
Daß solche Lust im Wasser stecke! Wie vergnügt
Zog ich's herauf! Viel minder tief als sonst erschien
Der Brunnen mir; ganz ohne Mühe kam's zutag.
Doch, ohne mich zu rühmen, bin ich nicht
Ein Schwerenöter, daß ich heut so ein Verhältnis
Angesponnen habe? - Hier ist dein Wasser, schönes Kind.
Trag's mit dem gleichen Anstand, wie ich's trug, damit
Du mir gefällst. - Jedoch, mein Schatz, wo bist du? Nimm
Das Wasser da! Wo bist du? Ja, beim Herkules,
Sie liebt mich, das ist klar, drum hat die Schelmin sich
Versteckt. Wo bist du? Nimmst du nicht den Krug zur Hand?
Wo steckst du denn in aller Welt? - Ich sehe sie
Wahrhaftig nirgends: die hält mich zum Narren gar.
So stell ich denn den Krug hier mitten in den Weg.
Allein, wenn irgend jemand käm und trüg ihn fort,
Den heiligen Krug der Venus, schlecht bekäme mir
Das Ding. Mir ist wahrhaftig gar nicht wohl dabei,
Ob mir das Weib nicht Fallen stellt, damit man mich
Erwische mit dem heiligen Venuskrug.
Dann ließe mich die Obrigkeit mit vollem Recht
In Fesseln sterben, wenn man mit dem Krug mich säh:

Er ist gezeichnet, kündet selbst, wem er gehört.
Beim Herkules, ich rufe mir die Priesterin vor die Tür,
Daß sie den Krug annimmt. Ich will zur Türe hin. -
Holla, Ptolemocratia, nimm den Krug zu dir!
Ein unbekanntes Mädchen hat ihn mir gebracht. -
Ich muß ihn selbst hineintragen. Da hab ich ein Amt gefunden,
Wenn ich umsonst für sie noch Wasser schleppen muß!
Sceparnio mit dem Krug ab in den Tempel.

Anmerkung: Auf Diebstahl von Tempelgütern stand die Todesstrafe, außerdem in Athen Vermögenseinzug und Versagen des Begräbnisses.

In: Plautus. Terenz. Die römische Komödie. Dtv, München 1990, S. 401 f.
© Winkler Verlag, München 1966

Figuren der Commdia dell'arte aus einer Bewegungsstudie für das Stück „Diener zweier Herren", inszeniert von Max Reinhardt

Ferdinand Raimund (1790 - 1836):
Der Barometermacher auf der Zauberinsel
Zauberposse mit Gesang in zwei Aufzügen. - UA: Wien 1823

Der gutmütige Quecksilber ist, auf eigenen Wunsch und mit Hilfe einer Fee, auf eine Zauberinsel verschlagen, wo ihm eine bösartige Königstochter Schwierigkeiten bereiten wird. Am Ende wird er eine Kammerzofe heiraten und in sein geliebtes Wien zurückkehren.

I. Aufzug, zweiter Auftritt

Ruinen, wie selbe vorher en miniature zu sehen waren. Im Hintergrunde die See. Man hört das Ritornell von Quecksilbers Arie. Quecksilber kommt.

QUECKSILBER:
Arie

> Was braucht man Barometer
> Auf dieser Welt noch mehr?
> Ein jeder macht sich 's Wetter,
> So wie's ihm gfallt, daher.
> Schön zeigt es bei den Reichen,
> Bei Stutzern zeigt's auf Wind,
> Auf Regen steht das Zeichen,
> Wo arme Schlucker sind.
>
> Bei Schönen in der Regel
> Zeigt's auf Veränderlich,
> Auf Stürme bei dem Flegel,
> Und Schnee bedeut's für mich.
> Doch, Schicksal, es ist schade,
> Daß d' mich verfolgst mit Gwalt,
> Solang der Gönner Gnade
> Nicht auf den Gfrierpunkt fallt.

Das ist eine prächtige Profession, das Barometermachen, man kann verhungern alle Tag. Hab ich unglückseliger Mensch aufs Meer müssen, um die wilden Völker des Erdbodens durch meine Kunst in Erstaunen zu setzen, und jetzt wirft mich das Schicksal auf diese Zauberinsel, wo ich noch nichts gesehen hab als ein paar Kanarienvögel, oder was sie waren; und einen pensionierten Elefanten mit drei Füß - Na, *die* werden doch keine Barometer brauchen. - Weil *ich* nicht zu Grund gegangen bin, so ist wenigstens das Schiff zu Grund gegangen, bloß weil ich Unglücksvogel darauf war. Die Matrosen haben schon von weitem diese Feeninsel verflucht, weil ein jedes Schiff scheitert, das in ihre Nähe kommt. Richtig war's so - sie haben sich in einem Schinakel gerettet, und ich hab mich an meinen Barometer anghalten und bin dahergschwommen; das war noch mein größtes Glück, daß ich den vorigen Sommer zweimal im Prater in der Schwimmschul war und zugschaut hab; da hab ich's abgspickt, sonst wär's nicht möglich gwesen. Mein erstes Unglück war mein neuer Buchdrucker; der laßt mir unglücklicherweise auf meinen Zetteln auf die Barometer überall den ersten Buchstaben aus - Zum Beispiel, statt kalter Wind, laßt er das K aus, steht *alter* Wind, bei warmes Wetter laßt er das W aus, steht *armes* Wetter. Ich siehs nicht, verkauf s', die Leute glauben, ich bin ein Narr, lassen nichts mehr bei mir machen. Kein Verdienst. Was war also zu tun, als mein letztes Bißl zu verkaufen und in die weite Welt zu gehen. - Da stehe ich nun allein und verlassen, ein Fruchtbaum in der Wüste. *Weint.* Doch von all dem rauschenden Geleite, wer harret noch liebend bei mir aus? Dieser edle Magen! der einzige Schmarotzer, der mir die Ungelegenheit macht, treu zu bleiben. Just gibt er wieder eine Bittschrift ein um was zu essen. - Schicksal! wenn du eine Ehre im Leibe hast, so laß mich nicht verhungern!

In: Raimunds Werke in einem Band. Ausgewählt und eingeleitet von Rosalinde Gothe. Aufbau-Verlag, Berlin und Weimar, 2. Aufl. 1980, S. 5 f. (Bibliothek deutscher Klassiker).

Ferdinand Raimund (1790 - 1836):
Der Alpenkönig und der Menschenfeind
Romantisch-komisches Märchen in drei Aufzügen. - UA: Wien 1828

Der Alpenkönig Astragalus ist ein Fürst im Reich der Alpengeister, der den Menschen mit Liebe und Großmut beisteht. Er wird den menschenfeindlich gesonnenen von Rappelkopf, einen reichen Gutsbesitzer, unter dem seine Familie, insbesondere auch seine Tochter Malchen zu leiden hat, aus seiner Vereinsamung zurückholen und zum Besseren bekehren. Malchens Kammermädchen Lischen begleitet das verliebte Malchen bei ihrem ersten Auftritt. Ängstlich warnt sie: "In diesen Bergen haust der Alpenkönig, und wenn uns der erblickt, so sind wir verloren. (...) Wissen Sie denn nicht, daß jedes Mädchen, das den Alpenkönig erblickt, in dem Augenblick um vierzig Jahre älter wird?"

I. Aufzug, 4. Szene
Malchen und Lischen, erstere im lichtblauen Sommerkleide, einen Strohhut auf dem Haupte, läuft fröhlich voraus (...)

MALCHEN: Ach, das heißt gelaufen! Wie pfeilschnell doch die Liebe macht! *Sieht sich um.* Hier ist mein teures Tal. Wie herrlich alles blüht; heute glänzt die Sonne doppelt schön, als wäre Festtag an dem Himmel und sie des Festes Königin. Ach, wie dank ich dir, du liebe Sonne, bringt sie mir doch meinen August heut zurück. Lischen Lischen! *Ruft in die Kulisse.* Wo bleibst du denn? Wie ängstlich sie sich umsieht! Was hast du denn?
(...)
Du wolltest mit mir meinem August entgegeneilen, der heute von seiner Kunstreise aus Italien wiederkehrt? - Hier erwart ich meinen August. Sein letzter Brief nennt mir den heut'gen Morgen. Hier schieden wir in Gegenwart meiner Mutter vor drei Jahren mit bedrängtem Herzen voneinander. Du weißt, daß mein Vater schon damals unserer Liebe entgegen war, deshalb oft in den heftigsten Zorn geriet. Er warf ihm Talentlosigkeit in der Malerkunst vor. August, bitter gekränkt, beschloß, nach Italien zu reisen, um seinen Kummer zu zerstreuen und sich nach den großen Mustern zu bilden. Hier schwur er mir ew'ge Treue, meine gute Mutter versprach uns ihren Beistand. Doch du weißt, wie es um meinen armen Vater steht, hier haben wir uns getrennt, hier gelobten wir uns wiederzufinden. Nach seinen Briefen hat er große Fortschritte in seiner Kunst gemacht.
(...)
So bleib nur! Mein August wird bald hier sein, die Sonne steht schon hoch. - Du mußt mir Toilette machen helfen, denn der Wind hat meine Locken ganz zerrüttet. Du hast doch den kleinen Spiegel mitgenommen, wie ich dir befahl?
LISCHEN: Ei freilich! Ach, hätt ich lieber meine Angst vergessen!
MALCHEN: So! *Setzt sich auf den Baumstamm und öffnet ihre Locken, Lischen steht mit dem Spiegel vor ihr.* Halt ihn nur! Weißt du, Lischen, ich muß mich doch ein wenig

zusammenputzen, er kommt aus Italien, und die Frauenzimmer sollen dort sehr schön sein.
(...) So, Lischen, jetzt sind die Locken alle offen. Jetzt halt nur gut, der Alpenkönig tut nichts. *[Lischen erschrickt vor einem Geräusch und eilt mit dem Spiegel davon.]* nachrufend: Lischen! Lischen! Was schreist du denn? Es ist ja nur ein Vogel. Ach, du lieber Himmel, sie hat ja den Spiegel mitgenommen. Die Alberne läuft ganz sicher nach Hause. Lischen, so hör doch! - Entsetzlich, meine Locken! Wenn jetzt August käme und mich so erblickte! Das überleb ich nicht. Ach, du lieber Himmel, wie hätt ich mir das vorstellen können, das ist doch das größte Unglück, das einem Menschen begegnen kann. *Besinnt sich.* Aber pfui, Malchen, was ist das für eine Eitelkeit! August wird dich doch nicht deiner Locken wegen lieben. *Ärgerlich.* Aber die Locken tragen dazu bei; wenn die Männer nun einmal so sind, was kann denn ich dafür! Und warum heißen sie denn Locken, wenn sie nicht bestimmt wären, die Männer anzulocken? *Sieht in die Szene.* Ach, dort eilt August den Hügel herauf. O welche Freude, *hüpft*, welche Freude! *Plötzlich stille.* Wenn nur die fatalen Locken nicht wären! Ich will mich hinter den Rosenbusch verstecken, vielleicht bring ich sie doch ein wenig zurechte. *Verbirgt sich hinter das Rosengebüsche.*

In: Gerhard Helbig (Hrsg.): Das Wiener Volkstheater in seinen schönsten Stücken. Diederich'sche Verlagsbuchhandlung, Leipzig o.J., S. 230-232.

Edmond Rostand (1861 - 1918):

Cyrano von Bergerac

Romantische Komödie in fünf Aufzügen. Übersetzung von Ludwig Fulda.
UA: Paris 1897

Cyrano zeichnen sein Witz, seine Intelligenz, die Schlagkraft seines Degens und sein poetisches Talent aus, nur leider ebenfalls seine außergewöhnlich große Nase.

Erster Aufzug, vierter Auftritt

CYRANO: Warum betrachten Sie denn meine Nase? (...)
Was erstaunt Sie dran? (...)
Ist sie weich
Wie'n Rüssel, schlenkert wie ein Perpendikel? (...)
Was?! Eine Mißgeburt soll ich gar sein?
Klein, meine Nase?! (...)
Sie ist enorm!
Vernimm, stumpfnäsiger Mikrocephale,
Daß ich voll Stolz mit diesem Vorsprung prahle;
Denn zu erkennen ist an solcher Form
Der Mann von Geist, Charakter, Edelsinn,
Von Herz und Mut, kurz alles, was ich bin,
Und was du nicht bist, du und deinesgleichen,
Du Jammerlappen! (...)
VALVERT: Sie haben eine sehr...sehr lange Nase. (...)
CYRANO: Richtig. (...)
Weiter nichts? (...)
Das war etwas mager.
Fällt Ihnen nichts mehr ein? - Mir vielerlei,
Und auch die Tonart läßt sich variieren!
Ausfallend: "Trüg' ich diese Nasenmasse,
Ich ließe sie sofort mir amputieren."
Freundlich: "Trinkt sie nicht mit aus Ihrer Tasse?
Aus Humpen schlürfen sollten Sie die Suppe."
Beschreibend: "Felsgeklüfte, Berg und Tal,
Ein Kap, ein Vorland, eine Inselgruppe."
Neugierig: "Was ist in dem Futteral?
Ein Schreibzeug oder eine Zuckerzange?"
Anmutig: "Sind Sie Vogelfreund, mein Bester,
Und sorgten väterlich mit dieser Stange
Für einen Halt zum Bau der Schwalbennester?"
Zudringlich: "Wenn Sie Tabak rauchen

Und ihr der Dampf entsteigt zum Firmament,
Schreit dann die Nachbarschaft nicht laut: 'Es brennt'?"
Warnend: "Sie sollten große Vorsicht brauchen;
Sonst zieht das Schwergewicht Sie noch kopfüber."
Zartfühlend: "Spannen Sie ein Schutzdach drüber;
Weil sonst im Sonnenschein sie bleichen muß." (...)
Naiv: "Wann wird dies Monument besichtigt?"
Respektvoll: "Wird nicht ein jeder Wunsch beschwichtigt
Durch solch ein Häuschen zum Alleinbewohnen?" (...)
Dergleichen hätten Sie zu mir gesagt,
Wenn Sie Gelehrsamkeit und Geist verbänden;
Jedoch von Geist, dem Himmel sei's geklagt,
Ist keine Spur in Ihren Schädelwänden;
Ihr Kopf ist nicht gelehrt und doch so leer!
Und hätten Sie genug Erfindungskraft,
Um hier vor dieser edlen Hörerschaft
Mir all dies Feuerwerk zu bieten und noch mehr,
Dann müßten Sie bereits beim ersten Ton
Vom ersten Wort des ersten Satzes stoppen;
Denn nur mir selbst erlaub ich, mich zu foppen;
Ein anderer kommt nicht ungestraft davon. (...)
Ich bin, wenngleich so schmucklos von Gestalt,
Mit Unabhängigkeit und Mut geschmückt;
Zwar hat mich keine Schnürbrust je gedrückt;
Doch in der Brust die Richtschnur gibt mir Halt.
Vollbrachte Taten dienen mir als Bänder;
Den Witz hab ich zum Zierat mir erkoren,
Und ritterlich, bei müßigem Geschlender,
Laß ich die Wahrheit klirren statt der Sporen.

Im darauf folgenden Gefecht schlägt er Valvert mit Degen und spitzer Zunge. Doch solche Erfolge werden ihm nicht in der Liebe zu seiner Cousine Roxane zuteil. Wegen seiner Häßlichkeit traut Cyrano sich nicht, um seine Angebetete zu werben. Als Roxane sich in den jungen, hübschen aber dummen Christian verguckt, borgt Cyrano ihm seine dichterische Stimme. Roxane ist immer begeisterter von den Liebesbriefen, worauf Christian, seine Unwürdigkeit begreifend, im Krieg den Tod sucht. Die letzten Auftritte zeigen Roxane fünfzehn Jahre später, noch immer um ihre vermeintliche Liebe Christian trauernd. Cyrano wird vor seinem samstäglichen Besuch bei ihr durch einen Diener hinterrücks tödlich ermordet. Mit letzter Kraft schleppt er sich zu Roxane, die die jahrelange Verwirrung noch kurz vor Cyranos Tod entdeckt.

In: Edmond Rostand, Cyrano von Bergerac. Reclam, Stuttgart 1977, S. 24-28.
© Verlag Bloch Erben, Berlin

Jean-Paul Sartre (1905-1980):

Die Fliegen

Drama in drei Teilen. Übers. v. Gritta Baerlocher. - UA: Paris 1943

"Nach unserer Niederlage im Jahre 1940 verfielen zu viele Franzosen der Mutlosigkeit oder gaben in ihrem Innern der Selbstverleugnung Raum. Ich aber schrieb 'Die Fliegen' und versuchte, zu zeigen, daß *Selbstverleugnung* nicht die Haltung war, die die Franzosen nach dem militärischen Zusammenbruch unseres Landes wählen durften. [...] Heute haben die Deutschen das gleiche Problem vor sich." So erklärt Sartre im Vorwort des Dramas die Wiederaufnahme des von Aischylos in der "Orestie" dargestellten Atridenmythos.
Der Handlungsort des ersten Aktes: "Ein Platz in Argos. Eine Statue Jupiters, des Gottes der Fliegen und des Todes. Weiße Augen, blutbeschmiertes Antlitz." In dieser Stadt hat Ägist vor 15 Jahren die Macht an sich gerissen, als er mit Klytämnestra deren Gatten Agamemnon tötete. Die Götter haben als Symbol für die Schuld, die auf der Stadt lastet, eine Fliegenplage geschickt. Agamemnons Sohn, gerade unerkannt nach Hause gekommen, will sich schon wieder entfernen, weil er sich fremd fühlt. Da tritt Elektra auf, die als erbärmliche Magd isoliert am Königshof geduldet wird und darauf wartet, daß Orest endlich als Retter zurückkehrt. Es ist der Feiertag, an dem die Stadt sich alljährlich an die Ermordung Agamemnons und die Machtübernahme Ägists erinnert.

Erster Akt, dritte Szene

ELEKTRA: *sie trägt einen Kasten, nähert sich, ohne die beiden Männer zu bemerken, der Jupiterstatue*
Sauhund! Schau mich nur an, du! Mit deinen runden Augen in deinem mit Himbeersaft beschmierten Gesicht, du machst mir nicht angst. Sie sind gekommen, was, heute morgen, die heiligen Frauen, die alten Vetteln, mit ihren schwarzen Rücken. Sie sind in ihren groben Schuhen um dich herumgeschlüpft... Du warst zufrieden, gelt, du Vogelscheuche, du liebst sie, die Alten, je mehr sie Toten gleichen, desto lieber sind sie dir; sie haben dir zu Füßen ihre kostbaren Weine ausgegossen, weil es dein Fest ist; und Modergerüche steigen aus ihren Röcken zu deiner Nasenspitze empor: noch jetzt kitzeln die köstlichen Düfte deine Nüstern. *Sie reibt ihn mit der Hand.* So. Und jetzt rieche mich, rieche den Duft meines frischen Fleisches. Ich bin jung, ich, und ich bin lebendig, das muß dich anekeln. Ich komme auch, um dir meine Gabe darzubringen, während die ganze Stadt betet. Da schau her: Abfälle und die ganze Asche des Herdes, und alte Fleischstücke, die von Maden wimmeln, und verschimmeltes Brot, das unsere Schweine nicht wollten; aber sie werden es gern haben, deine Fliegen. Ein schönes Fest, ein recht schönes Fest, und hoffentlich ist es das letzte. Ich bin nicht mehr stark, und ich kann dich nicht umstürzen. Ich kann dich anspucken, das ist alles, was ich tun kann. Aber er wird kommen, er, auf den ich warte, mit seinem großen Schwert wird er kommen. Er wird dich ansehen und dich grüßen, so die Hände auf den Hüften und nach rückwärts geworfen. Und dann wird er seinen Säbel ziehen und dich von oben bis unten auseinanderspalten. Dann werden die zwei Hälften von Jupiter herunterkollern, die

eine links, die andere rechts, und jedermann wird sehen, daß er aus weichem, weißem Holz ist. Aus weichem, ganz weißem Holz, der Gott der Toten. Das Grauen und das Blut auf dem Gesicht und das schattige Grün der Augen, alles nur Lack, gelt? Du weißt, daß du ganz weiß im Innern bist, weiß, wie der Körper des Säuglings; du weißt, daß dich ein Säbelhieb glatt auseinanderspalten wird und daß du nicht einmal bluten kannst. Holz, nichts als Holz, das brennt gut.

In der folgenden Szene wartet Elektra vor dem bereits ermordeten Stiefvater Ägist darauf, daß Orest auch die Mutter tötet.

Zweiter Akt, zweites Bild, siebte Szene. *Elektra allein*

ELEKTRA: Wird sie schreien? *Pause. Sie lauscht.* Er geht durch den Gang. Wenn er die vierte Tür öffnet... Ach, ich habe es gewollt. Ich will es, ich muß es noch wollen. *Sie schaut Ägist an.* Der da ist tot. Das ist es also, was ich wollte. So habe ich es mir nicht gedacht. *Sie nähert sich dem Toten.* Hundertmal habe ich ihn im Traum gesehen, ausgestreckt an dieser selben Stelle, ein Schwert im Herzen, seine Augen waren geschlossen, er schien zu schlafen. Wie ich ihn haßte, wie glücklich ich war, ihn so zu hassen. Er sieht nicht aus, als ob er schliefe, und seine Augen sind offen, er schaut mich an. Er ist gestorben, und mein Haß ist mit ihm gestorben. Und ich bin hier, und ich warte, und die andere lebt noch, in ihrem Zimmer, und gleich wird sie schreien. Sie wird schreien wie ein Tier. Ah! Ich kann diesen Anblick nicht ertragen. *Sie kniet nieder und wirft einen Mantel über Ägists Gesicht.* Was wollte ich doch? *Schweigen. Dann schreit Klytämnestra.* Er hat sie erschlagen, sie war unsere Mutter, und er hat sie erschlagen. *Sie erhebt sich.* Nun ist es so weit; meine Feinde sind tot. Jahre hindurch habe ich im voraus diesen Tod genossen, und jetzt ist mein Herz wie in einen Schraubstock geklemmt. Habe ich mir 15 Jahre lang etwas vorgelogen? Nein, das ist nicht wahr, das ist nicht wahr! Das kann nicht wahr sein; ich bin feige. Diesen Augenblick hier, ich habe ihn gewollt, und ich will ihn noch. Ich wollte dieses dreckige Schwein zu meinen Füßen liegen sehen. *Sie reißt den Mantel weg.* Was kümmern mich deine toten Fischaugen. Ich wollte sie so, diese Augen, und sie sind mir eine Lust. *Man hört Klytämnestra schwächer schreien.* Soll sie schreien! Soll sie doch schreien! Ich will ihr grauenvolles Geschrei, und ich will ihre Qualen. *Die Schreie hören auf.* Freude! Freude! Ich weine vor Freude! Meine Feinde sind tot, und mein Vater ist gerächt. *Orest kommt zurück, ein blutiges Schwert in der Hand. Sie stürzt ihm entgegen.* Orest!

In: Jean-Paul Sartre: Gesammelte Dramen. Die Fliegen. © Rowohlt Verlag GmbH, Reinbek. (Neuausgabe) 1969, S. 19 f. u. 50.

Jean-Paul Sartre (1905 - 1980):
Die schmutzigen Hände
Stück in sieben Bildern. Übers. v. E. Rechel-Mertens. - UA: Paris 1948

Hugo, ein idealistischer, junger Intellektueller aus gutem Hause, stellt sein Leben in den Dienst der kommunistischen Partei. Obwohl er nie als gleichwertig unter den Genossen akzeptiert wird, bekommt er den Auftrag, den Parteisekretär Hoederer zu liquidieren, da dieser eine Koalition mit den Bürgerlichen anstrebt und so für den bolschewistischen Teil der Partei untragbar geworden ist. Hugo lernt den Humanisten Hoederer immer mehr schätzen, erst die Eifersucht aufgrund einer Affäre zwischen seiner Frau und dem Parteisekretär treibt ihn dazu, den Auftrag zu erfüllen. Als er nach zwei Jahren aus dem Gefängnis kommt, wird der getötete Hoederer in der Partei verehrt, während Hugos Tat als hinterlistiger Mord gilt. Daraufhin läßt er sich von Genossen erschießen.

Drittes Bild, dritte Szene

HUGO: Diesmal hast du recht, Herr Kamerad: ich weiß nicht, was Appetit ist. Von den Nährsalzen meiner Kinderzeit ließ ich die Hälfte stehen: was für eine Verschwendung! Aber mir wurde der Mund mit Gewalt aufgesperrt, und dann hieß es: ein Löffelchen für den Papa, ein Löffelchen für die Mama und eins für die Tante Anna. Und sie steckten mir den Löffel tief in den Schlund hinein. Ich wurde größer, stell dir vor, aber nicht dicker dabei. Da mußte ich frisches Blut vom Schlachthaus trinken, weil ich so bläßlich war. Von dem Tag an habe ich kein Fleisch mehr angerührt. Jeden Abend sagte mein Vater: "Dies Kind hat auch niemals Hunger..." Jeden Abend, stelle dir vor: "Hugo, Hugo, iß. Du wirst sonst krank." Ich mußte Lebertran nehmen. Das ist wirklich die Höhe des Luxus: eine Droge nehmen, damit man Hunger hat, während die andern da auf der Straße für ein Beefsteak ihre Seligkeit verkauft hätten. Ich sah sie von meinem Fenster aus marschieren mit ihren Plakaten: "Gebt uns Brot!" Ich setzte mich an den Tisch. Iß, Hugo, iß. Ein Löffelchen für den Nachtwächter, der gerade arbeitslos ist, ein Löffelchen für die alte Frau, die die Abfälle aus dem Mülleimer holt, ein Löffelchen für die Familie des Zimmermanns, der sich das Bein gebrochen hat. Ich habe mein Elternhaus verlassen. Ich bin in die Partei eingetreten, und jetzt höre ich dasselbe Lied: "Du hast niemals Hunger gehabt, Hugo, was willst du hier bei uns? Was kannst du schon verstehen? Du hast niemals Hunger gehabt." Also nein! Ich habe niemals Hunger gehabt! Niemals! Niemals! Vielleicht kannst du mir sagen, du da, was ich machen muß, um das nicht mehr zu hören. *Schweigen.* (...) Ich bin das schon gewöhnt. Als sie vorhin ins Zimmer traten, hatten sie dieses Lächeln, das ich nun schon kenne. Es war nicht schön, glauben Sie mir. Sie wollten sich an mir rächen, für meinen Vater und meinen Großvater und alle in meiner Familie, die sich sattgegessen haben. Ich sage Ihnen, ich kenne die Art: niemals werden sie mich für einen der Ihren halten; und es sind Hunderttausende, die mich mit diesem Lächeln ansehen! Ich habe gekämpft, habe mich gedemütigt, habe alles getan, damit sie es vergessen, ich habe ihnen immer wieder gesagt, daß ich sie liebte, beneidete, daß ich sie bewunderte. Aber da ist nichts zu machen! Ich bin das Kind reicher Leute, ein Intellektueller, ein Kerl, der nicht mit den Händen schafft. Sollen sie doch denken, was sie Lust haben. Sie haben recht, es liegt an der Haut!

In: Jean-Paul Sartre, Gesammelte Dramen.
© Rowohlt Verlag, Reinbek 1967, S. 115-117

Volksbühne Rosa-Luxemburg-Platz Berlin, 1998

Friedrich Schiller (1759 - 1805):

Kabale und Liebe

Ein bürgerliches Trauerspiel in fünf Aufzügen. - EA: Mannheim 1784, UA: Frankfurt a. M. 1784

Ganz im Geist des Sturm- und Drang feiert Schiller zunächst die grenzenlose Liebe zwischen dem Major Ferdinand von Walter und dem Bürgermädchen Luise Miller - doch die Standeskluft fordert ihren Tribut: Ferdinand, der Sohn des Präsidenten, soll Lady Milford, die Mätresse des Fürsten, heiraten, Luise kann seine Geliebte bleiben. Als Ferdinand an einer Heirat mit Luise festhält, greift sein Vater zu härteren Mitteln: Er läßt Luises Vater verhaften und droht das Bürgermädchen und ihre Mutter an den Pranger zu stellen. Ferdinand will mit seiner Geliebten fliehen, doch die entscheidet sich, der unmöglichen Liebe zu entsagen, auch um ihren Vater nicht zu gefährden. Die von Schuld geplagte Nebenbuhlerin Lady Milford läßt Luise, die bar jeder Hoffnung, aber auch aller Höflichkeiten entbunden ist, zu sich bitten.

Vierter Akt, siebte Szene

LUISE: Erlauben Sie, gnädige Frau, daß ich mich unterstehe, daran zu zweifeln. Die Paläste gewisser Damen sind oft die Freistätten der frechsten Ergötzlichkeit. Wer sollte der Tochter des armen Geigers den Heldenmut zutrauen, den Heldenmut, mitten in die Pest sich zu werfen und doch dabei vor der Vergiftung zu schaudern? Wer sollte sich träumen lassen, daß Lady Milford ihrem Gewissen einen ewigen Skorpion halte, daß sie Geldsummen aufwende, um den Vorteil zu haben, jeden Augenblick schamrot zu werden? - Ich bin offenherzig, gnädige Frau - Würde Sie mein Anblick ergötzen, wenn Sie einem Vergnügen entgegengingen? Würden Sie ihn ertragen, wenn Sie zurückkämen? - - O besser! besser! Sie lassen Himmelsstriche uns trennen - Sie lassen Meere zwischen uns fließen! - Sehen Sie sich wohl vor, Mylady - Stunden der Nüchternheit, Augenblicke der E r s c h ö p f u n g könnten sich melden - Schlangen der Reue könnten Ihren Busen anfallen, und n u n - welche Folter für Sie, im Gesicht Ihres Dienstmädchens die h e i t r e Ruhe zu lesen, womit die Unschuld ein reines Herz zu belohnen pflegt. *Sie tritt einen Schritt zurück.* Noch einmal, gnädige Frau. Ich bitte sehr um Vergebung. (...)
Ich fürchte Ihre Rache nicht, Lady. - Die arme Sünderin auf dem berüchtigten Henkerstuhl lacht zum Weltuntergang. - Mein Elend ist so hoch gestiegen, daß selbst Aufrichtigkeit es nicht mehr vergrößern kann. *Nach einer Pause, sehr ernsthaft.* Sie wollen mich aus dem Staub meiner Herkunft reißen. Ich will sie nicht zergliedern, diese verdächtige Gnade. Ich will nur fragen, was Mylady bewegen konnte, mich für die Törin zu halten, die über ihre Herkunft errötet? Was sie berechtigen konnte, sich zur Schöpferin meines Glücks aufzuwerfen, ehe sie noch wußten, ob ich mein Glück auch von
i h r e n Händen empfangen wolle? - Ich hatte meinen ewigen Anspruch auf die Freuden der Welt zerrissen. - Ich hatte dem Glück seine Übereilung vergeben - warum mahnen Sie mich aufs neue an dieselbe? - Wenn selbst die Gottheit dem Blick der Erschaffenen ihre Strahlen verbirgt, daß nicht ihr oberster Seraph vor seiner

Verfinsterung zurückschaure - warum wollen Menschen so grausam-barmherzig sein? - Wie kommt es, Mylady, daß Ihr gepriesenes Glück das E l e n d so gern um Neid und Bewunderung anbettelt? - Hat Ihre Wonne die Verzweiflung so nötig zur Folie? - O lieber! so gönnen Sie mir doch eine Blindheit, die mich allein noch mit meinem barbarischen Los versöhnt. - Fühlt sich doch das Insekt in einem Tropfen Wassers so selig, als wär es ein Himmelreich, so froh und so selig, bis man ihm von einem Weltmeer erzählt, worin Flotten und Walfische spielen! - - Aber glücklich wollen Sie mich ja wissen? *Nach einer Pause plötzlich zur Lady hintretend und mit Überraschung sie fragend.* Sind S i e glücklich, Mylady? *Diese verläßt sie schnell und betroffen, Luise folgt ihr und hält ihr die Hand vor den Busen.* Hat dieses Herz auch die lachende Gestalt Ihres Standes? Und wenn wir jetzt Brust gegen Brust und Schicksal gegen Schicksal auswechseln sollten - und wenn ich in kindlicher Unschuld - und wenn ich auf Ihr Gewissen - und wenn ich als meine Mutter Sie fragte - würden Sie mir wohl zu dem Tausche raten? (...)

Lästern Sie Ihr eigenes Herz nicht! Sie sind nicht fähig, das auszuüben, was Sie so drohend auf mich herabschwören. Sie sind nicht fähig, ein Geschöpf zu quälen, das Ihnen nichts zuleide getan, als daß es empfunden hat wie Sie - Aber ich liebe Sie um dieser Wallung willen, Mylady. (...)

tritt zurück voll Befremdung: Spottet sie einer Verzweifelnden, oder sollte sie an der barbarischen Tat im Ernst keinen Anteil gehabt haben? - Ha! so könnt ich mir ja noch den Schein einer Heldin geben und meine Ohnmacht zu einem Verdienst aufputzen. *Sie steht eine Weile gedankenvoll, dann tritt sie näher zur Lady, faßt ihre Hand und sieht sie starr und bedeutend an.* Nehmen Sie ihn denn hin, Mylady! - F r e i w i l l i g tret ich Ihnen ab den Mann, den man mit Haken der Hölle von meinem blutenden Herzen riß. - - Vielleicht wissen Sie es selbst nicht, Mylady, aber S i e haben den Himmel zweier Liebenden geschleift, voneinander gezerrt zwei Herzen, die Gott aneinander band; zerschmettert ein Geschöpf, das ihm n a h e ging wie Sie, das er zur Freude schuf wie Sie, das ihn gepriesen hat wie Sie, und ihn nun nimmermehr preisen wird - Lady! Ins Ohr des Allwissenden schreit auch der letzte Krampf des zertretenen Wurms - es wird ihm nicht gleichgültig sein, wenn man Seelen in seinen Händen mordet! Jetzt ist er I h n e n ! Jetzt, Mylady, nehmen Sie ihn hin! Rennen Sie in seine Arme! Reißen Sie ihn zum Altar - Nur vergessen Sie nicht, daß zwischen Ihren Brautkuß das G e s p e n s t einer S e l b s t m ö r d e r i n stürzen wird - Gott wird barmherzig sein - ich kann mir nicht anders helfen! *Sie stürzt hinaus.*

Als Ferdinand ein Liebesbrief zugespielt wird, den Luise unter Zwang an den Hofmarschall richten mußte, ist seine Eifersucht durch keinen Gegenbeweis zu bremsen. Als Luise sich, um ihren Inhaftierten Vater zu schützen, nicht zu den Anschuldigungen äußert, vergiftet Ferdinand sich und seine Geliebte. Erst als der Tod für die beiden spürbar naht, fühlt sich Luise von ihrem Schweigegelübde entbunden und bezeugt ihre Unschuld. Vor dem Tod vergibt Ferdinand seinem Vater, der sich der Gerichtsbarkeit stellt.

In: Friedrich Schiller, Kabale und Liebe. Philipp Reclam Jun. GmbH & Co, Stuttgart 1969, S. 78-82.

Friedrich Schiller (1759 - 1805):

Wilhelm Tell

Schauspiel in fünf Akten. - UA: Weimar 1804, EA: Tübingen 1804

Rudenz ist der Neffe des alten Freiherrn von Attinghausen. Als junger Adliger hat er das Ziel, an den Hof des habsburgischen Kaisers zu gehen, dessen Reichsvogt Geßler mit seiner Willkürherrschaft den Rütlischwur und Widerstand der Landleute der Schweizer Kantone provoziert. Sein Onkel warnt Rudenz davor, "auf der Seite/ des Landesfeindes" zu stehen und seine Wurzeln zu verleugnen. Rudenz schämt sich jedoch, zum "Bauernadel" zu zählen und Kuhglocken statt die Kriegstrompete zu hören. Vergeblich warnt ihn Attinghausen und entläßt den Neffen ohne Hoffnung: "werd' ein Fürstenknecht,/ da du ein Selbstherr sein kannst". (II,1) In der Apfelschuß-Szene stellt sich Rudenz dann doch gegen Geßler: "Mein Volk verließ ich, meinen Blutsverwandten/ entsagt' ich, alle Bande der Natur/ zerriß ich, um an Euch mich anzuschließen - (...) Die Binde fällt von meinen Augen (...)/ Mein freies Urteil habt Ihr irrgeleitet, / mein redlich Herz verführt (...)." (III,3)
Nun kommt Rudenz zu seinem Onkel, der gerade in seinem Armsessel gestorben ist, nachdem er noch einmal einige anwesende Landleute für den bevorstehenden Kampf zur Einigkeit und Verteidigung der Freiheit gemahnt hat.

4. Aufzug, 2. Auftritt

RUDENZ: *rasch eintretend*
Lebt er? O saget, kann er mich noch hören?(...)
erblickt den Leichnam und steht von heftigem Schmerz ergriffen
O güt'ger Gott! - Kommt meine Reu' zu spät?
Konnt' er nicht wen'ge Pulse länger leben,
Um mein geändert Herz zu sehn?
Verachtet hab' ich seine treue Stimme,
Da er noch wandelte im Licht - Er ist
Dahin, ist fort auf immerdar und läßt mir
Die schwere, unbezahlte Schuld! - O saget!
Schied er dahin im Unmut gegen mich?
(...) *kniet an dem Toten nieder*
Ja, heil'ge Reste eines teuren Mannes!
Entseelter Leichnam! Hier gelob' ich dir's
In deine kalte Totenhand - Zerrissen
Hab' ich auf ewig alle fremden Bande,
Zurückgegeben bin ich meinem Volk,
Ein Schweizer bin ich, und ich will es sein
Von ganzer Seele --
aufstehend Trauert um den Freund,
Den Vater aller, doch verzaget nicht!
Nicht bloß sein Erbe ist mir zugefallen,
Es steigt sein Herz, sein Geist auf mich herab,

Und leisten soll euch meine frische Jugend,
Was euch sein greises Alter schuldig blieb.
- Ehrwürd'ger Vater, gebt mir Eure Hand!
Gebt mir die Eurige! Melchthal, auch Ihr!
Bedenkt Euch nicht! O wendet Euch nicht weg!
Empfanget meinen Schwur und mein Gelübde.
(...)
Ihr
Sollt m e i n e Brust, ich will die e u r e schützen,
So sind wir einer durch den andern stark.
- Doch wozu reden, da das Vaterland
Ein Raub noch ist der fremden Tyrannei?
Wenn erst der Boden rein ist von dem Feind,
Dann wollen wir's in Frieden schon vergleichen.
nachdem er einen Augenblick innegehalten
Ihr schweigt? Ihr habt mir nichts zu sagen? Wie?
Verdien' ich's noch nicht, daß ihr mir vertraut?
So muß ich wider euren Willen mich
In das Geheimnis eures Bundes drängen.
- Ihr habt getagt - geschworen auf dem Rütli -
Ich weiß - weiß alles, was ihr dort verhandelt,
Und was mir nicht von euch vertrauet ward,
Ich hab's bewahrt gleich wie ein heilig Pfand.
Nie war ich meines Landes Feind, glaubt mir,
Und niemals hätt' ich gegen euch gehandelt.
- Doch übel tatet ihr, es zu verschieben,
Die Stunde drängt, und rascher Tat bedarf's -
Der Tell ward schon ein Opfer eures Säumens -

In: Friedrich Schiller, Wilhelm Tell. Philipp Reclam Jun. GmbH & Co, Stuttgart 1965, S. 83 f.

Friedrich von Schiller (1759 - 1805):

Maria Stuart

Trauerspiel in fünf Aufzügen. - UA: Weimar 1800

London im Jahre 1587: Maria Stuart, des Gattenmordes beschuldigt, flieht von Schottland nach England. Doch da sie eine mögliche Anwärterin auf den englischen Thron ist, wird Maria von Elisabeth, der jungfräulichen Königin von England, eingesperrt. Schiller zeichnet in seinem historischen Drama die letzten drei Tage vor der Hinrichtung Maria Stuarts.
Obwohl das Todesurteil bereits gefällt ist, kämpft die schöne schottische Königin weiter: Durch ihren Geliebten Lord Leicester, der gleichzeitig Elisabeths Günstling ist, erhofft sie Hilfe. Leicester schafft es, eine Begegnung der Königinnen zu arrangieren, die die erhoffte Begnadigung bewirken soll. Doch auf dem Höhepunkt des Stückes brechen alle Rivalitäten vor den Augen des gemeinsam Geliebten auf: Als Elisabeth Maria immer mehr provoziert und demütigt, kann sie ihre zurückgehaltene Wut nicht mehr bändigen.

3. Aufzug, 4. Auftritt

MARIA: Sei's!
Ich will mich auch noch diesem unterwerfen.
Fahr hin, ohnmächtger Stolz der edeln Seele!
Ich will vergessen, wer ich bin, und was
Ich litt; ich will vor ihr mich niederwerfen,
Die mich in diese Schmach hinunterstieß.
Sie wendet sich gegen die Königin.
Der Himmel hat für Euch entschieden, Schwester!
Gekrönt vom Sieg ist Euer glücklich Haupt,
Die *Gottheit* bet ich an, die Euch erhöhte!
sie fällt vor ihr nieder
Doch seid auch *Ihr* nun edelmütig, Schwester!
Laßt mich nicht schmachvoll liegen, Eure Hand
Streckt aus, reicht mir die königliche Rechte,
Mich zu erheben von dem tiefen Fall. (...)
mit steigendem Affekt
Denkt an den Wechsel alles Menschlichen!
Es leben Götter, die den Hochmut rächen!
Verehret, fürchtet sie, die schrecklichen,
Die mich zu Euren Füßen niederstürzten -
Um dieser fremden Zeugen willen, ehrt
In mir Euch selbst, entweiht, schändet nicht
Das Blut der Tudor, das in meinen Adern
Wie in den Euren fließt - O Gott im Himmel!
Steht nicht da, schroff und unzugänglich, wie
Die Felsenklippe, die der Strandende
Vergeblich ringend zu erfassen strebt.

Mein Alles hängt, mein Leben, mein Geschick
An meiner Worte, meiner Tränen Kraft:
Löst *mir* das Herz, daß ich das Eure rühre! (...)
Womit soll ich den Anfang machen, wie
Die Worte klüglich stellen, daß sie Euch
Das Herz ergreifen, aber nicht verletzen!
O Gott, gib meiner Rede Kraft und nimm
Ihr jeden Stachel, der verwunden könnte!
Kann ich doch für mich selbst nicht sprechen, ohne Euch
Schwer zu verklagen, und das will ich nicht.
- Ihr habt an mir gehandelt, wie nicht recht ist,
Denn ich bin eine Königin wie Ihr,
Und Ihr habt als Gefangne mich gehalten;
Ich kam zu Euch als eine Bittende,
Und Ihr, des Gastrechts heilige Gesetze,
Der Völker heilig Recht in mir verhöhnend,
Schloßt mich in Kerkermauern ein, die Freunde,
Die Diener werden grausam mir entrissen,
Unwürdgem Mangel werd ich preisgegeben,
Man stellt mich vor ein schimpfliches Gericht -
Nichts mehr davon! Ein ewiges Vergessen
Bedecke, was ich Grausames erlitt. (...)
- Jetzt ist kein fremder Mund mehr zwischen uns,
nähert sich ihr zutraulich und mit schmeichelndem Ton
Wir stehn einander selbst nun gegenüber.
Jetzt, Schwester, redet! Nennt mir meine Schuld,
Ich will Euch völliges Genügen leisten. (...)
Ich steh in Gottes Hand, Ihr werdet Euch
So blutig Eurer Macht nicht überheben - (...)
Regiert in Frieden!
Jedwedem Anspruch auf dies Reich entsag ich.
Ach, meines Geistes Schwingen sind gelähmt,
Nicht Größe lockt mich mehr - Ihr habts erreicht,
Ich bin nur noch der Schatten der Maria.
Gebrochen ist in langer Kerkerschmach
Der edle Mut - Ihr habt das Äußerste an mir
Getan, habt mich zerstört in meiner Blüte! (...)
auffahrend Schwester! Schwester!
O Gott! Gott! Gib mir Mäßigung!(...)
Das ist zuviel! (...)
vor Zorn glühend, doch mit einer edlen Würde
Ich habe menschlich, jugendlich gefehlt,
Die Macht verführte mich, ich hab es nicht
Verheimlicht und verborgen, falschen Schein

Hab ich verschmäht mit königlichem Freimut.
Das Ärgste weiß die Welt von mir, und ich
Kann sagen, ich bin besser als mein Ruf.
Weh Euch, wenn sie von Euren Taten einst
Den Ehrenmantel zieht, womit Ihr gleißend
Die wilde Glut verstohlner Lüste deckt.
Nicht Ehrbarkeit habt Ihr von Eurer Mutter
Geerbt: man weiß, um welcher Tugend willen
Anna von Boleyn das Schafott bestiegen. (...)
Mäßigung! Ich habe
Ertragen, was ein Mensch ertragen kann.
Fahr hin, lammherzige Gelassenheit, (...)
Der Thron von England ist durch einen Bastard
Entweiht, der Briten edelherzig Volk
Durch eine listge Gauklerin betrogen.
- Regierte Recht, so läget *Ihr* vor mir
Im Staube jetzt, denn *ich* bin Euer König.

Maria triumphiert, doch ihr Todesurteil ist besiegelt. Durch einen Brief wird Lord Leicesters Beziehung zu Maria aufgedeckt, doch der wendige Politiker verrät einen Mitverschworenen und kann so seinen Kopf aus der Schlinge ziehen. Zum Beweis seiner Unschuld soll er der Hinrichtung Marias beiwohnen. Maria Stuart geht, von allem Haß gereinigt, auf das Schafott: Sie empfängt den Tod als Sühne für die Mitschuld am Gattenmord und wird so zum freien Menschen. Elisabeth findet sich nach dem Tod ihrer Rivalin in Schuld verstrickt und von ihren Vertrauten verlassen wieder; selbst Leicester ist bereits auf dem Weg nach Frankreich.

In: Friedrich Schiller, Maria Stuart. Philipp Reclam Jun. GmbH & Co, Stuttgart 1958, S. 68-74

Friedrich Schiller (1759 - 1805):

Die Jungfrau von Orleans

Eine romantische Tragödie in fünf Aufzügen. - EA: Berlin 1801, UA: Leipzig 1801

Zum Inhalt vergleiche auch den Text Johannas aus demselben Drama. - Im Hoflager tritt der "geharnischte" lothringische Ritter Raoul vor König Karl, dem Erzbischof von Reims und anderen mit einem Botenbericht auf.

1. Aufzug, 9. Auftritt

RAOUL: Wir hatten sechzehn Fähnlein aufgebracht,
Lothringisch Volk, zu deinem Heer zu stoßen,
Und Ritter Baudricour aus Vaucouleurs
War unser Führer. Als wir nun die Höhen
Bei Vermanton erreicht und in das Tal,
Das die Yonne durchströmt, heruntergestiegen,
Da stand in weiter Ebene vor uns der Feind,
Und Waffen blitzten, da wir rückwärts sahn.
Umrungen sahn wir uns von beiden Heeren,
Nicht Hoffnung war, zu siegen noch zu fliehn;
Da sank dem Tapfersten das Herz, und alles,
Verzweiflungsvoll, will schon die Waffen strecken.
Als nun die Führer miteinander noch
Rat suchten und nicht fanden - sieh, da stellte sich
Ein seltsam Wunder unsern Augen dar!
Denn aus der Tiefe des Gehölzes plötzlich
Trat eine Jungfrau, mit behelmtem Haupt
Wie eine Kriegsgöttin, schön zugleich
Und schrecklich anzusehn; um ihren Nacken
In dunkeln Ringen fiel das Haar; ein Glanz
Vom Himmel schien die Hohe zu umleuchten,
Als sie die Stimm' erhub und also sprach:
"Was zagt ihr, tapfre Franken! Auf den Feind!
Und wären sein mehr denn des Sands im Meere,
Gott und die heil'ge Jungfrau führt euch an!"
Und schnell dem Fahnenträger aus der Hand
Riß sie die Fahn', und vor dem Zuge her
Mit kühnem Anstand schritt die Mächtige.
Wir, stumm vor Staunen, selbst nicht wollend, folgen
Der hohen Fahn' und ihrer Trägerin,
Und auf den Feind gerad' an stürmen wir.
Der, hochbetroffen, steht bewegungslos,

Mit weit geöffnet starrem Blick das Wunder
Anstaunend, das sich seinen Augen zeigt -
Doch schnell, als hätten Gottes Schrecken ihn
Ergriffen, wendet er sich um
Zur Flucht, und Wehr und Waffen von sich werfend
Entschart das ganze Heer sich im Gefilde;
Da hilft kein Machtwort, keines Führers Ruf,
Vor Schrecken sinnlos, ohne rückzuschaun,
Stürzt Mann und Roß sich in des Flusses Bette
Und läßt sich würgen ohne Widerstand -
Ein Schlachten war's, nicht eine Schlacht zu nennen!
Zweitausend Feinde decken das Gefild,
Die nicht gerechnet, die der Fluß verschlang,
Und von den Unsern ward kein Mann vermißt.
(...)
Wer sie [die Jungfrau] sei,
Will sie allein dem König offenbaren.
Sie nennt sich eine Seherin und Gott-
Gesendete Prophetin und verspricht,
Orleans zu retten, eh' der Mond noch wechselt.
Ihr glaubt das Volk und dürstet nach Gefechten.
Sie folgt dem Heer, gleich wird sie selbst hier sein.

In: Friedrich Schiller, Die Jungfrau von Orleans. Philipp Reclam Jun. GmbH & Co, Stuttgart 1966, S. 34 f.

Friedrich Schiller(1759 - 1805):

Die Jungfrau von Orleans

Eine romantische Tragödie in fünf Aufzügen. - EA: Berlin 1801, UA: Leipzig 1801

Schillers Jungfrau von Orleans mag auf den ersten Blick zu weltfremd, heroisch oder gar pathetisch erscheinen. Doch diese überhöhte Zeichnung vergrößert die Diskrepanz zwischen Johannas selbstlosem Auftrag und ihrer individuellen, unpolitischen Liebe und macht die Figur so zu einer spannenden Persönlichkeit.

Das Hirtenmädchen Johanna, das sich als einzige der drei Töchter einer Verheiratung entzieht, hält es für ihren göttlichen Auftrag, das durch England schwer bedrängte Frankreich in den Sieg zu führen, um dann in Reims König Karl zu krönen. Mit ihrem unbeirrbaren Glauben und ihrer Ausstrahlung führt sie die französischen Truppen von Sieg zu Sieg.

Als zwei große Feldherren, betört von ihrer Stärke, vergeblich um ihre Hand anhalten, scheint sie unberührbar für persönliches Glück und mit ganzem Herzen im Kampf für ihr Land. Doch die Begegnung mit dem englischen Feldherrn Lionel entflammt sie und bricht gleichzeitig ihre ungeteilte Kraft.

Vierter Aufzug, erster Auftritt

JOHANNA: Die Waffen ruhn, des Krieges Stürme schweigen,
Auf blut'ge Schlachten folgt Gesang und Tanz;
Durch alle Straßen tönt der muntre Reigen,
Altar und Kirche prangt in Festes Glanz,
Und Pforten bauen sich aus grünen Zweigen,
Und um die Säule windet sich der Kranz;
Das weite Reims faßt nicht die Zahl der Gäste,
Die wallend strömen zu dem Völkerfeste.

Und *einer* Freude Hochgefühl entbrennet,
Und *ein* Gedanke schlägt in jeder Brust;
Was sich noch jüngst in blut'gem Haß getrennet,
Das teilt entzückt die allgemeine Lust;
Wer nur zum Stamm der Franken sich bekennet,
Der ist des Namens stolzer sich bewußt:
Erneuert ist der Glanz der alten Krone,
Und Frankreich huldigt seinem Königssohne.

Doch mich, die all dies Herrliche vollendet,
Mich rührt es nicht, das allgemeine Glück;
Mir ist das Herz verwandelt und gewendet,
Es flieht von dieser Festlichkeit zurück,
Ins brit'sche Lager ist es hingewendet,
Hinüber zu dem Feinde schweift der Blick,

Und aus der Freunde Kreis muß ich mich stehlen,
Die schwere Schuld des Busens zu verhehlen.

Wer? Ich? Ich eines Mannes Bild
In meinem reinen Busen tragen?
Dies Herz, von Himmelsglanz erfüllt,
Darf einer ird'schen Liebe schlagen?
Ich, meines Landes Retterin,
Des höchsten Gottes Kriegerin,
Für meines Landes Feind entbrennen! (...)

Sollt' ich ihn töten? Konnt' ich's, da ich ihm
Ins Auge sah? Ihn töten! Eher hätt' ich
Den Mordstahl auf die eigne Brust gezückt!
Und bin ich strafbar, weil ich menschlich war?
Ist Mitleid Sünde? - Mitleid! Hörtest du
Des Mitleids Stimme und der Menschlichkeit
Auch bei den andern, die dein Schwert geopfert?
Warum verstummte sie, als der Walliser dich,
Der zarte Jüngling, um sein Leben flehte?
Arglistig Herz! Du lügst dem ew'gen Licht,
Dich trieb des Mitleids fromme Stimme nicht!
Warum mußt' ich ihm in die Augen sehn! (...)

Frommer Stab! O hätt' ich nimmer
Mit dem Schwerte dich vertauscht!
Hatt' es nie in deinen Zweigen,
Heil'ge Eiche, mir gerauscht! (...)

Ach, ich sah den Himmel offen
Und der Sel'gen Angesicht!
Doch auf Erden ist mein Hoffen,
Und im Himme! ist es nicht!
Mußtest du ihn auf mich laden,
Diesen furchtbaren Beruf,
Konnt' ich dieses Herz verhärten,
Das der Himmel fühlend schuf? (...)

Kümmert *mich* das Los der Schlachten,
Mich der Zwist der Könige?
Schuldlos trieb' ich meine Lämmer
Auf des stillen Berges Höh.
Doch du rissest mich ins Leben,
In den stolzen Fürstensaal,

Mich der Schuld dahinzugeben,
Ach! es war nicht meine Wahl!

Das Hirtenmädchen scheint verstummt, als ihr Vater auf dem Marktplatz zu Reims ihr den Pakt mit dem Teufel vorwirft. Das Donnern des Himmels wird vom Volk als Bestätigung dieser Anklage gewertet, so daß Johanna fliehen muß und gefangengenommen wird. Sie verwehrt sich eine Befreiung durch Lionel, sprengt aber mit heftigsten Gebeten ihre Ketten, erreicht für das bedrohte Frankreich den Sieg, um in diesem letzten Kampf tödlich verwundet zu werden.

In: Friedrich Schiller: Die Jungfrau von Orleans. Philipp Reclam Jun. GmbH & Co, Stuttgart 1966, S. 86-88.

Rollenportrait Hermine Blend, o. J.

Friedrich Schiller(1759 - 1805):

Don Carlos, Infant von Spanien

Ein dramatisches Gedicht in fünf Akten.
Entst.: 1783-87, EA: Mannheim 1785, UA: Hamburg 1787

Zwei Jahre vor der französischen Revolution formuliert Schiller im "Don Carlos" mit aller Vehemenz die Menschenrechte, doch mit Beendigung des Stückes verschiebt er die Gewichtung zugunsten der ausgleichenden Charaktere und läßt so den Sturm und Drang erstmals hinter sich.
König Philipp der Zweite heiratet die Verlobte seines Sohnes Carlos, Elisabeth von Valois. Obwohl die Angetraute dem Werben durch ihr Stiefkind nicht nachgibt, wird der König durch Gerede bei Hof zu immer größerer Eifersucht veranlaßt. Prinz Carlos vertraut seinen Liebeskummer dem Jugendfreund Marquis de Posa an, der gerade aus Flandern zurückgekehrt ist und nun den Thronfolger dafür entflammt, die Führung des niederländischen Aufstandes gegen die spanische Gewaltherrschaft zu übernehmen. Aus diesem Grund bittet Carlos um eine Unterredung mit seinem Vater.

Zweiter Aufzug, zweiter Auftritt

König Philipp und Carlos.
CARLOS: *geht, sobald der Herzog das Zimmer verlassen hat, auf den König zu und fällt vor ihm nieder, im Ausdruck der höchsten Empfindung.*
Jetzt mein Vater wieder, jetzt wieder mein - und meinen besten Dank für diese Gnade.(...) O mein König! Wieviele Wunden meiner Seele fangen mit dieser Erinnerung zu bluten an! Warum von Ihrem Herzen solange mich verstoßen, Vater? Was hab' ich getan? Unsel'ger Argwohn, ewiger Busenwurm der Könige, der auch die feste Schlinge des heiligen Instinkts zernagt! Ist's möglich? - Schon lange nennt mich die Welt Philipps Sohn - nur er hat's nie erfahren.(...) Das war es? Da hör ich Ihre Höflinge. Mein Vater! Es ist nicht gut, bei Gott! nicht alles gut - nicht alles, was ein Höfling sagt, ist gut. Ich bin nicht schlimm, mein Vater! Heißes Blut ist meine Bosheit, mein Verbrechen Jugend. Schlimm bin ich nicht, wahrlich nicht! Wenn auch oft wilde Wallungen mein Herz verklagen, mein Herz ist gut.(...) Sehr ernst und feierlich ist mir in dieser Stunde zumute! Niemals oder jetzt! Wir sind allein, des Ranges Ketten sind abgefallen, der Etikette bange Scheidewand ist zwischen Sohn und Vater eingesunken - Jetzt oder nie! Ein Sonnenstrahl der Hoffnung glänzt in mir auf, und eine süße Ahndung fliegt durch mein Herz - der ganze Himmel sieht dem großen schönen Auftritte zu - Mein Vater, Versöhnung! - (...)Jetzt oder nie - Versöhnung, Vater! (...) *fleht den König eine Zeitlang mit furchtsamen Blicken an.* Wer ist das? Durch welchen Mißverstand hat dieser Fremdling zu Menschen sich verirrt? Die ewige Beglaubigung der Menschheit sind ja Tränen? Sein Aug' ist trocken! Ihn gebar kein Weib.(...)
O zwingen Sie die nie benetzten Augen noch zeitig, Tränen einzulernen, sonst möchten Sie's in einer harten Stunde noch nachzuholen haben. (...)

Wer sind sie, die mich aus meines Vaters Gunst vertrieben? Was wird ihm Alba für ein kinderlos verscherztes Leben zur Vergütung geben? Was Ihre Alba leisten, das kann auch Karl, und Karl - kann mehr. Was fragt ein Mietling nach dem Wohl des Königreichs, das nie sein eigen sein wird? Was bekümmert's ihn, wenn Philipps graue Haare weiß sich färben? Ihr Carlos hätte Sie geliebt - - Mir graut vor dem Gedanken, Vater, - - einsam und allein, einsam auf einem Thron zu sein.(...) Hassen Sie mich nicht mehr! Ich will Sie kindlich, will Sie feurig lieben, nur hassen Sie mich nicht mehr!(...) Sie selbst, Sie schlossen mich, wie aus dem Vaterherzen, von Ihres Zepters Anteil aus. Bis jetzt, bis diesen Tag - o war das gut, war's billig? - Bis jetzt mußte ich, der Erbprinz Spaniens, in Spanien ein Gefangener sein, Gefangener auf diesem Grund, wo ich einst Herr sein werde! War das gerecht? War's gütig? - O wie oft, mein Vater, sah ich schamrot nieder, wenn die Gesandten fremder Potentaten mir das Neueste von Spanien erzählten. Mit schwerem Herzen scherzt' ich dann: "Der König tut darum nur mit seinem Reich so heimlich, mich einst desto herrlicher am Krönungstage zu überraschen."(...)
Geben Sie mir zu zerstören, Vater! Heftig braust's in meinen Adern! - Achtundzwanzig Jahre - und König Philipps Sohn - und nichts gebaut und nichts zertrümmert unter diesem Monde! - Ich bin erwacht! Ich fühle mich! Alle verlorene Stunden meiner Jugend mahnen mich laut wie Ehrenschulden. Die Zeit ist gekommen, mir des Ruhms glorreiche Schranken aufzutun. - Mein König, darf ich die Bitte auszusprechen wagen, die mich hierher geführt? (...) Die Rebellion wächst drohend an in Flandern; die Sicherheit der Krone fordert schnelle Gegenwehr. Wie es heißt, soll Herzog Alba eine Armee dahin führen, die Rebellen zu bändigen. Mir, mein König, mir übertragen Sie dies Amt! Mich lieben die Niederländer - mit meinem Blut will ich mich für ihre Treue verbürgen.

König Philipp übergibt statt seinem Sohn dem kaltblütigen Alba den Oberbefehl über die spanischen Truppen. Die von Prinz Carlos verschmähte Prinzessin Eboli entdeckt aus Eifersucht dem König die noch immer lebendige Liebe seines Sohnes zur Königin Elisabeth. Der vollkommen vereinsamte Regent findet allein zu dem freigeistigen Marquis de Posa Zutrauen, der das Verhältnis zwischen Carlos und Elisabeth erforschen soll. Der Marquis beweist die Unschuld der Königin und will nun mit allen Mitteln den geheimen Plan durchsetzen, Carlos an die Spitze der spanischen Truppen zu setzen.
Die Erhebung Flanderns durch Carlos zu stärken, bleibt auch erfolglos, als Posa sein eigenes Leben opfert. Herzog von Alba teilt seinem König die Verschwörung mit, worauf dieser seinen Sohn der Inquisition übergibt.

In: Friedrich Schiller, Don Carlos. Klett, Stuttgart 1984, S. 39-43. Auch in: Friedrich Schiller, Werke in drei Bänden. Unter Mitwirkung von Gerhard Fricke hrsg. v. Herbert G. Göpfert. Bd. 1. Carl Hanser Verlag, München 1966

Werner Schwab (1958 - 94):

Die Präsidentinnen

Drei Szenen. - UA: Wien 1990

Die Rentnerinnnen Erna und Grete befinden sich zusammen mit Mariedl, der zunächst irr wirkenden Klofrau, auf engstem Raum in einer Wohnküche. Jede der Frauen entwickelt ihre Taktik, mit den Enttäuschungen und Grausamkeiten der Welt fertig zu werden. Grete konzentriert ihre Aufmerksamkeit auf ihren Dackel Lydi, während Erna sich immer mehr Hoffnungen auf eine Liebe zu dem Fleischer Wottila macht. Mariedl verklärt ihre erniedrigende Tätigkeit - die Reinigung verstopfter Toiletten - zum Akt der Nächstenliebe, verquickt religiöse Floskeln mit Fäkalsprache. Schwab notiert in der Regieanweisung: "Die Sprache, die die Präsidentinnen erzeugen, sind sie selber. Sich selber erzeugen (verdeutlichen) ist Arbeit, darum ist alles an sich Widerstand. Das sollte im Stück als Anstrengung spürbar sein."
Die drei Frauen geraten in einen Tagtraum: Sie malen ein Fest aus, in dem all ihre Wünsche erfüllt werden, allein Mariedl läßt die Erzählung in einen Alptraum umschwenken, worauf sie Erna und Grete ermorden.

2. Szene

MARIEDL: Und die Mariedl darf auf dem Fest hinten bei der Schank mithelfen. Fleißig wischt sie alles sauber, und manchmal darf sie auch einen Gast bedienen. Die Augen der Menschen bewundern die geschickten Hände von der Mariedl, wie sie den Aufwischfetzen bedienen. Und da stürmt ein feiner Herr herein in das Fest und erzählt ganz erschreckt den vergnügten Menschen, daß der Abort verstopft ist, daß alle Aborte verstopft sind, daß die menschliche Jauche schon bis an den Abortrand heraufreicht. (...)
Und die Menschen trinken viel von dem guten Bier und essen das gute Fleisch, und da bekommt ein jeder einen Drang, einen fürchterlichen Drang, weil die Lebensmittel heraus wollen aus dem menschlichen Körper, wenn die Nahrhaftigkeiten herausverdaut sind. Aber was soll man machen, es ist ja alles verstopft, kein einziger Abort ist frei. Außerdem wird die Aufregung immer größer, weil ein Abort schon übergegangen ist. Die Menschen fuchteln mit den Armen und rufen: Wo ist die Mariedl, die macht's auch ohne; holt die Mariedl, weil das Klo muß erst verstopft werden, das der Mariedl widerstehen kann. (...)
Und da ist die Mariedl auch schon entdeckt worden zwischen den Menschen. Die Menschen lassen die Mariedl hoch leben. Hoch, hoch, hoch, rufen die Menschen und tragen die Mariedl auf den Schultern hinaus auf den Abort. Da wartet schon der Herr Pfarrer und lächelt auch so spitzbübisch, der hat nämlich ein frisches Paar rosarote Gummihandschuhe in der Hand und baumelt damit herum vor dem Gesicht von der Mariedl. Aber die Mariedl schüttelt nur den Kopf. Da lachen die Menschen, weil sie schon gewußt haben, daß die Mariedl den Kopf schütteln wird. Und alle Menschen machen jetzt den Platz frei, weil die Mariedl an die Arbeit schreiten will. Da zieht die Mariedl auch schon ihre grüne Weste aus und krempelt sich die Ärmel hoch von ihrer rosaroten Bluse. (...)

Jetzt ist die Mariedl schon mitten in der Arbeit, aber sie hat noch nichts gefunden. Das ist nämlich ganz tief unten, was die so bedrückt, und die Menschen haben auch so einen festen Stuhl hineingemacht, einer nach dem anderen kommt zum Vorschein. Da spürt die Mariedl etwas, das gleich noch fester ist als ein Stuhl. Hart und glatt ist es und irgendwie rund. Jetzt kriegt sie es in die Finger, und da ist es eine Konservendose, und noch dazu eine Dose, die noch gar nicht aufgemacht ist. Und da klatschen die Menschen, wie die Mariedl die Dose in die Höhe hält und das Klo durchrauscht. Und da sagt der Herr Pfarrer, daß die Dose jetzt der Mariedl gehört, und wirft ihr einen Dosenöffner zu. Sie soll doch hineinschaun, was da gutes drinnen ist. Schnell wird der Stuhl von der Dose weggewischt und die Dose geschickt aufgemacht. Und da ist es ein Gulasch, wie die Dose offen ist, und wie das schon gut riecht. Daß es ein ungarisches Gulasch ist, sagt der Herr Pfarrer, ein würziges, und da wirft er der Mariedl eine Gabel zu und eine Semmel. (...)

Das hat die Mariedl ja auch wirklich noch nie erlebt, daß man eine Kloverstopfung aufessen kann. Die Menschen stehen im Kreise um die Mariedl herum, halt ein paar Meter weg, versteht sich ja, weil die sind ja alle so empfindsam wegen dem Abortgeruch. Aber sie vergönnen der Mariedl das schmackhafte Gulasch, das kann man genau sehn, weil die Menschen alle so lächeln. Und jetzt, wo das Gulasch ein Ende hat, da rufen sie ihr zu: hopp hopp hopp hopp. Alle zugleich tun sie die Mariedl anfeuern für den nächsten Abort. Und da lacht der Herr Pfarrer schon wieder so spitzbübisch und wedelt mit den Gummihandschuhen. Da rufen dann die lustigen Menschen gemeinsam im Chor: Die Mariedl machts auch ohne, die Mariedl machts auch ohne ...Und schon langt die Mariedl kräftig hinunter, die kann was schaffen, die Mariedl. Das aufgeweichte Klopapier hat sie schon heraufgefischt und den dünneren Stuhl auch, da spürt sie schon wieder etwas Hartes ... wie ein Glas ist das, denkt sie sich, und schwupp, da ist es schon am Tageslicht. In der Muschel rauscht es wieder durch, daß es eine Freude ist, und was hat die Mariedl in der Hand? Eine Bierflasche, eine ganze Flasche Bier und auch noch ungeöffnet. Aber das paßt ja so gut zum Gulasch dazu, danke Hochwürden, sagt sie, weil sie weiß ja ganz genau, daß der Herr Pfarrer der Mariedl eine Freude hat bereiten wollen, und da hat er wie ein Osterhase die Überraschung im Abort versteckt, eine Flasche gutes steirisches Bier. Da bin ich ja schon so neugierig, was in der dritten Muschel verborgen liegt. (...)

Aber das, das weiß nicht einmal der Herr Pfarrgemeinderat Wottila, was für eine Überraschung im dritten Abort versteckt ist. Das wissen nämlich nur der Herrgott und der Herr Pfarrer und die Engel vielleicht, naja, die Mutter Maria natürlich sowieso. Also beim dritten Abort wartet schon ein riesiger Haufen Menschen, und diese Menschen, die johlen auch am stärksten, wie die starke Mariedl den ganzen Arm hineinsteckt in die Muschel bis zu den Achselhaaren. (...)

Da spürt sie so ein komisches Ding und zieht es hervor, und da ist es ein Packerl, eingewickelt in ein Nylonsackerl, damit sich das Geschenkpapier nicht ansaugt mit dem Stuhlwasser. Und jetzt klatschen die Menschen und singen: hoch soll sie leben, hoch soll sie leben, dreimal hoch. Und die Menschen freuen sich, daß die Mariedl so eine große Freude hat. Und der Herr Pfarrer sagt, daß das Packerl eine

Anerkennung ist für den Arbeitseifer von der Mariedl. Schnell ist das Packerl aufgemacht. Und was ist drinnen? Ein französisches Parfüm, ein echtes, damit sie gut riechen kann, die Mariedl. (...)
Und die Mariedl macht das Flascherl auf und nimmt gleich einen Schluck Parfüm ...
(...) *ist irritiert, kratzt sich überall:* Die Menschen haben den Abort wieder verlassen. Alle sind hinausgegangen. Niemand ist zurückgeblieben, nur die Mariedl. Da steht jetzt die Mariedl mit ihrem ausgesoffenen Parfümflascherl und duftet innerlich wie alle feinen Damen der Welt zusammen. Außen ist sie aber noch ganz voller Menschenscheiße, und das macht sie ein wenig traurig. Meine Seele ist meine Schönheit, denkt sie sich, aber leider ist meine Seele so furchtbar innerlich. Die Seele brütet das ewige Leben aus, aber den Körper muß man ein ganzes Leben lang herzeigen. Mit der ungarischen Gulaschkonservendose hat sich die Mariedl auch noch geschnitten. Und das Bier ist auch weg, auch ausgesoffen, und schlecht ist es der Mariedl, furchtbar. Ein ungarisches Gulasch und ein französisches Parfüm vertragen sich halt schlecht im Körper. Am Abort kann man sehr einsam sein, wenn man allein ist und keine große oder kleine Not spürt. (...)
Und wie steht die Mariedl da?
Gewonnen für alles steht sie da, mit strahlendem Unterleib. Und der Stuhl der Menschen auf ihrem Körper verwandelt sich in einen Goldstaub. (...)
Und dann schwebt die schöne Mariedl (...)
Die Mariedl kennt jetzt keine Fußschmerzen mehr, das tut ihr gut, das Schweben, da werden ihre Füße auch kleiner und das Leben größer und größer. Sogar der Herr Pfarrer ist nur mehr so groß wie eine Schmeißfliege, so weit weg ist er. Hoch und höher schwebt sie, die Mariedl. Da unten ist Lourdes, so groß wie eine Zündholzschachtel. Und da fliegt ja die Jungfrau Maria, die schon wieder jemandem erscheinen muß ... nicht größer als eine Wanze. Gütig schaut sie drein, das arme Hascherl.
Entschlossen und sehr sachlich treten Erna und Grete an Mariedl heran. Sorgfältig schneiden sie ihr den ganzen Hals durch.

In: Spectaculum 60. Suhrkamp, Frankfurt/Main 1995, S.228 ff.
© Literaturverlag Droschl, Graz 1990

William Shakespeare (1564 - 1616):

Romeo und Julia

Tragödie in fünf Akten. Übers. v. A. W. v. Schlegel - UA: London um 1595, EA: 1597

Die Liebesgeschichte zwischen den berühmten Jugendlichen aus den verfeindeten Familien bahnt sich so zufällig wie gewöhnlich an: Romeo wird irrtümlich zum Maskenfest der Capulets eingeladen und vergißt beim ersten Anblick der Tochter des Hausherrn seine Angebetete Rosalind. In flüchtiger Begegnung kommt es mit Julia zum Kuß. Noch in selbiger Nacht spricht Julia - sich auf ihrem Balkon allein wähnend - ihre Glücksgefühle aus, während Romeo, versteckt durch die Dunkelheit, sich erst später zu erkennen gibt. Erst das Umwerfende der Liebe läßt die beiden jungen Menschen genial und kühn werden und enthebt sie aller Sippen- und Anstandsgrenzen.

2. Akt, 2. Szene

JULIA: O Romeo! warum denn Romeo?
Verleugne deinen Vater, deinen Namen!
Willst du das nicht, schwör' dich zu meinem Liebsten,
Und ich bin länger keine Capulet! (...)
Dein Nam' ist nur mein Feind. Du bliebst du selbst,
Und wärst du auch kein Montague. Was ist
Denn Montague? Es ist nicht Hand, nicht Fuß,
Nicht Arm noch Antlitz, noch ein andrer Teil,
Der Menschen eigen. Oh, so heiße anders! -
Was ist ein Name? Was uns Rose heißt,
Wie es auch hieße, würde lieblich duften;
So Romeo, wenn er auch anders hieße,
Er würde doch den köstlichen Gehalt
Bewahren, welcher sein ist ohne Titel.
O Romeo, leg' deinen Namen ab,
Und für den Namen, der dein Selbst nicht ist,
Nimm meines ganz! (...)
Wer bist du, der du, von der Nacht beschirmt,
Dich drängst in meines Herzens Rat? (...)
Mein Ohr trank keine hundert Worte noch
Von deinen Lippen; doch es kennt den Ton.
Bist du nicht Romeo, ein Montague? (...)
Wie kamst du her? o sag mir, und warum?
Die Gartenmau'r ist hoch, schwer zu erklimmen;
Die Stätt' ist Tod, bedenk' nur, wer du bist,
Wenn einer meiner Vettern dich hier findet. (...)
Du weißt, die Nacht verschleiert mein Gesicht,
Sonst färbte Mädchenröte meine Wangen

Um das, was du vorhin mich sagen hörtest.
Gern hielt' ich streng auf Sitte, möchte gern
Verleugnen, was ich sprach: doch weg mit Förmlichkeit!
Sag, liebst du mich? Ich weiß, du wirst's bejahn,
Und will dem Worte traun; doch wenn du schwörst,
So kannst du treulos werden; wie sie sagen,
Lacht Jupiter des Meineids der Verliebten.
O holder Romeo! wenn du mich liebst:
Sag's ohne Falsch! Doch dächtest du, ich sei
Zu schnell besiegt, so will ich finster blicken,
Will widerspenstig sein, und Nein dir sagen,
So du dann werben willst: sonst nicht um alles!
Gewiß, mein Montague, ich bin zu herzlich;
Du könntest denken, ich sei leichten Sinns.
Doch glaube, Mann, ich werde treuer sein
Als sie, die fremd zu tun geschickter sind.
Auch ich, bekenn' ich, hätte fremd getan,
Wär ich von dir, eh' ich's gewahrte, nicht
Belauscht in Liebesklagen. Drum vergib!
Schilt diese Hingebung nicht Flatterliebe,
Die so die stille Nacht verraten hat! (...)
O schwöre nicht beim Mond, dem wandelbaren,
Der immerfort in seiner Scheibe wechselt,
Damit nicht wandelbar dein Lieben sei!
(...) Laß es ganz!
Doch willst du, schwör' bei deinem edlen Selbst,
Dem Götterbilde meiner Anbetung:
So will ich glauben. (...)
Gut, schwöre nicht: Obwohl ich dein mich freue,
Freu' ich mich nicht des Bundes dieser Nacht.
Er ist zu rasch, zu unbedacht, zu plötzlich;
Gleicht allzusehr dem Blitz, der nicht mehr ist,
Noch eh' man sagen kann: es blitzt. - Schlaf' süß!
Des Sommers warmer Hauch kann diese Knospe
Der Liebe wohl zur schönen Blum' entfalten,
Bis wir das nächste Mal uns wiedersehn.

Schon am folgenden Tag heiraten die beiden heimlich und verbringen - durch Julias Amme gedeckt - auch ihre Hochzeitsnacht gemeinsam. Doch Romeo erschlägt im Handgemenge den Neffen der Gräfin Capulet und wird aus Verona verbannt, während Julia den ungeliebten Paris heiraten soll. Um der Hochzeit zu entgehen und mit Romeo zu fliehen, nimmt sie ein Gift, das sie in einen todesähnlichen Schlaf versetzt. Julia wird in Trauer in der Familiengruft aufgebahrt, doch Romeo erreicht nicht die ihm zugedachte Nachricht über das baldige Erwachen seiner Geliebten. So ersticht Romeo in der Gruft zunächst Paris und vergiftet schließlich sich selbst. Als Julia erwacht, folgt sie ihrem Geliebten in den Tod. Über den Leichen der Kinder endet die jahrelange Feindschaft der Väter.

In: Shakespeares Werke. Englisch und deutsch. Hrsg. v. Prof. Dr. L. L. Schücking. 3. Band, S. 208-210 (Die Tempelklassiker). Emil Vollmer Verlag, Wiesbaden o. J.

Prinz-Regenten-Theater

München, Freitag den 1. Februar 1929

Romeo und Julia

Trauerspiel von Shakespeare
(20 Bilder)
Übersetzung von August Wilhelm von Schlegel
Inszenierung: Karl Hans Böhm
Bühnenbild: Emil Preetorius

Escalus, Prinz von Verona	Walter Pittichau
Graf Paris, Verwandter des Prinzen	Hans Schlenck
Montague } Häupter zweier Häuser	Georg Butscher
Capulet } welche in Zwist miteinander sind	Franz Jacobi
Romeo, Montagues Sohn	Albert Fischel
Mercutio, Verwandter des Prinzen und Romeos Freund	Ernst Martens
Benvolio, Montagues Neffe und Romeos Freund	Walter Holten
Tybalt, Neffe der Gräfin Capulet	Hellmuth Renar
Bruder Lorenzo, Franziskanermönch	Eugen Gura
Abraham, Bedienter Montagues	Georg Koch
Balthasar, Romeos Diener	Josef Rieder
Simson } Bediente Capulets	Ernst Trautsch
Gregorio }	Hermann Pöschko
Peter } Bediente Capulets	Kaspar Sedelmeier
Anton }	Ernst Barthels
Ein Page des Paris	Rudolf Schumann
Ein Page des Mercutio	Willy Landgraf
Ein Apotheker	Alois Wohlmuth
Erster } Bürger	Otto König
Zweiter }	Paul Hirrlinger
Erster } Wächter	Otto Stegherr
Zweiter }	Willy Meyer-Fürst
Gräfin Montague	Klara Boeck
Gräfin Capulet	Emma Berndl
Julia, Capulets Tochter	Midi Scheinpflug
Juliens Amme	Marie Wimplinger
Prolog	Willy Meyer-Fürst

Bürger von Verona, Herren und Damen als Capulets Gäste, verschiedene männliche und weibliche Verwandte beider Häuser, mehrere Bediente Capulets, Masken, Fackelträger, Wächter und prinzliches Gefolge
Die Szene ist den größten Teil des Stücks hindurch in Verona; nur im 19. Bild in Mantua

Gestaltung des Bühnenbildes und der Beleuchtung: Albert Rall

Musik und musikalische Leitung: Robert Tants

Die Dekorationen wurden unter Leitung von Friedrich Koburger, die Kostüme unter Leitung von August Mück in den Werkstätten der bayerischen Staatstheater hergestellt

Nach dem 10. Bilde findet eine längere Pause statt

Anfang **7½** Uhr   Abendkasse ab 6¾ Uhr   Ende nach **10½** Uhr

Zuspätkommende können erst nach dem 5. Bild in den Zuschauerraum eingelassen werden

Preise der Plätze: Orchestersitz ℛℳ 5.50 / Türe A, B, C und Logen-Vorderplatz ℛℳ 4.— /
Türe D, E, F und Logen-Rückplatz ℛℳ 2.50.

Verkauf der Eintrittskarten für die Staatstheater
Tageskasse der Staatstheater (Max Josephsplatz, zwischen Nationaltheater und Residenz) vormittags 9—1 und nachmittags 4—5 Uhr, Abendkassen in den Vorhallen.
Weitere Verkaufsstellen:
Amtl. Bayer. Reisebüro, Promenadeplatz 16 (Tel. 92701), ½9—1 und 3—¼ bezw. 6, Sonntags 9—½12 Uhr.
Kiosk am Lenbachplatz (Tel. 92625), 9—1 und 3—4 bezw. ½6, Sonntags 9—1 Uhr.
W. & S. Seyfferth, Amalienstr. 31 (Tel. 22804), 8—½1 und 2—½4 bezw. ½7, Sonntags 9—½12 Uhr.
Reisebüro Wild & Co., Neuhauserstraße 47 (Tel. 90297), ½9—1/¼ bezw. ½7, Sonntags 9—½12 Uhr.

Spielplan des Prinz-Regenten-Theaters.

Samstag, 2. Februar. Zum ersten Mal: Feurio! Lustspiel von Bernhard Blume. Anfang 7½, Ende nach 10 Uhr.
Sitzplätze ℛℳ 5.50 / 4.— / 2.50.
Sonntag, 3. Februar. Feurio! Anfang 7½, Ende nach 10 Uhr. Sitzplätze ℛℳ 5.50 / 4.— / 2.50.
Montag, 4. Februar. - Geschlossen.
Dienstag, 5. Februar. So sind wir. (Life is real.) Anfang 7½, Ende 10 Uhr. Sitzplätze ℛℳ 5.50 / 4.— / 2.50.

Theaterzettel ℛℳ 0.20. Textbuch zu ℛℳ 0.40 an der Kasse, zu ℛℳ 0.50 bei den Einlaßdienern zu haben.

William Shakespeare (ca. 1564 - 1616):
Was ihr wollt
Komödie in fünf Akten. Übers. v. A. W. v. Schlegel. - UA: London ca. 1600

Shakespeare setzt in dieser Komödie den liebeskranken und -verwirrten Figuren der Haupthandlung - Viola (verkleidet als Diener Cesario), ihrem Herrn und Herzog Orsino und der reichen Gräfin Olivia - eine burleske Nebenhandlung gegenüber, die dieses Drama in der Spannung zwischen Größe und Nichtigkeit hält. Während Orsino bei Hofe sich in seiner Liebessehnsucht badet, die angebetete Olivia für den Liebesboten Cesario entflammt und der Diener, alias Viola, die Nachrichten ihres Herrn nur mit Widerwillen überbringt, weil sie den Herzog in ihr Herz geschlossen hat, werden diese Gefühlsturbulenzen in den Volks-szenen beinah persifliert. Mit dem puritanischen und hochnäsigen Hausverwalter Malvolio machen sich die permanent betrunkenen Junker Tobias von Rülp und Christoph von Bleichenwang zusammen mit der Hofdame Maria und dem Narren einen Spaß: Sie legen ihm einen Brief auf seinen Weg, den seine Eitelkeit und seine Sehnsucht nach sozialem Aufstieg bereitwillig als eine an ihn gerichtete Liebeserklärung der Gräfin Olivia erscheinen läßt.

II. Akt, 5. Szene

MALVOLIO: Was gibt's hier zu tun? *Er nimmt den Brief auf.* (...) So wahr ich lebe, das ist meines Fräuleins Hand. Dies sind grade ihre C's, ihre U's und ihre T's, und so macht sie ihre großen P's. Es ist ohne alle Frage ihre Hand. (...) "Dem unbekannten Geliebten dies und meine freundlichen Wünsche." - Das ist ganz ihr Stil. - Mit deiner Erlaubnis, Siegellack! - Sacht! und das Petschaft ist ihre Lukrezia, womit sie zu siegeln pflegt: es ist das Fräulein! An wen mag es sein? (...)
"Den Göttern ist's kund,
Ich liebe: Doch wen?
Verschleuß dich, o Mund!
Nie darf ich's gestehn."
"Nie darf ich's gestehn." - Was folgt weiter? Das Silbenmaß verändert? "Nie darf ich's gestehn." Wenn *du* das wärst, Malvolio? (...)
"Ich kann gebieten, wo ich liebe;
Doch Schweigen, wie Lukrezias Stahl,
Durchbohrt mein Herz voll zarter Triebe.
M.O.A.I. ist meine Wahl." (...)
"M.O.A.I. ist meine Wahl." Zuerst aber - laß sehn - laß sehn - laß sehn. (...)
"Ich kann gebieten, wo ich liebe." Nun ja, sie kann über mich gebieten; ich diene ihr, sie ist meine Herrschaft. Nun, das leuchtet jedem notdürftig gesunden Menschenverstand ein. - Dies macht gar keine Schwierigkeit; und der Schluß? Was mag wohl diese Anordnung von Buchstaben bedeuten? Wenn ich machen könnte, daß dies auf die eine oder andre Art an mir zuträfe! - Sacht! M.O.A.I. (...) M.- Malvolio - M - nun, damit fängt mein Name an. (...) M. - Aber dann ist keine Übereinstimmung in dem Folgenden; es erträgt die nähere Beleuchtung nicht: A sollte folgen, aber O folgt. (...) Und dann kommt I hinterdrein.(...)

M.O.A.I. - Diese Anspielung ist nicht so klar wie die vorige. Und doch, wenn man es ein wenig handhaben wollte, so würde sich's nach mir bequemen: denn jeder von diesen Buchstaben ist in meinem Namen. Seht, hier folgt Prosa. - "Wenn dies in deine Hände fällt, erwäge. Mein Gestirn erhebt mich über dich; aber sei nicht bange vor der Hoheit. Einige werden hoch geboren, einige erwerben Hoheit, und einigen wird sie zugeworfen. Dein Schicksal tut dir die Hand auf; ergreife es mit Leib und Seele! Und um dich an das zu gewöhnen, was du Hoffnung hast zu werden, wirf deine demütige Hülle ab und erscheine verwandelt! Sei widerwärtig gegen einen Verwandten, mürrisch mit den Bedienten; laß Staatsgespräche von deinen Lippen schallen; lege dich auf ein Sonderlings-Betragen. Das rät dir die, so für dich seufzt. Erinnre dich, wer deine gelben Strümpfe lobte und dich beständig mit kreuzweise gebundenen Kniegürteln zu sehen wünschte: ich sage, erinnre dich! Nur zu! Dein Glück ist gemacht, wo du es wünschest. Wo nicht, so bleib' nur immer ein Hausverwalter, der Gefährte von Lakaien und nicht wert, Fortunas Hand zu berühren. Leb wohl! Sie, welche die Dienstbarkeit mit dir tauschen möchte, die Glücklich-Unglückselige."

Das Sonnenlicht ist nicht klarer! Es ist offenbar. Ich will stolz sein; ich will politische Bücher lesen; ich will Junker Tobias ablaufen lassen; ich will mich von gemeiner Bekanntschaft säubern; ich will aufs Haar der rechte Mann sein. Ich habe mich jetzt nicht selbst zum besten, daß ich mich etwa von der Einbildung übermannen ließe. Sie lobte neulich meine gelben Strümpfe, sie rühmte meine Kniegürtel; und hier gibt sie sich meiner Liebe kund, und nötigt mich durch eine Art von Befehl zu diesen Trachten nach ihrem Geschmack. Ich danke meinen Sternen, ich bin glücklich. Ich will fremd tun, stolz sein, gelbe Strümpfe tragen und die Kniegürtel kreuzweise binden, so schnell sie sich nur anlegen lassen. Die Götter und meine Sterne seien gepriesen! - Hier ist noch eine Nachschrift: "Du kannst nicht umhin, mich zu erraten. Wenn du meine Liebe begünstigst, so laß es in deinem Lächeln sichtbar werden. Dein Lächeln steht dir wohl, darum lächle stets in meiner Gegenwart, ich bitte dich." - Götter, ich danke euch! Ich will lächeln, ich will alles tun, was du verlangst. *Ab.*

Malvolio hat sich in seiner Verblendung bereits über seinen Stand erhoben und wird sich von dieser Schwebe zwischen oberer und unterer Gesellschaftsschicht nicht mehr erholen. Sein merkwürdiges Verhalten in Folge des Briefes zwingt die Gräfin dazu, ihren Hausverwalter als toll einzusperren. Das Ende scheint harmonisch: der verschollen geglaubte Zwillingsbruder Violas heiratet die Gräfin, Orsino nimmt seinen wieder zu Viola verwandelten Diener zur Frau, und auch Junker Tobias tritt in die Ehe mit Maria ein. Allein Malvolio stört den vollkommenen Schluß: Er sinnt auf Rache.

In: Shakespeares Werke. Englisch und deutsch. Hrsg. v. Prof. Dr. L. L. Schücking. 7. Band, S. 35-37 (Die Tempelklassiker). Emil Vollmer Verlag, Wiesbaden o. J.

William Shakespeare (ca.1564 - 1616):
Das Wintermärchen
Komödie in 5 Akten. - Entst. u. UA: 1611
Fassung der Bremer Shakespeare Company 1987. Übers. u. Bearb.: Chris Alexander

Der krankhaft eifersüchtige Leontes, König von Sizilien, verdächtigt fälschlich seine Frau Hermione, mit ihrem gemeinsamen Freund und Gast Polixenes, dem König von Böhmen, ein Verhältnis zu haben, aus dem auch die Tochter Perdita entsprungen sei. Den kleinen Sohn nimmt man der Königin weg, die neugeborene Perdita will Leontes in der Wildnis aussetzen lassen. In der folgenden zweiten Szene des dritten Akts verteidigt sich Hermione vor dem Richter gegen die ungerechten Anschuldigungen ihres Mannes.

HERMIONE:
Da alles, was ich sagen kann, sein muß,
Was dieser Klage widerspricht, und auch
Für meine Sache keiner Zeugnis gibt
Als ich allein, nützt es mir wohl kaum
Zu sagen: Unschuldig. Mein Fürst, Ihr wißt am besten,
So wenig Ihr's auch zeigt, mein früh'res Leben
War so beständig, tugendhaft und treu,
Wie ich jetzt elend bin, und das ist mehr,
Als man erzählen kann, auch wenn erdacht
Als Schauspiel für ein Publikum. Seht mich,
Inhaberin der Hälfte dieses Throns,
Die einz'ge Tochter eines großen Königs,
Die Mutter eines edlen Erben steht vor Euch,
Muß um ihr Leben, ihre Ehre schwatzen
Für jeden, der es hören will. Mein Leben,
Es drückt mich wie mein Leid, gern miss ich beides.
Jedoch die Ehre vererb ich meinen Kindern,
Drum steh ich für sie ein.
Wenn ich um Haaresbreite ehrlos war
Im Handeln oder Wollen, mögen sich
Die Herzen aller, die mich hör'n, verhärten
Und spucken soll'n die Meinen auf mein Grab!
[Der Richter wird von Leontes rausgeschmissen, Hermione muß sich erneut Untreue vorwerfen lassen.]

HERMIONE:
Spart Eure Drohungen. Das Ungeheuer
Mit dem Ihr mich erschrecken wollt, das such ich.
Die Krone meines Lebens, Eure Liebe,
Geb ich verloren, fühl, sie ist dahin,
Doch wie, das weiß ich nicht. Mein zweites Glück,

Mein Erstgeborener, von ihm bin ich
Verbannt, als hätte ich die Pest. Mein dritter Trost,
Kind böser Sterne, wurd von meiner Brust
Verschleppt zum Mord. Ich selbst an jeder Ecke
Als Dirne proklamiert. So sagt mir denn mein Fürst,
Was hat mein Leben Schönes noch zu bieten,
Daß ich das Sterben fürchten sollt? Fahrt also fort.
Doch hört noch dies: Verdammt man mich
Bloß auf Verdacht, da jedes Zeugnis schläft,
Das Eure Eifersucht nicht weckt, so sag ich Euch:
Das ist nur Willkür und kein Recht! Ihr Edlen,
Ich unterwerf mich dem Orakel,
Apollo sei mein Richter!

Obwohl das aus Delphi beorderte Orakel Hermiones Keuschheit bestätigt, läßt sich ihr Mann nicht beirren. Hermione sinkt wie tot zu Boden. Zur Bildsäule erstarrt, überlebt sie die 16 Jahre des Winters in Leontes' Land, bis sie zum märchenhaften Schluß, als ihr Mann erkennt, daß er sie falsch verdächtigt hat, wieder zum Leben erwacht.

In: William Shakespeare, Das Wintermärchen. Bremer Fassung, S. 34-36
© S. Fischer Verlag GmbH, Frankfurt am Main

William Shakespeare (ca.1564 - 1616):
Das Wintermärchen
Komödie in 5 Akten. - UA: London 1611
Fassung der Bremer Shakespeare Company 1987. Übers. u. Bearb.: Chris Alexander

Der krankhaft eifersüchtige Leontes, König von Sizilien, verdächtigt fälschlich seine Frau Hermione, mit ihrem gemeinsamen Freund und Gast Polixenes, dem König von Böhmen, ein Verhältnis zu haben, aus dem auch die Tochter Perdita entsprungen sei. Den kleinen Sohn nimmt man der Königin weg, die neugeborene Perdita will Leontes in der Wildnis aussetzen lassen. Doch sie wird in Böhmen von einem alten Schäfer, der seine beiden verirrten Schafe (Hamlet und William) vor dem herannahenden Unwetter zusammensucht, entdeckt und so gerettet. Seine im ersten Teil benutzte Sprache hat ihren besonderen Reiz darin, daß sie eine Phantasiesprache ist, die aber immer wieder durchblitzen läßt, worum es geht oder gehen könnte. Diese Szene ist eigens für die Bremer Fassung von Chris Alexander geschrieben.

ALTER SCHÄFER:
Hamlet! William! Bö-hö! Hamlet! Böh! Krumquatzi Beisteren! Dölle konosso pen hele Platanen olle Klipistenchötte Falaisen, män nixisten Beisteren. William! Hamlet! Ou ou ou, chottochottochott! ... Dä violenten Gedräu, Diosten in Pentagoneisten verückültürküttet, duchassen Blitzenen balla Rumpeldipumpsten. Achnoa vonotten, oi oi oi. Aha! William!! Nächa!!! Käkäkäk, Schlingeling, brutta grasse Krödderer verschnibulitzen, fattige chötte Efeu knabaten, di papa rufft: di russ die fix, ha! Nixisten! Dinix-di-böh, effeffeff. Autschh! Düdül Pieksabeisteren. Ürg, hutta blöddelige Geschmier. Tachädo Atarose ille Knochofosten. William! Hamlet! Jo! Hamlet? Krölikrölikrö! Ps ps kroti kroti grützi grützi popölöpöpö die kutti die Papa. Irrispülönken werst? Dlab, chöt. Oh du minniglich Schnuckel beist! Debödde Böh! Veritapel Luchnow! Dä nix di Böh! Dudül Röschti! Pankraziger Grützelpocker, schmieriger Laffel! Strunk! Ponoffelig Strunk! Nockerte Strunkenen, hutta stinkichte Strunke! Hele vernickelte ... (...)
... Diese jungen Leute tun nichts, als alte Leute ärgern, jungen Mädchen Kinder machen, klauen und prügeln! William! Hamlet! Wer sonst, außer diesen Hitzköpfen zwischen neunzehn und zweiundzwanzig, würde bei so einem Wetter jagen? Die haben zwei von meinen besten Schafen weggescheucht: William, William! und Hamlet, Hamlet! und ich fürchte, der Wolf wird sie eher finden als der Schäfer ... Das ist so ein Stinkepaket. Das ist ein Bäh. Äh ... ein Lulu. Ja, was machst du denn hier so mutterseelenallein bei so einem Wetter! Wem gehört das? Aha, ein Fehltritt. Die hatten's wärmer, die es machten, als du armes Ding hier. Lulu, ich bin jetzt der Papa, hä? Ich nehm dich mit, aus Mitleid. Wir warten noch auf meinen Sohn. Da hat er eben gerade gehallo-t.

In: William Shakespeare, Das Wintermärchen. Bremer Fassung, S. 40 f.
© S. Fischer Verlag GmbH, Frankfurt am Main

William Shakespeare (ca. 1564 - 1616):

Zwei Herren aus Verona

Komödie in fünf Akten. Übersetzung: Erich Fried - Entst. 1590-94, UA: London ca. 1623

Diese sehr frühe Komödie Shakespeares wird oft wegen ihrer unlogischen Handlungsführung kritisiert und lediglich als Vorbereitung auf seine großen Verwechslungsdramen "Was ihr wollt" oder "Wie es euch gefällt" gesehen, wenn auch einzelne Szenen, wie die der Diener Flink und Lanz, geschätzt werden.
Valentine geht von Verona aus an den Hof Mailands, während sein Freund Proteus ihm nur ungern folgt, denn er muß seine Geliebte Julia in der Heimat zurücklassen. Lanz, der Diener Proteus und sein Hund sind somit ebenfalls genötigt, ihre Liebsten zu verlassen. Proteus bricht in der Ferne seinen Treueschwur gegenüber Julia, denn er verliebt sich am mailändischen Hof in Silvia, die Tochter des Herzogs.

Zweiter Akt, dritte Szene

LANZ: Nein, unter einer Stunde kann ich nicht aufhören zu weinen. Diesen Fehler hat das ganze Geschlecht der Lanze: Ich hab mein Erbteil erhalten wie der verschwendete Sohn, und ich geh mit Herrn Proteus in den kaiserlichen Hof verloren. Ich glaube, der Holzapfel, mein Hund, das muß der sauertöpfischeste Hund sein, den es gibt: Meine Mutter weint, mein Vater jammert, meine Schwester schreit, unsere Magd heult, unsere Katze ringt ihre Hände und unser ganzes Haus ist zutiefst getroffen, aber dieser hartherzige Köter hat nicht eine einzige Träne vergossen: Er ist ein Stein, ein richtiger Kieselstein, und hat nicht mehr Erbarmen im Leib als ein Hund. Ein Jud hätt geweint, wenn er unseren Abschied gesehen hätt; ja sogar meine Großmutter, die gar keine Augen hat, seht ihr, die hat sich blindgeweint, als ich Abschied nahm. Nein, ich zeigs euch, wies war: Dieser Schuh da ist mein Vater. Nein, nein: dieser *linke* Schuh ist mein Vater: Nein, das kann auch nicht sein. Ja, doch! meiner Seel, so ists: das ist der mit der schlechteren Seele - was sag ich: Sohle. Der Schuh da mit dem Loch, das ist meine Mutter: Und dieser da, das ist mein Vater, hol ihn der Teufel, das ist er. Nun, mein Herr, dieser Stock da ist meine Schwester; denn, seht ihr, die ist so weiß wie eine Lilie und so schmal wie ein Stecken. Dieser Hut da ist Nan, unsere Magd. Ich bin der Hund; nein, der Hund ist er selber, und *ich* bin der Hund: Nein, halt: der Hund, das bin ich, und *ich* bin ich selber. Jawohl; also gut, nun komme ich zu meinem Vater: "Vater, Euren Segen!" Nun soll dieser Schuh vor lauter Weinen kein Wort sagen können: Da küß ich also jetzt meinen Vater. Schön, er weint weiter. Nun komm ich zu meiner Mutter. O, daß sie doch sprechen könnte wie ein Holzkopf von Frau! Gut, ich küß auch sie: Da habt ihr meine Mutter, wie sie geschnürt und geschnallt ist. Nun komm ich zu meiner Schwester: Horcht, wie sie ächzt! Aber der Hund, der vergißt die ganze Zeit über keine Träne und spricht kein Wort: Aber seht nur, wie ich den Staub sprenkle mit meinen Tränen. (...)

Vierter Akt, vierte Szene, *Lanz tritt mit seinem Hund auf.*

LANZ: Wenn einer einen Diener hat, und der benimmt sich zu ihm wie ein Köter - seht ihr - das ist bitter: Einer, den ich aufgezogen hab, wie er noch ein junger Hund war; den ich vorm Ersaufen gerettet hab, als drei oder vier von seinen blinden Schwestern und Brüdern dran glauben mußten. Ich hab ihn abgerichtet, ganz wie man sagt "Dazu könnt ich einen Hund abrichten". Ich bin geschickt worden, ihn dem Fräulein Silvia zu geben, als ein Geschenk von meinem Herrn. Und kaum komm ich in den Speisesaal, so läuft er mir zu ihrem Teller und stiehlt ihre Kapaunenkeule. Ach, das ist bös, wenn so ein Köter sich nicht in jeder Gesellschaft zu benehmen weiß! Ich wollte, daß einer, ders auf sich nimmt, - könnt man sagen - ein Hund zu sein, dann sozusagen auch wirklich in allem ein Hund ist. Wenn ich nicht mehr Verstand gehabt hätt als er, - nämlich das, was *er* angestellt hat, auf *mich* zu nehmen, - wirklich, ich glaube, er wär dafür gehängt worden. So wahr ich leb, er hätt dafür büßen müssen. Urteilt nur selber: Er drängt sich mir in die Gesellschaft von drei oder vier richtigen Edelleuten von Hunden, unter des Herzogs Tafel; und kaum ist er, mit Respekt zu sagen, einen Piss lang dort unten, so riecht ihn schon der ganze Saal. "Hinaus mit dem Hund", sagt der Eine. "Was ist das für ein Köter", sagt ein Zweiter. "Peitscht ihn hinaus", sagt der Dritte. "Hängt ihn auf", sagt der Herzog. Ich, der ich mit dem Geruch schon von früher her vertraut war, wußte gleich, es war mein Holzapfel. Also geh ich zu dem Kerl hin, der die Hunde zu peitschen hat. "Freund", sag ich, "Ihr wollt gewiß den Hund da peitschen?" - "Ja, meiner Treu, das will ich", sagt er. "Da tut Ihr ihm schweres Unrecht", sag ich, "denn das war ich, der das getan hat, was da ruchbar geworden ist." Er macht auch gar keine Umstände mit mir, sondern peitscht mich zum Saal hinaus... Wo ist schon ein Herr, der das für seinen Diener tun würde? Nein, ich wills beschwören, ich hab schon im Stock gesessen für Würste, die er gestohlen hat, sonst hätt man ihn hingerichtet. Ich bin am Pranger gestanden für Gänse, die er totgebissen hat, sonst hätt er dafür büßen müssen... *zum Hund:* Du denkst gar nicht mehr dran!?... Nein, ich weiß noch den Streich, den du mir gespielt hast, als ich Abschied nahm von Fräulein Silvia. Und hatt' ich dir nicht gesagt, du sollst auf mich achtgeben und tun, was ich tu!? Und wann hast du gesehen, daß ich mein Bein heb und Wasser abschlag auf einer edlen Dame ihren Unterrock?! Hast du je gesehen, daß *ich* sowas tu?

In: Erich Fried, Shakespeare, Bd. 1, Zweitausendeins, Frankfurt a. M. 1995.
© Verlag Klaus Wagenbach, Berlin 1992, S. 164f, 189 f.

William Shakespeare (ca. 1564 - 1616):

Hamlet, Prinz von Dänemark

Übers. von A. W. Schlegel. - Entst. u. UA um 1600

"Die Zeit ist aus den Fugen: Schmach und Gram, / Daß ich zur Welt, sie einzurichten, kam!" So lautet das Programm der Titelfigur am Ende des ersten Aufzugs. Der Ort der Handlung: Dänemark, Schloß Helsingör. König Claudius hat seinen Bruder umgebracht, um auf dessen Thron zu gelangen und die Königin zu ehelichen. Prinz Hamlet ist der Sohn des Ermordeten und der Neffe des Mörders; sein Vater ist ihm als Geist erschienen und hat ihm aufgetragen: "Wenn du je deinen teuren Vater liebtest - / Räch seinen schnöden, unerhörten Mord!" Hamlet verspricht, "daß ich auf Schwingen, rasch / Wie Andacht und des Liebenden Gedanken, / Zur Rache stürmen mag." (I,5) Tatsächlich aber bleibt der melancholische Prinz oft merkwürdig untätig.

Die folgende Szene steht noch am Anfang des Dramas (I,2), als Hamlet noch nicht durch den Geist seines Vaters über dessen Vergiftung aufgeklärt worden ist; trotzdem wehrt er sich dagegen, die Trauer um den Verstorbenen zu beenden, wie ihm seine Mutter und der neue König vor dem gesamten Hofstaat anraten.

Im ersten Teil antwortet Hamlet seiner Mutter, im zweiten Teil bleibt er allein im Staatszimmer des Schlosses zurück.

HAMLET: (...)
Nicht bloß mein düstrer Mantel, gute Mutter,
Noch die gewohnte Tracht von ernstem Schwarz,
Noch stürmisches Geseufz beklemmten Odems,
Noch auch im Auge der ergieb'ge Strom,
Noch die gebeugte Haltung des Gesichts,
Samt aller Sitte, Art, Gestalt des Grames
Ist das, was wahr mich kundgibt; dies scheint wirklich:
Es sind Gebärden, die man spielen könnte.
Was über allen Schein, trag' ich in mir;
All dies ist nur des Kummers Kleid und Zier.
(...)
König, Königin, Laertes und Gefolge ab.
O schmölze doch dies allzu feste Fleisch,
Zerging', und löst' in einen Tau sich auf!
Oder hätte nicht der Ew'ge sein Gebot
Gerichtet gegen Selbstmord! - O Gott! O Gott!
Wie ekel, schal und flach und unersprießlich
Scheint mir das ganze Treiben dieser Welt!
Pfui, pfui darüber! 's ist ein wüster Garten,
Der auf in Samen schießt; verworfnes Unkraut
Erfüllt ihn gänzlich. Dazu mußt' es kommen!
Zwei Mond' erst tot! - nein, nicht so viel, nicht zwei;
Solch trefflicher Monarch! der neben diesem

Apoll bei einem Satyr; so meine Mutter liebend,
Daß er des Himmels Winde nicht zu rauh
Ihr Antlitz ließ berühren. Himmel und Erde!
Muß ich gedenken? Hing sie doch an ihm,
Als stieg' der Wachstum ihrer Lust mit dem,
Was ihre Kost war. Und doch, in einem Mond -
Laßt mich's nicht denken! - Schwachheit, dein Nam' ist Weib!
Ein kurzer Mond; bevor die Schuh' verbraucht,
Womit sie meines Vaters Leiche folgte,
Wie Niobe, ganz Tränen - sie, ja sie;
O Himmel, würd' ein Tier, das nicht Vernunft hat,
Doch länger trauern. - Meinem Ohm vermählt,
Dem Bruder meines Vaters, doch ihm ähnlich
Wie ich dem Herkules: in einem Mond!
Bevor das Salz höchst frevelhafter Tränen
Der wunden Augen Röte noch verließ,
War sie vermählt! - O schnöde Hast, so rasch
In ein blutschänderisches Bett zu stürzen!
Es ist nicht, und es wird auch nimmer gut.
Doch brich, mein Herz! denn schweigen muß mein Mund.

In: Shakespeares Werke. Englisch und deutsch. Hrsg. v. Prof. Dr. L. L. Schücking. 7. Band, S. 85-86 (Die Tempelklassiker). Emil Vollmer Verlag, Wiesbaden o. J. - Weitere Monologe Hamlets bieten die Szenen II,2 und III,1.

William Shakespeare (ca. 1564 - 1616):

Macbeth

Übers. Dorothea Tieck. Entst. 1601 od. 1606, UA vor 1612

Erfolgreich aus der Schlacht heimkehrend, begegnen die beiden schottischen Feldherren Macbeth und Banquo drei Hexen. Die Naturwesen prophezeien Macbeth die Beförderung zum Than von Cawdor und schließlich die Königskrone, während sie Banquo voraussagen, Stammvater eines Königsgeschlechts zu werden. Noch bevor Macbeth bei seiner Frau eintrifft, berichtet er ihr in folgendem Brief die wundervolle, unmögliche, verwirrende Aussicht, seinen schottischen König Duncan zu ersetzen. Lady Macbeth wittert im anstehenden Besuch Duncans die einzige Möglichkeit, die Prophezeiung zu verwirklichen: den Königsmord.

Erster Aufzug, fünfte Szene

Inverneß; Zimmer in Macbeths Schloß.
Lady Macbeth tritt auf mit einem Brief.
LADY MACBETH: *liest*
"Sie begegneten mir am Tage des Sieges; und ich erfuhr aus den sichersten Proben, daß sie mehr als menschliches Wissen besitzen. Als ich vor Verlangen brannte, sie weiter zu befragen, verschwanden sie und zerflossen in Luft. Indem ich noch, von Erstaunen betäubt, dastand, kamen die Abgesandten des Königs, die mich als Than von Cawdor begrüßten; mit welchem Titel mich kurz vorher diese Zauberschwestern angeredet und mich durch den Gruß: Heil dir, dem künft'gen König, auf die Zukunft verwiesen hatten. Ich habe es für gut gehalten, dir dies zu vertrauen, meine geliebteste Teilnehmerin der Hoheit, auf daß dein Mitgenuß an der Freude dir nicht entzogen werde, wenn du nicht erfahren hättest, welche Hoheit dir verheißen ist. Leg es an dein Herz und lebe wohl."
Glamis bist du und Cawdor; und sollst werden,
Was dir verheißen ward. - Doch fürcht ich dein Gemüt;
Es ist zu voll von Milch der Menschenliebe,
Das Nächste zu erfassen. Groß möchtst du sein,
Bist ohne Ehrgeiz nicht; doch fehlt die Bosheit,
Die ihn begleiten muß. Was recht du möchtest,
Das möchtst du rechtlich; möchtest falsch nicht spielen
Und unrecht doch gewinnen: möchtest gern
Das haben, großer Glamis, was dir zuruft:
'Dies mußt du tun, wenn du es haben willst!' -
Und was du mehr dich scheust zu tun, als daß
Du ungetan es wünschest. Eil hieher,
Auf daß ich meinen Mut ins Ohr dir gieße;
Und alles weg mit tapfrer Zunge geißle,
Was von dem goldnen Zirkel dich zurückdrängt,
Womit Verhängnis dich und Zaubermacht

Im voraus schon gekrönt zu haben scheint. - - (...)
Selbst der Rab' ist heiser,
Der Duncans schicksalsvollen Eingang krächzt
Unter mein Dach. - Kommt, Geister, die ihr lauscht
Auf Mordgedanken, und entweibt mich hier;
Füllt mich vom Wirbel bis zum Zeh', randvoll
Mit wilder Grausamkeit! verdickt mein Blut;
Sperrt jeden Weg und Eingang dem Erbarmen,
Daß kein anklopfend Mahnen der Natur
Den grimmen Vorsatz lähmt; noch friedlich hemmt
Vom Mord die Hand! Kommt an die Weibesbrust,
Trinkt Galle statt der Milch, ihr Morddämonen!
Wo ihr auch harrt in unsichtbarer Kraft
Auf Unheil der Natur! Komm, schwarze Nacht,
Umwölk dich mit dem dicksten Dampf der Hölle,
Daß nicht mein scharfes Messer sieht die Wunde,
Die es geschlagen; noch der Himmel,
Durchschauend aus des Dunkels Vorhang, rufe:
Halt! halt!

Durch seine sowohl sinnliche wie kaltblütige Lady wird Macbeth in seinem Ehrgeiz, die schottische Krone zu erlangen, bestärkt und begeht trotz aller Skrupel den Mord an Duncan. Doch diese erste Tat nimmt Macbeth jegliche Ruhe und Moral: Aus Angst, seine Königsmacht zu verlieren, werden immer mehr Menschen auf seinen Befehl getötet. Lady Macbeth plagen ihre Gewissensbisse: Im Schlafe wandelnd, versucht sie von ihren Händen imaginäres Blut zu waschen. Macbeth erfährt von ihrem Tod, als ein gegen ihn formiertes Heer bereits vor der Tür steht. Er stirbt im Kampf gegen Malcolm und wird erst so erlöst von seinem unaufhörlichen Ehrgeiz, seiner rigorosen Selbstverwirklichung und seiner Angst.

In: William Shakespeare, Macbeth, Tragödie. Übers. v. Dorothea Tieck, Hrsg. v. Dietrich Klose. Philipp Reclam Jun. GmbH & Co, Stuttgart 1970, S. 13 f.

George Bernard Shaw (1856 - 1950):

Die heilige Johanna

Dramatische Chronik in sechs Szenen und einem Epilog. Deutsch von Siegfried Trebitsch. - UA: New York 1923

Der Masse von gewöhnlichen Menschen stellt Shaw in seinem Stück die begeisterte und begeisternde Johanna gegenüber. Die Protagonistin folgt einer göttlichen Sendung, wenn sie auszieht, um die belagerte Stadt Orléans von den Engländern zu befreien und den Dauphin zum König Frankreichs zu krönen. Johanna schafft es, den Oberbefehl über das Heer des Dauphin zu erlangen und erringt den unerwarteten Sieg über die Engländer in Orléans. Doch als sie zur Rückeroberung von Paris aufruft, versagt ihr der gerade gekrönte König die Gefolgschaft. Johanna zieht dennoch in den Kampf, unterliegt und wird in Rouen wegen Ketzerei vor die Inquisition gestellt. Vor dem Verbrennungsurteil zurückschreckend, widerruft sie, ihr Handeln auf einen göttlichen Auftrag zu stützen. Doch als sie erfährt, daß sie statt dessen zu lebenslanger Haft verurteilt ist, zerreißt sie diesen Widerruf.

6. Szene

JOHANNA *erhebt sich entsetzt und wütend:*
Lebenslängliche Gefangenschaft? Ich soll also nicht in Freiheit gesetzt werden? (...) Her mit dem Schreiben! *Sie stürzt an den Tisch, ergreift das Papier und reißt es in Stücke.* Zündet euer Feuer an! Glaubt ihr, ich fürchte es so sehr wie das Leben einer Ratte im Loch? Meine Stimmen haben recht gehabt! (...)
Ja, sie sagten mir, daß ihr Narren wäret - *das Wort erregt argen Anstoß* - und ich weder auf eure schönen Worte hören noch eurer Barmherzigkeit trauen sollte! Ihr verspracht mir mein Leben, aber ihr habt gelogen! *Entrüstete Ausrufe.* Ihr glaubt, das Leben sei nichts als nicht mausetot sein. Nicht Brot und Wasser ist es, was ich fürchte. Ich kann von Brot leben - wann habe ich je nach mehr verlangt? Es ist kein Ungemach, Wasser zu trinken, wenn das Wasser rein ist. Brot birgt für mich keinen Kummer und Wasser keine Betrübnis. Aber mich vom Lichte des Himmels und vom Anblick der Felder und Blumen auszuschließen, meine Füße zu fesseln, so daß ich nie wieder mit den Soldaten reiten noch auf die Berge steigen kann - mich üble, feuchte Dunkelheit atmen zu lassen und mir alles fernzuhalten, was mich zur Liebe Gottes zurückführen könnte, wenn eure Schlechtigkeit und Torheit mich ihn zu hassen verleiten - all das ist schlimmer als der Ofen in der Bibel, der siebenmal geheizt wurde. Ich könnte mich ohne mein Kriegsroß zurechtfinden. Ich könnte im einfachen Rock umherlaufen - ich könnte es ertragen, die Banner und Trompeten, die Ritter und Soldaten an mir vorüberziehen zu sehen und selber wie andere Frauen zurückzubleiben, wenn ich nur noch den Wind in den Bäumen, die Lerchen im Sonnenglanz, die jungen Lämmer durch den gesunden Frost - und die lieben, lieben Kirchenglocken hören könnte, die die Stimmen meiner Engel auf Windesflügeln zu mir herabschicken. Aber ohne diese Dinge kann ich nicht leben. Und weil ihr mich oder irgendein menschliches Wesen dieser Dinge berauben wollt, weiß ich, daß euer Wort des Teufels, meines aber Gottes ist! (...)

Seine Wege sind nicht eure Wege. Er will, daß ich durch das Feuer in seinen Schoß eile. Denn ich bin sein Kind, und ihr verdient nicht, daß ich unter euch lebe. Das ist mein letztes Wort an euch. *Soldaten ergreifen sie.*

Ein Viertel Jahrhundert nach dem Tod Johannas auf dem Scheiterhaufen erscheint die gerade Heiliggesprochene noch einmal ihrem König, ihren Freunden und Feinden. Eine Rückkehr der Heiligen auf die Erde wird jedoch von den Umstehenden erschrocken abgelehnt, die Welt ist noch immer nicht reif genug für ihre außergewöhnlichen Menschen.

In: Spectaculum Bd. I. Suhrkamp, Frankfurt/M. 1956, S. 428. © Artemis & Winkler Verlag, Düsseldorf und Zürich 1997. Auch in: Bernard Shaw, Dramatische Werke. Aufbau-Verlag Berlin 1956, Bd. II., S. 478-480.

Elisabeth Bergner, Rudolf Forster, o. J

Sam Shepard (geb. 1943):

Liebestoll

Übers. v. Michael Schindlbeck. - UA: San Francisco 1983

Der Einakter spielt in einem "komplett eingerichteten Zimmer eines Billig-Motels am Rande der Mojave-Wüste". Hier ist May als Köchin untergekommen. "Sie trägt ein grobes blaues Baumwollhemd mit langen Ärmeln, ein weites T-Shirt, weiß, und ist barfuß, mit einem Silberreif um den Knöchel."
Nach langer Abwesenheit ist ihr ehemaliger Geliebter, der verbraucht wirkende Rodeoreiter Eddie, zu ihr zurückgekehrt. Er will mit ihr zusammenleben. Sie aber liebt und haßt ihn zugleich, schickt ihn weg und ruft ihn zurück. In Anwesenheit von Mays Freund Martin beginnt ein Kampf um die gemeinsame Geschichte, in dem die Machtverhältnisse ständig wechseln. Der Zuschauer erfährt im folgenden, daß Eddie und May denselben Vater haben.

MAY:
Versuch nicht, alles zu verdrehen und mir die Schuld zuzuschieben. Du hast jetzt alles durcheinander gebracht, Eddie. Du hast alles durcheinander gebracht. Du weißt selbst nicht mehr, wo Anfang und Ende ist. Okay. Okay. Ich brauche keinen von euch beiden. Ich brauch überhaupt nichts, weil ich den Rest der Geschichte bereits kenne. Ich kenne den Rest der Geschichte vollständig, mußt du wissen. *Sie spricht direkt zu Eddie, der dabei sitzen bleibt.* Ich kenne sie genauso, wie sie passiert ist. Ohne Hinzufügung, ohne irgendeinen kleinen Dreh. (...)
Soll ich die Geschichte für dich zu Ende erzählen, Eddie? Hm? Soll ich diese Geschichte beenden? *Pause, in der Martin sich wieder hinsetzt.* Also, meine Mutter - die hübsche rothaarige Frau in dem kleinen weißen Haus mit der roten Markise - war hoffnungslos in den alten Mann verliebt. Ist doch richtig, Eddie? Das war ganz leicht zu erkennen. Man konnte es ihr von den Augen ablesen. Sie war so besessen von ihm, daß sie es ohne ihn nicht mal eine Sekunde lang aushalten konnte. Dauernd jagte sie ihm nach, von einer Stadt zur anderen. Verfolgte winzige Spuren, die er zurückließ, etwa eine Postkarte, oder eine Motelanschrift auf der Rückseite einer Streichholzschachtel. *Zu Martin* Er hinterließ ihr nie eine Telefonnummer oder eine Adresse oder irgendsowas Banales, denn meine Mutter war sein Geheimnis, muß man wissen. Jahrelang hetzte sie ihm nach, und er mußte versuchen, sie auf Distanz zu halten. Denn je enger diese zwei verschiedenen Leben zusammenrückten, diese zwei verschiedenen Frauen, diese zwei verschiedenen Kinder, umso unruhiger wurde er. Umso mehr war er von der schrecklichen Angst erfüllt, daß diese beiden Leben etwas voneinander in Erfahrung bringen und ihn vernichten könnten. Daß dieses Geheimnis ihm an die Gurgel gehn könnte. Doch schließlich hatte sie ihn eingeholt. Gerade, als sie drauf und dran war, ihn aus ihrem Gedächtnis zu streichen, hatte sie ihn aufgespürt. Ich erinnere mich genau an den Tag, als wir die Stadt ausfindig machten. Sie war geladen. "Hier ist es!", sagte sie dauernd; "das ist der Ort!" Sie zitterte am ganzen Körper, als wir durch die Straßen gingen, um das Haus zu suchen, wo er wohnte. Sie preßte meine Hand so fest, daß ich dachte, sie würde mir die

Knochen einzeln brechen. Sie hatte fürchterliche Angst, daß sie ihm per Zufall auf der Straße begegnen könnte, weil sie wußte, daß sic zu wcit ging. Sie wußte, sie bewegte sich auf verbotenem Gelände, aber sie konnte einfach nicht anders. Den ganzen Tag marschierten wir durch dieses Kaff. Den ganzen Tag lang. Wir liefen sämtliche Wohngegenden ab, spähten durch jedes offene Fenster, haben uns jede doofe Familie angesehn, bis wir ihn endlich hatten. *Erholungspause.* Es war gerade Zeit zum Abendessen, und sie saßen alle am Tisch und aßen gebratenes Huhn. So nahe waren wir nämlich am Fenster. Wir konnten sehen, was sie gerade aßen. Wir konnten ihre Stimmen hören, aber wir konnten nicht verstehen, was sie sagten. Eddie und seine Mutter redeten miteinander, aber der alte Mann sprach kein einziges Wort. Oder doch, Eddie? Saß nur da und aß schweigend sein Huhn. (...)

Das Komische war nur: beinahe so schnell, wie wir ihn gefunden hatten, war er auch wieder weg. Sie war ungefähr zwei Wochen mit ihm zusammen, bevor er einfach verschwand. Danach hat ihn niemand gesehen. Nie mehr. Und meine Mutter - veränderte sich total. Ich konnte das nie begreifen. Ich beobachtete sie in ihrem Schmerz, wie wenn jemand gestorben wär. Sie igelte sich ein und starrte nur noch den Fußboden an. Und ich hatte überhaupt kein Verständnis für sie, denn mein ganzes Empfinden war genau das Gegenteil. Ich war nämlich verliebt. Ich kam nach der Schule nach Hause, nachdem ich mit Eddie zusammen war, überströmend vor Freude, und da war sie dann - stand mitten in der Küche und starrte in den Ausguß. Ihre Augen wie bei einem Begräbnis. Und ich wußte nicht, was ich sagen sollte. Sie tat mir noch nicht mal leid. Ich konnte nur an ihn denken. (...)

Und er konnte nur an mich denken. So war es doch, Eddie. Wir konnten nicht atmen, ohne aneinander zu denken. Wir konnten nicht essen, wenn wir nicht zusammen waren. Wir konnten nicht schlafen. Wir wurden krank, wenn wir nachts nicht zusammen waren. Sterbenskrank. Und meine Mutter ging sogar mit mir zum Arzt. Und Eddies Mutter ging mit ihm zum selben Arzt, aber der Arzt hatte keine Ahnung, was uns fehlte. Er dachte, es wäre Grippe oder sowas. Und Eddies Mutter hatte keine Ahnung, was ihm fehlte. Aber meine Mutter - meine Mutter wußte genau, was los war. Das war ihr sonnenklar. Sie registrierte jedes Symptom. Und sie bat mich, ihn nicht zu treffen, aber ich wollte nicht hören. Dann ging sie zu Eddies Mutter und bat sie. Und Eddies Mutter - *Pause. Sie sieht Eddie an.* - Eddies Mutter pustete ihr das Gehirn weg. Stimmt's Eddie? Pustete ihr echt das Gehirn weg.

Die Halbgeschwister verlassen das Motelzimmer - getrennter Wege, und ohne bestimmtes Ziel.

In: Theater heute 9/1985, S. 48 f. © Michael Schindlbeck, Berlin.

Sophokles (ca.497 - 406 v. Chr.):

Elektra

Tragödie. Übersetzung Rudolf Schottlaender. - UA: um 413 v. Chr. in Athen

Sophokles rückt erstmals in seiner Dramatisierung des Atridenmythos' Elektra, die Schwester des Orest, ins Zentrum dieser Tragödie und verlegt so die Brutalität und Tragik des Rachemordes der Geschwister an ihrer Mutter Klythaimnestra und ihrem Geliebten Aigisthos ganz in die Psyche der Charaktere. Seitdem Klythaimnestra ihren Mann Agamemnon und dessen Geliebte Kassandra bei der Rückkehr aus dem trojanischen Krieg ermordet hat, lebt Elektra in Isolation im eigenen Haus: Allein in ihrer Trauer um den geliebten Vater, aber auch in ihrem Haß gegenüber ihrer Mutter und dessen Geliebten Aigisthos. Elektra lebt nur in Erwartung ihres einst wiederkehrenden Bruders, der durch den Muttermord wieder Gerechtigkeit herstellen könnte. Nur die Ausnahmesituation eines Menschen, der sich permanent gegen seine feindliche Umwelt abgrenzen muß, läßt ihre extremen, kompromißlosen Gefühle verständlich werden.

ELEKTRA: Licht, heiliges, Luft,
die alles Land überhaucht, ihr hört
mein täglich Totenklagelied,
seht täglich mich vor Trauer
die Brüste mir schlagen, bis Blut sie netzt,
wann immer die finstere Nacht verging. (...)
Ach, aber für mich ist das Leben schon fast vorbei und
von Hoffnung - nichts!
Nein, ich kann nicht länger!
Eine, die schrumpfen und schwinden muß, elternlos,
ohne den Mann, der mein Nächster ist, beistandslos,
leb ich dahin wie das schlechteste fremde Weib,
Magd in den Stuben des Vaters und angetan
Mit Lumpen,
Tischgast nur
im Stehen,
wenn die Esser fort sind. (...)
O jener Tag! Kein andrer Tag
erfüllt mich mit so tiefem Haß.
O Nacht! welch Mahl! unsäglich! nein,
mir bricht's das Herz!
Vater, mein Vater, er sah
des Mörderpaars Hände in schändlichem Bund.
Verräter! Auch mich
Fingen sie,
Schlugen auch mir das Leben tot.
O möge der mächtige Gott im Olymp
sie leiden lassen gerechtes Gericht!

Ah, es vergehe das Lachen für alle Zeit
den beiden, die das vollbrachten! (...)
Vor allem ward die Mutter, die mich doch gebar,
mir tödlich feind! Und dann: Ich leb in m e i n e m Haus
mit meines Vaters Mördern unter e i n e m Dach,
bin denen hörig, nehm von denen meine Kost,
die sie mir auch verweigern – wie es ihnen paßt.
Und sag, wie muß mir Tag für Tag zumute sein,
wenn ich mitanseh, wie auf meines Vaters Thron
Aigisthos sitzt, und wie er die Gewänder trägt,
die i h m gehörten, wie er Opferwein vergießt
am gleichen Herd, an dem er i h n gemordet hat?
Mitanseh, was der Gipfel allen Frevels ist:
den eigenhändigen Täter in des Vaters Bett
beim Schandweib, bei der Mutter. Mutter? Soll ich sie
so nennen, sie, die sich von dem beschlafen läßt?
Wie dreist sie mit dem schmutzigen Verbrecher lebt,
als wär kein Rachegeist, den sie zu fürchten hat!
Nein, wie zum Hohn frohlockt sie noch ob ihrer Tat,
erhebt gerade jenen Tag, an dem sie einst
mit Hinterlist mir meinen Vater umgebracht,
durch Chorgesang und Opferbrauch allmonatlich
zum Tag, an dem sie Göttern für Errettung dankt!
Sehn meine armen Augen d a s im Schloß mit an,
schmelz ich dahin in Tränen, schluchze bitterlich
beim "Agamemnonsmahl" – so heißt das Unglücksfest –,
doch immer nur in mich hinein; man gönnt mir nicht,
mich auszuweinen, bis mein Herz erleichtert ist.
Die "Edelfrau", wie sie sich gerne nennen läßt,
fährt gleich mit wüsten Schmähungen mich an und schreit:
"Gottloses Scheusal, starb denn ganz allein nur dir
der Vater? Trauer kennt wohl außer dir kein Mensch?
Zur Hölle fahr! Und deine Höllenstrafe sei,
daß du dort unten ewig weiterjammern mußt!"
So höhnt sie frech, es sei denn, sie erhascht das Wort
"Bald kommt Orestes!" – das bringt sie zur Raserei;
sie brüllt mir ins Gesicht: "Nur d u bist schuld, wer sonst?
War's d e i n Werk nicht, hast d u mir nicht Orest
heimlich entwunden, ihn in Sicherheit gebracht?
Doch wisse nur, du büßt es noch, wie dir's gebührt!"
So kläfft die Hündin, und ihr Trauter hetzt sie auf,
ihr wunderschöner Freier, dem sie sich ergab,
von Kopf bis Fuß ein Feigling, boshaft durch und durch,
der Weiber braucht, damit er Schlachten schlagen kann.

Ich aber, harrend, daß Orest ein Ende macht,
Verwart im Elend meine Zeit und geh zugrund.

Orestes kommt zusammen mit seinem Erzieher in die Heimatstadt, um den göttlichen Auftrag der Rache zu erfüllen. Selbst für seine Schwester bleibt er unerkannt und läßt sich für tot erklären. Wie groß das Leid der Elektra auf diese Nachricht, und wie groß die Freude, als sie ihren Bruder erkennt und mit allem Nachdruck zum langersehnten Doppelmord drängt!

In: Sophokles, Werke in einem Band, Aufbau-Verlag Leipzig, Berlin und Weimar 1982.
Auch in: Sophokles, Elektra. V. 91-304 (gekürzt). Universalbibliothek Reclam, Philipp Reclam Jun., Leipzig 1983. © Theaterverlag Nyssen & Bansemer, Köln

Gertrud Eysold als „Elektra"

Bruno Stori (geb. 1955):
Die große Erzählung (Il Grande Racconto)
Die Odyssee in einer Stunde, nach mündlicher Überlieferung von Tonino Guerra.
Aus dem Italienischen von Brigitte Korn-Wimmer. - UA: Parma 1991

Das Stück ("ab 8 Jahren und für Erwachsene") wird allein von Rico bestritten, einem jungen Dorftrottel "mit dem Gehirn eines Kindes". Er spricht immer wieder Dialekt und Kindersprache; lesen kann er nicht.
Rico sitzt mit seinen vier Kanarienvögeln (im Vogelkäfig) bei Sonnenuntergang in Blickweite des Hauses seiner Familie und erzählt von dem aufregenden Tag: Wie er morgens zur ersten Zugfahrt seines Lebens aufgebrochen war, von seinem Heimatdorf Novafeltria (bei San Marino) in das ungewohnt große Bagnacavallo (bei Ravenna), wo er seine Vögel abholen konnte. Als er auf dem Bahnsteig die Ansage seines Rückzuges erwartete, hörte er eine schöne Stimme aufregende Geschichten erzählen "von Kriegern, von Helden, von Schwertern, von Pferden und von Frauen".

RICO: Und so habe ich mich umgeschaut, und da war ein Mann, schon etwas älter, der einen seltsamen Hut auf dem Kopf hatte, wie der, den Luigi aus dem Kaukasus mitgebracht hatte. Und dann hatte er einen schönen Schnurrbart, ein schönes, lächelndes Gesicht, er hatte ein wenig Fett angesetzt, und er saß auf der Bank, denn er sprach mit zwei Kindern, eines so groß ... und das andere so groß! Die machten ab und zu "Ooooh - Ohoooh" und ich schaute zu und schaute zu und schaute zu, so daß er auf einmal zu mir sagte: "Setz dich", und dann habe auch ich "Ooooh, Ooooh" gemacht.
Und er hat angefangen zu erzählen, eine ganz alte Geschichte, kaum zu glauben! So alt alt alt alt, daß es noch nicht mal das Jesuskind gab! Aber es gab die Götter und die Göttinnen, die über alles und alle herrschten, und alle hatten Angst vor diesen Göttern! Und die Geschichte hieß: Dieodyssee [Die Odyssee]! ... Dieodyssee! ... Dieodyssee! ... Und ich weiß nicht mal, was das bedeutet. Es ist aber schön! ... und damit hat sich's.
Also, sie haben Krieg geführt ... Nein, mehr noch, sie haben den "Trojanischen Krieg" [Trojanischen Krieg] geführt, mit den Griehen [Griechen] gegen die Trojaner, wegen einer Frau - der Hellena [Helena].
Oh, und man sieht, daß sie sehr verliebt waren! Denn der "TrojanischeKrieg" hat zehn Jahre gedauert. Nachher haben aber die Griehen gewonnen, und sie mußten nach Hause zurückkehren. Weil zu Hause hatten sie
im Dialekt ihre Mamma, ihren Papa, ihre Frau, ihren Sohn, ihren Hund, ihren Großvater - Alle.
Alle warteten auf sie. Und da gab es einen, der hieß Odysseus [sprich im folgenden immer: Odysse-us], der war der verliebteste von allen, aber verliebt in seine Frau, he! Und Odysseus war der Anführer.
Und sie fahren ab mit den Booten. Denn sie mußten ja übers Meer fahren. Oh, das Meer ...
Man hört Meeresrauschen

Und ich hab' es schon gesehen, das Meer! Wie groß es ist! Wenn es da einen gibt, den du kennst, der auf der anderen Seite steht und so zu dir macht *(winkt mit den Armen)* den siehst du nicht mal, he! So groß ist es! Und dann ist da das Wasser, so viel Wasser, das kommt und kommt und kommt. Manchmal geht es dir bis hierher! *zeigt auf den Knöchel*

Aber ein andermal geht es dir auch bis hierher! *zeigt auf das Knie* Es geht nicht weg, schau! Es kommt, und damit hat sich's. Es ist riesig ... und sie mußten drüber fahren. Und wirklich, der Mann am Bahnhof hat gesagt, daß dann gleich große Abenteuer beginnen! Natürlich, denn sie kamen auf den Inseln an, weil sie was zum Essen suchten, und manchmal wurden sie auch verprügelt. Manchmal wiederum waren sie es, die die anderen verprügelten.

Einmal jedoch sind sie auf einer Insel angekommen, auf der es nichts zu essen gab, außer Blumen.

© Theaterstückverlag Korn-Wimmer, München 1994

Kleines Thalia Theater
Halle, 1965

August Strindberg (1849 - 1912):

Fräulein Julie

Ein naturalistisches Trauerspiel. Übersetzung v. Anne Storm.
EA: Stockholm 1888, UA: Kopenhagen 1889

Es ist Mittsommernacht. Ort der Handlung: Die Küche des Grafen. Fräulein Julie, die 25jährige Tochter des verwitweten Grafen, hatte ihrer Mutter geschworen, "niemals die Sklavin eines Mannes zu werden"; andererseits fühlt sie sich von Männern triebhaft angezogen. Vor zwei Wochen erst hat sie eine Verlobung gelöst, nun läßt sie sich mit dem Diener Jean ein, obwohl er mit der etwas älteren Köchin Kristin so gut wie verlobt ist. Jean bezeichnet Julie bereits im ersten Satz des Dramas als "komplett verrückt", kritisiert, daß sie "manchmal zu hochmütig", manchmal "zu wenig stolz" sei, weil sie sich "mit den Leuten gemein" mache; er sieht in ihr aber auch das "stattliche Weib", das ihm den kalt kalkulierten gesellschaftlichen und wirtschaftlichen Aufstieg ermöglicht.
Fertig zur gemeinsamen heimlichen Flucht, redet Jean ihr aus, den geliebten Zeisig mitzunehmen. Während Jean ihn mit dem Küchenbeil aus dem Weg schafft, beginnt die alkoholisierte Julie:

FRÄULEIN: *schreit* Töten Sie mich auch! Töten Sie mich! Sie können ja ein unschuldiges Tier schlachten, ohne mit der Hand zu zittern. Oh, ich hasse und verabscheue Sie, zwischen uns ist Blut! Ich verfluche den Augenblick, da ich Sie sah, ich verfluche den Augenblick, da ich im Mutterleib gezeugt wurde!
JEAN: Ja, was helfen Ihre Flüche? Gehen Sie!
FRÄULEIN: *nähert sich dem Hauklotz; wie gegen ihren Willen hingezogen* Nein, ich will noch nicht gehen, ich kann nicht - ich muß sehen -, still! Draußen fährt ein Wagen ... *Horcht nach draußen, während sie den Klotz und das Beil nicht aus den Augen läßt.* Glauben Sie, ich könnte kein Blut sehen! Glauben Sie, daß ich so schwach bin ..., oh - ich möchte dein Blut sehen, dein Hirn auf einem Hauklotz -, dein ganzes Geschlecht möchte ich in einem See von Blut schwimmen sehen ..., ich glaube, ich könnte aus deinem Schädel trinken, ich möchte meine Füße in deinem Brustkorb baden, und dein Herz könnte ich gebraten essen! - Du glaubst, ich bin schwach, du glaubst, daß ich dich liebe, weil mein Schoß deinen Samen begehrte; du glaubst, ich will deine Brut unter meinem Herzen tragen und sie mit meinem Blut nähren - dein Kind zur Welt bringen und deinen Namen annehmen! Du - wie heißt du eigentlich? Ich habe deinen Nachnamen nie gehört - du hast gar keinen, vermute ich. Ich sollte Frau "Pförtnerbude" werden oder Madame "Müllhaufen" - du Hund, mit meinem Halsband, du Knecht, mit meinem Wappen auf den Knöpfen -, ich, mit meiner Köchin teilen, Rivalin meiner Magd sein! Oh, oh, oh! - Du glaubst, daß ich feige bin und fliehen will! Nein, jetzt bleibe ich - und dann soll das Gewitter losbrechen. Mein Vater kommt nach Hause - findet seinen Sekretär aufgebrochen, sein Geld verschwunden! Da läutet er nach dem Diener - hier, diese Glocke, zweimal -, und dann schickt er nach der Polizei - und dann werde ich alles sagen! Alles! Oh, wird das schön sein, ein Ende zu machen - wenn es nur das Ende ist! - Und dann trifft ihn der Schlag, und er stirbt! - Und dann ist Schluß mit uns allen - und dann zieht Frieden

ein, Stille! Ewige Ruhe! - Und dann wird das Wappen am Sarg zerschlagen - das Grafengeschlecht ist erloschen, und die Bedientenfamilie setzt sich im Findelhaus fort -, gewinnt Lorbeeren im Rinnstein und endet im Gefängnis!

Am Ende wird Jean Julie sein Rasiermesser in die Hand geben, damit sie sich damit in der Scheune töte.
Eine weitere geignete Textstelle findet sich kurz danach, als Julie den Plan entwickelt, mit Jean und Kristin gemeinsam ein Hotel in der Schweiz aufzumachen.

In: August Strindberg, Ausgewählte Dramen, 1. Band. © Hinstorff Verlag GmbH, Rostock 1983, S. 206 f.

Münchner Kammerspiele, 1967

George Tabori (geb.1914):

Jubiläum

Stück in zwölf Szenen. Übers. Ursula Grützmacher-Tabori. - UA: Schauspielhaus Bochum 1983, Regie G. Tabori

Auf einem Friedhof am Rhein kommt es zu einem skurrilen Treffen Verstorbener, deren Leben und Tod erst im Laufe des Dramas durch Erinnerungen erklärt werden. Es sind Juden, Homosexuelle, Behinderte, die durch Gleichgültigkeit oder Ausgrenzung in den Tod getrieben wurden. Die Pogrome der Nationalsozialisten können also nicht als eine abgeschlossene Vergangenheit gesehen werden. Das Gebäude aus Abschottung und Vorurteilen zieht sich bis in unsere Gegenwart. Tabori erfaßt mit jüdischem Witz die unbegreiflichen Schicksale der Opfer wie der Täter.
Mitzi, ein 18jähriges Mädchen, ist Spastikerin. Als sie den Brief erhält: "Liebe Mitzi, wieso hat man vergessen, Dich zu vergasen?", bringt sie sich um, indem sie ihren Kopf in den Ofen steckt. Die folgende Szene kann natürlich auch losgelöster vom dramatischen Hintergrund gespielt werden.

Elf
Mitzi sitzt abseits an ihren Hausarbeiten, einen Stapel Bücher vor sich. Sie wirft wütend ein Buch in eine dunkle Ecke. (...)
MITZI: 'Was wissen wir über Adolf Hitler?' (...)
Ich kann doch nicht fünf Seiten lang schreiben: Er war einsam, er war einsam, er war einsam. Der Lehrer hat mir fünf Bücher gegeben. Mir brummt der Schädel. In einem Buch steht, das Schwein hat sechs Millionen umgebracht. Im nächsten, darüber wird noch diskutiert. Und im dritten steht, in einer Hinsicht hat er nur seine Pflicht getan. Außerdem schenkte er ihnen goldene Sterne und baute Erholungslager für sie. Die Asche wurde als Dung verwendet, aus den Eingeweiden wurde Hundefutter gemacht, den Quark haben wir schon x-mal gehört. Er selber war nicht nur einsam, sondern ein Zwerg mit dunklen Haaren und einem Schnurrbart, und durch ihn sind die Judenwitze entstanden. (...)
verwirrt Er wollte doch nur ein reines Volk mit blauen Haaren und blonden Augen, und das, obwohl er selber dunkle Haare und helle Augen hatte, aber er war ein Are, was immer das heißt, und die Aren haben braune Augen und schwarze Haare, also richtete er so Menschenzuchtanstalten ein, wo blonde Männer am Samstag alles bumsten, was sich bewegte, und da kamen massenweise blau-blonde Kinder raus, die Adolf anhimmelten. (...) und was für eine Frau war Adolfs Mutter? Ist er ganz von selbst zum Schwein geworden? Jedenfalls, das mit dem Vergasen verstehe ich nicht. Er hätte es ja auf eine andere Weise machen können, meine Oma umzubringen. Andererseits, eine Hinrichtung kostete damals um die fünfhundert Reichsmark, und das konnte er sich nicht leisten, der arme Zwerg. Aber er mußte meine Oma abschaffen, denn sie war nur vom Knochenbau her ein Mensch. Er tat seine Pflicht, um sie loszuwerden, aber verbrannt haben kann er sie nicht, das ist eine makabre Lüge. Wenn er meine Oma verbrannt hätte, würde der Hochofen noch glühen. Sie durfte nicht ins Theater oder Tennis oder Hockey spielen, sie durfte überhaupt

keinen Sport ausüben, außer auf dem Minenfeld Bocksprünge. *Mitzi zerreißt ein Buch. Alle zerreißen Bücher.*
Und Adolf erließ folgendes Urteil: Alle Juden, die nach acht Uhr abends auf der Straße sind, werden getötet. Aber die Kinder hatten keine Uhren. Woher sollten sie wissen, wie spät es ist? Und wo sind sie jetzt (Arnold)? In den Wolken, im sauren Regen? (...)
MITZI *spielt Arnold die verschiedenen Personen vor.* (...)
Als Dr. Heißmayer
Nachdem ich im Herbst 1944 einschätzte, daß mein Vorhaben, mit dem erwähnten Serum Tbc-Kranke zu heilen, mißglückte und sich der Gesundheitszustand der meisten Häftlinge nicht gebessert, sondern verschlechtert hatte, Zahlen kann ich hierbei nicht mehr nennen, brach ich die Versuche ab und forderte zwanzig Kinder an, an denen ich mit dem gleichen Serum Versuche wegen Immunisierung gegen Tbc vornahm. Ich heiße Heißmayer. Ich bin mir heute bewußt, mit diesen Experimenten an den Kindern...ich möchte sagen...ein Verbrechen...Damals sind mir diesbezüglich aber keinerlei Bedenken...entsprechend meinen damaligen faschistischen Überzeugungen...die Häftlinge, also auch die Kinder, nicht in dem Maße als vollwertige Menschen...für mich gab es keinen Unterschied zwischen Juden und Versuchstieren. (...)
Als Dr. Duclik
Ich bekam Klammern, Pinzetten, Skalpell, einige scharfe Haken und etwas Novocain. Ungefähr um neunzehn Uhr brachten die Pfleger die Kinder von Revier IV zum Revier I. Sie wurden bis zur Hüfte entkleidet und auf den Operationstisch gelegt. Die Haut unter ihrem Arm wurde mit Jod bepinselt, und sie bekamen eine Spritze mit zehn Kubikzentimetern zweiprozentiger Novocainlösung. Dann tastete ich nach den Drüsen unter dem Arm, machte einen fünf Zentimeter langen Einschnitt, nahm die Drüsen heraus und legte sie in Flaschen mit Formalin. Heißmayer nahm die Flaschen an sich. Die Engländer rückten näher. *Flüstert* Hör mal, Trzebinski, halt dich fest, ich muß dir etwas nicht gerade Schönes sagen, es liegt ein Exekutionsbefehl aus Berlin vor, du sollst die Kinder durch Gas oder Gift töten. (...)
Als Trzebinski
Ich könnte ein Märchen auftischen und mich als Held hinstellen, nämlich daß ich Frahm mit seiner Pistole bedrohte oder sonst was, aber die Wahrheit ist anders. Ich tat nichts dergleichen, wollte ihnen aber wenigstens die letzte Stunde erleichtern, ich hatte Morphium mit, ich trat vor die Tür. Ich rief die Kinder, eins nach dem anderen, hinein. Sie legten sich über einen Schemel. Ich gab ihnen eine Spritze ins Gesäß. Wo es am wenigsten weh tut. Ich bin kein Unmensch. (...)
Schläfrig, als Kind
Von mir weiß man nicht einmal den genauen Namen. In einer Liste steht, ich heiße Desmonie. Aber das kann auch falsch sein. Man weiß nur, ich war ein Junge, ich kam aus Polen. Ich war sieben Jahre alt, groß für mein Alter, konnte alle Flüsse Europas alphabetisch aufsagen. Ich ging zurück in den Raum, wo wir uns ausgezogen haben. Und ein anderes Kind kam rein. - Je nach Alter und Größe, zwei bis sechs Kubikzentimeter. Wir hatten uns wieder angezogen, weil wir die Impfung als

beendet... Frahm kam herein und sagte, wir sollen uns wieder ausziehen. Ich will mich nicht ausziehen. - Du mußt dich ausziehen. - Es ist aber kalt. - Du mußt ein Bad nehmen. *Zieht sich aus* Na ja, die Sache ist die, wenn ein Soldat an so vielen Exekutionen teilgenommen hat, sagt er ganz automatisch: Ausziehen. Dieser Frahm, kein Unhold, aber doch irgendwie geistig ziemlich minderbemittelt, konnte sich nicht vorstellen, daß Menschen nicht unbedingt nackt gehängt werden müssen. Die Kinder wurden allmählich schläfrig. *Singt* Schlafe, mein Prinzchen, schlaf ein. (...) Mir kann nichts mehr weh tun. Ich heiße Mitzi. Ich bin ein Mädchen. Ich bin achtzehn, sehe aber älter aus. (Zucken ist anstrengend auf die Dauer.) Ich muß jetzt gehen und zu Ende schreiben, was ich über Adolf Hitler weiß.

In: George Tabori, Theaterstücke 2. Carl Hanser Verlag, München/ Wien 1994, S. 76 ff.
Auch in: Spectaculum 38. © Gustav Kiepenheuer Bühnenvertriebs-GmbH, Berlin

Theater Aachen, 1998

Anton Tschechow (1860 - 1904):

Onkel Wanja

Szenen aus dem Landleben in vier Akten. Übers. v. Hans Walter Poll. - UA: Moskau 1899

Sonja lebt auf dem Gut ihres Onkels Wanja. Sie liebt den etwa 37jährigen Arzt Astrow, der seinerseits die zehn Jahre jüngere schöne und gescheite Jeléna liebt, Onkel Wanjas zweite Frau.
Eben hat der Arzt Astrow die Bühne verlassen, Sonja ist allein im Eßzimmer.

Zweiter Akt

SONJA: *allein* Er hat mir nichts gesagt... Immer noch bleibt sein Inneres mir verschlossen, warum nur fühle ich mich aber doch so glücklich? *Sie strahlt vor Glück* Ich habe zu ihm gesagt: Sie sind elegant, nobel, Sie haben eine so zärtliche Stimme... War das vielleicht unpassend? Seine Stimme vibriert, umschmeichelt mich... ich spüre sie geradezu in der Luft. Aber als ich zu ihm von einer jüngeren Schwester sprach, da hat er mich nicht verstanden... *Sie ringt die Händ* Oh, wie schrecklich, daß ich häßlich bin! Wie entsetzlich! Und ich weiß ja, ich bin häßlich, ich weiß es, ich weiß... Am vorigen Sonntag, als wir aus der Kirche kamen, hörte ich, wie über mich geredet wurde, und eine Frau hat gesagt: "Sie ist gut und edelmütig; schade nur, daß sie so häßlich ist..." Häßlich...

Der vierte Akt spielt an einem stillen Herbstabend. Astrow hat sich gerade verabschiedet. Sonja muß erkennen, daß ihre Liebe zu ihm unerfüllt bleibt. Der Schluß des Dramas zeigt, daß die Gesellschaft nicht weitergekommen ist als am Anfang. - Telégin, einer der Anwesenden, ist ein verarmter Gutsbesitzer.

Vierter Akt

SONJA: Was kann man machen, wir müssen leben! *Pause*
Wir leben weiter, Onkel Wanja. Eine lange, lange Reihe von Tagen, von langen Abenden werden wir verbringen, geduldig werden wir die Versuchungen ertragen, die uns das Schicksal bringt, wir werden weiter für andere Menschen sorgen, jetzt und auch im Alter, und werden keine Ruhe kennen, und wenn unsere Stunde kommt, dann werden wir gehorsam sterben und dort, jenseits des Grabes, werden wir sagen, daß wir gelitten haben, daß wir geweint haben, daß uns bitter zumute war, und Gott wird sich erbarmen über uns, und wir beide, du und ich, Onkel, lieber Onkel, werden ein lichtes, schönes, herrliches Leben erblicken, wir werden frohlocken und auf unser jetziges Unglück mit Rührung zurückblicken, mit einem Lächeln, und werden ausruhen. - Ich glaube, Onkel, ich glaube fest und leidenschaftlich... *Sie kniet vor ihm nieder und legt den Kopf in seine Hände; mit ermatteter Stimme* Wir werden ausruhen!
Telégin spielt leise auf der Gitarre

Wir werden ausruhen! Wir werden die Engel hören, den Himmel sehen, ganz in Diamanten, wir werden erkennen, wie alles Böse auf Erden, alle unsere Leiden in der Barmherzigkeit vergehen, die die ganze Welt erfüllen wird, und unser Leben wird still werden, süß und sanft wie ein Streicheln. Ich glaube, glaube... *Sie wischt sich mit einem Tuch die Tränen ab.* Armer, armer Onkel Wanja, du weinst... *unter Tränen* Du hast in deinem Leben keine Freuden gekannt, aber warte nur, Onkel Wanja, warte... Wir werden ausruhen... *Sie umarmt ihn* Wir werden Ruhe finden!

In: Tschechow, Onkel Wanja. Philipp Reclam Jun. GmbH & Co, Stuttgart 1990, S. 31 f., 66 f. © Rütten & Loening, Berlin GmbH

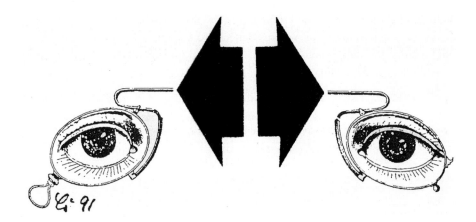

Anton Tschechow (1860 - 1904):

Die Möwe

Komödie in vier Akten. Übertragen von August Scholz. - UA: Petersburg 1896

In der Figur des Treplew gelingt es Tschechow, die Entwicklung eines Künstlerlebens zu zeigen, eines Menschen, der mit Leidenschaft und mit aller Konsequenz, wie auch mit all den Selbstzweifeln, lebt. Er ist verliebt in Nina Michajlowna Saretschnaja, die Tochter eines reichen Gutsbesitzers. Am Anfang der "Möwe" spricht Treplew noch von der Erneuerung der Kunst durch neue Formen. Alles schmeckt nach Aufbruch dieser jüngeren Generation, selbst die Wut auf Treplews Mutter Arkadina.
Treplew wartet mit seinem Onkel Ssorin, dem Bruder seiner Mutter Arkadina, auf Nina, die in seinem ersten Stück auftreten soll.

1. Aufzug

SSORIN: Sag mal - warum ist meine Schwester so schlecht gelaunt?
TREPLEW: Warum? Sie langweilt sich. (...) Und dann ist sie eifersüchtig. Sie ist aufgebracht gegen mich und gegen diese Vorstellung und gegen mein Stück, nur weil nicht sie darin spielt, sondern die Sarjetschnaja. Sie kennt mein Stück noch gar nicht - und haßt es schon. (...)
Es verdrießt sie schon, daß hier auf dieser kleinen Bühne die Sarjetschnaja Erfolge haben wird und nicht sie. (...) Sie ist ein psychologisches Kuriosum, meine Mutter. Unstreitig sehr begabt und klug; über einem Buch kann sie bitterlich weinen, den ganzen Nekrassow kann sie auswendig, und am Krankenbett ist sie ein Engel; aber versuch's mal, in ihrer Gegenwart die Duse zu rühmen! Oh! Nur sie allein soll man loben, nur von ihr schreiben, nur ihren Namen ausschreien, von ihrem unübertrefflichen Spiel in der "Kameliendame" oder im "Dunst des Lebens" entzückt sein, und weil sie hier, auf dem Lande, diesen Rausch entbehren muß, so langweilt sie sich, ist wütend - und wir alle sind natürlich ihre Feinde, wir alle sind daran schuld. Dann ist sie auch abergläubisch, erschrickt, wenn sie drei brennende Kerzen sieht, hat Angst vor der Zahl dreizehn. Und geizig ist sie - sie hat in Odessa siebzigtausend Rubel auf der Bank liegen, das weiß ich genau. Will man aber von ihr eine Kleinigkeit borgen - dann weint sie. (...)
Die Blättchen einer Blume abzupfend: Sie liebt mich - liebt mich nicht, liebt mich - liebt mich nicht, liebt mich - liebt mich nicht. *Lacht.* Siehst du, meine Mutter liebt mich nicht. Kein Wunder: Sie will leben und lieben, sie will helle Kleider tragen - und ich, ihr Sohn, bin fünfundzwanzig Jahre alt, ich erinnere sie beständig daran, daß sie nicht mehr jung ist. Bin ich nicht da, dann zählt sie erst zweiunddreißig, in meiner Gegenwart aber ist sie dreiundvierzig. Darum haßt sie mich. Sie weiß auch, daß ich für das Theater nichts übrig habe. Sie schwärmt für die Bühne, sie glaubt der Menschheit, der heiligen Kunst zu dienen, während ich das Theater von heut für Routine und Konvention halte. Wenn der Vorhang aufgeht und in dem Zimmer mit den drei Wänden diese großen Talente, diese Priester der heiligen Kunst dem

Publikum im Rampenlicht vormachen, wie die Leute essen, trinken, lieben, umhergehen, ihre Röcke tragen; wenn sie aus banalen Bildern und Phrasen eine Moral herauszutüfteln suchen - eine kleinliche, vulgäre Moral für jedermanns Hausgebrauch, wenn sie mir in tausend Variationen immer und immer wieder dieselbe Kost servieren - dann möchte ich fortlaufen, weit, weit weg, wie Maupassant vor dem Eiffelturm fortlief, dessen Banalität sein Hirn zu Boden drückte -
SSORIN: Wir können das Theater nicht entbehren.
TREPLEW: Dann muß es neue Formen annehmen. Wir brauchen neue Formen, und wenn sie nicht da sind - dann lieber gar nichts. *Blickt auf die Uhr.* Ich liebe meine Mutter, liebe sie sehr, aber sie führt ein so unvernünftiges Leben, schleppt sich ewig mit diesem Belletristen herum, ihr Name wird immerfort durch die Zeitungen gezerrt - und das quält mich. Zuweilen regt sich in mir einfach der Egoismus eines gewöhnlichen Sterblichen; ich bedaure dann, daß meine Mutter eine berühmte Schauspielerin ist, und es scheint mir, daß ich weit glücklicher sein würde, wenn sie eine einfache Frau wäre. Sag selber, Onkel: kann's eine fatalere, eine albernere Lage geben; da versammelten sich zuweilen bei ihr Künstler und Schriftsteller, lauter Berühmtheiten - und ich bin der einzige darunter, der gar nichts ist, der nur geduldet wird, weil ich ihr Sohn bin. Wer bin ich? Was bin ich? Als Student im dritten Semester habe ich die Universität verlassen müssen - unter Umständen, die, wie man zu sagen pflegt, von der Redaktion unabhängig waren; Talente sind mir nicht gegeben, Geld hab ich nicht, und laut meinem Paß bin ich ein simpler Kleinbürger aus Kiew, wie mein Vater, der übrigens auch ein ganz tüchtiger Schauspieler war. Wenn nun in Mamas Salon diese berühmten Künstler und Schriftsteller sich wirklich einmal gnädig zu mir herabließen, dann war's mir immer, als wollten sie mit ihren Blicken meine ganze Erbärmlichkeit ermessen - und ich erriet ihre Gedanken und litt unter dieser Demütigung - - (...)
horcht auf. Ich höre Schritte ... *Umarmt den Onkel.* Ich kann ohne sie nicht leben...Selbst der Klang ihrer Schritte ist schon ... Ich bin wahnsinnig glücklich. *Er geht rasch auf Nina Sarjetschnaja zu, die auf der Bühne erscheint.* Meine Zauberin, mein Traum ...

Nach zwei Jahren gelangt Treplew zur Einsicht, "daß das Wesentliche nicht in neuen oder alten Formen liegt, sondern darin, daß man schreibt, ohne an Formen zu denken, nur weil es aus der Seele kommt." Als ihm endgültig klar ist, daß seine Liebe zu Nina nicht erwidert wird, begeht er Selbstmord.

In: Russisches Theater des XX. Jahrhunderts, hrsg. v. Joachim Schondorff. Verlag Albert Langen u. Georg Müller, München 1960, S. 89-91.

Anton Tschechow (1860 - 1904):

Die Möwe

Komödie in vier Akten. Übertragen von August Scholz. - UA: Petersburg 1896

Tschechow war der Meinung, er habe mit der "Möwe" ein lustiges Stück geschrieben. Und tatsächlich durchzieht diese Komödie eine komische Melancholie: Jeder liebt den Unerreichbaren, wünscht sich gerade das Gegenteil von dem, was er lebt.
Der junge, suchende Dichter Treplew liebt Nina, die in seinem ersten Stück spielt. Doch die Nähe zwischen den beiden zerbricht, als Nina den vielgelesenen Schriftsteller Trigorin kennenlernt und verehrt. Aus Eifersucht zeigt Treplew seiner Angebeteten eine erschossene Möwe und droht sich selber umzubringen. Trigorin inspiriert der Anblick des toten Tieres zu einer Geschichte über ein Mädchen, das wie die Möwe "vor lauter Müßiggang" durch einen Menschen "ins Verderben gebracht" wird. Obwohl auch Trigorin Nina liebt, faßt er nicht den Mut, die große Schauspielerin Arkadina zu verlassen. Um Schauspielerin zu werden, zieht Nina nach Moskau. Sie bleibt Trigorins Geliebte, der sie verläßt, als das gemeinsame Kind nach wenigen Wochen stirbt. Zwei Jahre später kehrt Nina, die inzwischen eine durchschnittliche Provinzschauspielerin geworden ist, heimlich auf den Gutshof zurück. Sie besucht den noch immer in sie verliebten Treplew.

4. Aufzug

NINA: Warum sagen Sie, daß Sie die Erde geküßt haben, auf der ich gewandelt bin? Man sollte mich töten. *Neigt sich über den Tisch* Ich bin so müde! Ausruhen möchte ich. Ausruhen! *Erhebt den Kopf* Ich bin eine Möwe... Nein... nicht das. Ich bin eine Schauspielerin. Nun ja. *Hört Arkadina und Trigorin lachen, horcht, stürzt zur linken Tür und blickt durch das Schlüsselloch* Und auch er ist hier... *Kehrt zu Treplew zurück* Nun ja... Tut nichts... Ja. Er glaubte nicht an das Theater, machte sich immer über meine Träume lustig, und nach und nach hörte auch ich auf zu glauben und verlor den Mut... Und dann der Liebeskummer, die Eifersucht, die ewige Angst um das Kleine... Ich wurde so klein, so jämmerlich... spielte ganz sinnlos... Ich wußte nicht, wohin mit den Händen, konnte auf der Bühne nicht stehen, meine Stimme nicht beherrschen. Sie kennen diesen Zustand nicht, dieses Gefühl, daß man ganz abscheulich spielt. Ich bin eine Möwe. Nein, nicht das... Erinnern Sie sich noch? Sie haben damals eine Möwe geschossen. "Zufällig kam da ein Mensch, sah sie, und weil er nichts Besseres zu tun hatte, vernichtete er ihr Leben." Ein Stoff für eine kleine Erzählung... Nein, nicht das... *Reibt sich die Stirn* Wovon sprach ich? Ja, von der Bühne. Jetzt bin ich nicht mehr so... Jetzt bin ich schon eine richtige Schauspielerin, ich spiele mit Lust, mit Begeisterung, bin auf der Bühne wie berauscht und fühle mich schön. Und jetzt, solange ich hier bin, gehe ich den ganzen Tag herum, geh herum und fühle, wie meine seelischen Kräfte wachsen. Ich weiß es jetzt, Kostja, ich verstehe es, daß bei unserer Arbeit, gleichviel, ob wir Theater spielen oder schriftstellern, nicht der Ruhm, nicht der Glanz, nicht das, wovon ich träumte, die Hauptsache ist, sondern die Fähigkeit, zu dulden. Lerne dein Kreuz tragen, und

glaube! Ich glaube, und das lindert meinen Schmerz, und wenn ich an meinen Beruf denke, so habe ich keine Angst mehr vor dem Leben.
(...)
Ss-ssst! Ich gehe. Leben Sie wohl. Wenn ich eine große Schauspielerin geworden bin, kommen Sie doch, um mich zu sehen. Versprechen Sie's. Aber jetzt... *drückt ihm die Hand* Es ist schon spät. Ich halte mich kaum auf den Beinen... ich bin erschöpft... ich habe Hunger... (...)
Nein, nein, begleiten Sie mich nicht... Mein Wagen wartet in der Nähe... Sie hat ihn also mitgebracht... Nun, es ist ja gleich. Wenn Sie Trigorin sehen, sagen Sie ihm nichts... Ich liebe ihn, sogar stärker noch als früher... Ein Stoff für eine kleine Erzählung... Ich liebe, liebe ihn leidenschaftlich, bis zur Verzweiflung. Wie schön war's doch früher, Kostja! Wissen Sie noch? Was für ein helles, warmes, freudiges, reines Leben, welche Gefühle - Gefühle, die zarten graziösen Blumen glichen. Wissen Sie noch? *Sie trägt vor* "Menschen, Löwen, Adler und Feldhühner, geweihtragende Hirsche, Gänse, Spinnen, schweigsame Fische, die im Wasser wohnten, Seesterne und all die Wesen, die dem Auge nicht sichtbar waren, mit einem Wort: alles Leben, alles Leben ist erloschen, nachdem es seinen traurigen Kreislauf vollendet hat... Seit vielen tausend Äonen bereits trägt die Erde nicht ein Lebewesen mehr, und dieser arme Mond läßt sein Licht vergeblich erstrahlen. Nicht mehr erwachen auf der Wiese mit Geschrei die Kraniche, nicht mehr hört man die Maikäfer schwirren in den Lindenhainen."
Sie umarmt heftig Treplew und stürzt durch die Glastür hinaus.

Der lähmenden Sehnsucht kann nur der enttäuschte Treplew im Selbstmord entrinnen.

In: Russisches Theater des XX. Jahrhunderts, hrsg. v. Joachim Schondorff. Verlag Albert Langen u. Georg Müller, München 1960, S. 137-139.

Peter Turrini (geb. 1944):

Die Wirtin

Komödie nach Goldoni. UA: Nürnberg 1973

"Mirandolina", Goldonis Drama von 1751 über das Schicksal der begehrten wie scharfzüngigen italienischen Herbergswirtin, erzählt Peter Turrini mit aller Härte und Klarheit der heutigen Sprache. Er zeigt die Protagonistin als eine pragmatische Frau, die mit Koketterie und Schläue sich und ihre Herberge durchbringen will.
Sowohl der reiche Aristokrat Albafiorita, wie der arme Marchese von Forlinpopoli sind Mirandolina verfallen. Ihr Kellner Fabrizio will sie ehelichen, um die Leitung der Herberge zu übernehmen. Allein der Cavaliere von Rippafratta verkündet, er hasse die Frauen, sei gegen ihre Reize immun, worauf Mirandolina beschließt, dem stolzen Herrn das Gegenteil zu beweisen.

I. Akt

MIRANDOLINA: Wenn die Herren in heiße Liebesschwüre ausbrechen, bekomme ich kalte Füße. Mein Herz flieht in die unendlichen Weiten der Sehnsucht. Da wird wohl der Verstand mitgeflogen sein. Was glaubt dieser Marchese eigentlich? Seit fünfhundert Jahren schleppt sich seine Familie durch alle Bordelle der Lombardei, und jetzt, wo die Säcke leer sind, will er einer anständigen Wirtin auf den Sack fallen. Mein Geld will er, sonst nichts. Ich will meine Freiheit, sonst nichts. Fünf Jahre habe ich den alten Geizkragen Venerola von vorne bis hinten bedient, bis er mir diese Locanda verpachtet hat. Jetzt verdiene ich Geld und das bedeutet Unabhängigkeit von all den Herren, die mir an den Hintern greifen und meine Brieftasche meinen. Und was den reichen Grafen betrifft? Der redet nicht von mir, sondern von meinen Schenkeln. Wenn er mich ansieht, ersaufen seine Augen in meiner Brust. Der ist so geil, daß selbst sein Reichtum diese Eigenschaft nicht aufwiegen kann.
Mirandolina geht vor an die Rampe, zum Publikum
Ich brauche Sie nicht, verehrte Männer. Nein, das stimmt nicht. Ich genieße Ihre verliebten Kalbsaugen, ich ergötze mich an Ihrer schmachtenden Ordensbrust. Sie sind so zauberhafte Karikaturen, meine Herren. Sie sehen, ich habe mein eigenes Vergnügen an Ihnen.
Fabrizio tritt auf. Er schleicht sich von hinten an Mirandolina heran.
Dieser weiberfeindliche Cavaliere will mir das Vergnügen eines verliebten Mannes nicht gönnen. Nur zu, germanischer Charakter.
Ich werde dir eine Lektion erteilen, daß dir dein Hochmut in die Hose fällt.

Mirandolina schafft es tatsächlich, den kühlen Cavaliere in einen rasend Liebenden zu verwandeln, um ihm dann zu eröffnen, daß sie ihren Kellner Fabrizio heiraten will. Doch der Schluß des Dramas folgt nicht dem Happy End der Vorlage: Der freiheitsliebenden Wirtin steht eine Ehe mit allen Rollenklischees bevor, während der gekränkte Cavaliere den Kauf des Gasthauses bekanntgibt, Mirandolina zur Küchenhilfe degradiert und den desertierenden Fabrizio den Militärbehörden ausliefern will.

In: dialog, Peter Turrini, Die Wirtin. Frei nach Goldoni, Sessler Verlag, Der Souffleurkasten, 1978. Lesebuch. Stücke, Pamphlete, Filme, Reaktionen etc. Ausw., Bearb.: Ulf Birnbaumer, Wien, München, Zürich, Europaverlag 1978. © Thomas Sessler Verlag, Wien, München.

Schlosstheater Dresden, 1997

Karl Valentin (1882 - 1948):

Der Umzug

Der junge Brecht mag von Karl Valentin und seiner Partnerin Liesl Karlstadt die Möglichkeiten sehr einfacher szenischer Mittel gelernt haben.

Die Bühne zeigt eine Vorstadtstraße. Im Vordergrund eine armselige Bretterhütte mit Tür und zwei schmalen Fenstern. (...) Vor dem Häuschen ist übereinander der ganze ärmliche Hausrat zusammengestellt.
Bei geschlossenem Vorhang spielt die Musik Morgenstimmung von Grieg, dazu ertönt Vogelgezwitscher, dann geht der Vorhang auf.
LIESL KARLSTADT *tritt aus dem Haus, in der Hand einen Blumenstock, den sie abstellt.* Heute sind's grad sechs Jahr, daß ich am Wohnungsamt vorgemerkt bin. Und sooft ich früher in Rosenkranz ganga bin, ins Angerkloster, so oft geh ich jetzt aufs Wohnungsamt. Es ist sozusagen meine zweite Heimat geworden. Es ist zwar immer ein fader Gang da hinauf, und es ist grad gut, daß wenigstens die Herrn Beamten vom Wohnungsamt so nette, freundliche Menschen sind. Der eine gar auf Schalter dreizehn, der sagt jedesmal zu mir: "Schaun S' morgn wieder her!!" und das sagt er so lieb, daß mir jedesmal die Tränen in den Augen stehn, so fürcht ich mich vor dem; 's letzte Mal hat mich der eine Beamte gfragt, ob ich auch wirklich verheiratet bin und ob ich auch wirklich fünf Kinder hab. Er hat's halt gar net recht glauben können, er hat gmeint, ich lüg ihn an. Dann bin ich aber heim und hab s' alle gholt. Mit'n Kinderwagl bin ich glei über d'Stiagn naufgfahrn. Und drobn hab ich s' ihm alle vorgestellt: an Micherl, an Wiggerl, an Sepperl, d' Fanni und d' Walli.
Der hat gschaut, der hat nimmer gsagt: "Sehr angenehm!" Das war ihm schon sehr unangenehm. "So", hab ich gsagt, "mit dene fünf Kinder, mit mein Mann, mein alten Vatern und der Schwiegermutter, Hund, Katz und Kanari ham mir oan Zimmer. Und manche Großkopferte ham zu zweit, sage und schreibe, sieben bis zehn Zimmer!" Ja, ja, mir sind furchtbar beschränkt - nicht mir selber, sondern mit unserer jetzigen Wohnung. Wohnung kann man da eigentlich nimmer sagn, mir sagn halt so, weil wir bis jetzt noch keinen passenden Ausdruck dafür gefunden ham, wie wir unser Heim nennen könnten. Loschie mögn ma net sagn, weil das ein Fremdwort ist, und Dreckloch, das ist uns zu ordinär. (...) Mir ham ja nie über unser trautes Heim geklagt, aber - wie uns vor drei Jahr das letzte Hochwasser aus'n Zimmer an Fuaßbodn rausgschwoabt hat, von da ab war ein weiteres Ausharren unmöglich. Das einzig Schöne, was wir in der Wohnung ham, ist das laufende Wasser - das lauft Tag und Nacht über d' Wänd runter, so feucht ist's in unsrer Burg. Und ein Leben ist drin! Alle acht Tag werden die Schulkinder klassenweise in unsere Wohnung geführt, und der Herr Lehrer erklärt den Kindern bei uns das Leben und Treiben des Hausungeziefers. Drum hat auch der Herr Kommissär von unserm Bezirk gesagt: "Die Wohnung ist nicht mehr geeignet für menschliche Wesen. Sie müssen eine andre Wohnung kriegen", hat er gsagt, "dafür ist das Wohnungsamt da!" - Wir kriegn

aber keine vom Wohnungsamt, sechs Jahr wart ma jetzt drauf. Nacha is uns des z'bunt wordn, und drum ziagn mir heut schwarz um! *Man hört den Kanarienvogel in seinem Bauer zwitschern.* Ja, der Hansi, der singt schon sein Abschiedslied. *Sie nimmt den Hansi aus seinem Bauer und reißt den Zwirnsfaden von seinem Fuß ab.* Ja, Hansi, jetzt wird's ernst - heut müß ma ausziehn. Mei Hansi, da wird's dir heut schlecht gehn bei dem Umzug. Da wird's dich umanandaschütteln auf dem Wagen droben, da kriegst ma ja du a Gehirnerschütterung, was mach ma denn da? Halt, i hab's - du bist ja a Vogerl, du brauchst ja net gfahrn werden, du kannst ja hinfliegen, dir sag i jetzt unsere neue Adreß, dann fliegst derweil voraus. Also - Ickstattstraße 42/III links im Rückgebäude. *Sie läßt ihn fliegen.* Weiter links, weiter links - schaug net immer um. Jetzt hätt er sich bald an einen Kamin angstoßn. Ah - der findt scho hin. Jetzt wär's halt recht, wenn der Alte mit'n Karrn scho da wär. Seit drei Stunden wart ich auf ihn. *Sie spricht in die Kulisse.* Was sagn S', Frau Hinterhuber, ich versteh Sie nicht - ja grad sag ich's, jetzt is er noch nicht da - drei Stund is er jetzt aus - jetzt hab ich die schweren Möbel alle allein runtertragn. Und jetzt wär's Wetter so schön, das ist so notwendig beim Umzug - (...) jetzt kommt er ja endlich (...). Ja, wo warst denn du so lang? Jetzt wennst noch länger ausblieben wärst, wärst noch später kommen.

gekürzt aus: Karl Valentin, Gesammelte Werke in einem Band, S. 535 f.
© Piper Verlag GmbH, München 1985

Karl Valentin (1882 - 1948):

Großfeuer

Der Blitz hat in das Haus der Huberbäuerin (gespielt von Liesl Karlstadt) eingeschlagen und einen Brand im Dach entfacht. Die Besitzerin des Hauses tritt vor die Tür und bestaunt das Schauspiel. Der Feuerwehrkommandant tritt auf, und zwischen beiden beginnt, ungeachtet des akuten Feuers, ein umständlicher Dialog.
"Man hört und sieht es gemächlich weiterbrennen, bis der Vorhang fällt." - "Der Feuerwehrhauptmann (Karl Valentin) trägt hohe Stiefel mit abgeschrägtem Rand, enge Röhrlhosen, zweireihige Uniform mit Koppel und einen blinkenden Messinghelm mit rotem Federbusch. Um den Hals hängt ihm das Signalhorn, auf der Brust prangen zwei Medaillen, die Feuerwehraxt baumelt an seiner Hüfte."
Die Huberbäuerin fragt: "Du, Kommandant, wie is denn beim Maibräu z' Gögging no ganga?"
Das Interesse gibt dem Feuerwehrmann Gelegenheit zu den folgenden Ausführungen:

DER HERR KOMMANDANT: Ach, mei Trompeter war schuld an der ganzn Gschicht. Du woaßt doch, wir haben bei der Feuerwehr zwei Signale, zum Angriff, des hoaßt: Tätä - tätä, und Gefahr vorüber hoaßt: Tä - tä - tä - tä. Und wia ma 's Löschen anfanga wolln, blast der Gefahr vorüber, weil er's Signal verwechselt hat, natürlich is die ganze Feuerwehr wieder davon und hat alles brennen lassen. (...) Ja, ja, des is net so einfach bei der Feuerwehr, des muaß alles glernt sei. (...) Mir graust's heut no, wenn i an mei Feuerwehrlehr denk, wia ich no Feuerwehrlehrbub war, glernt hab i zwar nix, i hab aa nix lerna könna. (...) Weil's grad die drei Jahr, wo ich in d' Lehr ganga bin, nirgends brennt hat. (...)
Ja, ja, jawohl, heut vor fuchzehn Jahr is Unterhaching abbrennt. Ja, morgen nachmittag um dreiviertel vier Uhr san's grad fuchzehn Jahr, daß Unterhaching abbrennt is, des hoaßt, angfangt hat's im Dezember, und aufghört hat's im Winter. Herrschaft, war des a Feuer, a Großfeuer, das Feuer wird groß gwen sei, vierzig Meter lang und sechzehn Meter hoch, siebzehn Meter derf ma eigentlich sagn, denn ganz genau ham mir's net abmessen könna, weil's immer so hinaufgschwanzelt is. Des Feuer waar aber nicht so groß worn, wenn wir's gleich gmerkt hätten, aber erstens is's bei der Nacht auskemma, und unser Dorf is so schlecht beleucht, daß ma net amal des Feuer gsehng ham, zweitens hat der Nachtwächter grad an dem Tag Ausgang ghabt, draufkomma san ma erst am drittn Tag, derweil hat das ganze Dorf scho lichterli, ah! lichterloh brennt. Wia mir 's Spritzn anfanga wolln, ham mir koa Wasser ghabt, bei dreißig Grad Kälte war des ganze Wasser gfrorn, jetzt ham sämtliche Bäuerinnen von der ganzen Gmoa zuerst den Schnee kochen müssn, daß wir a Wasser kriegt ham zum Löschen. Der Apotheker von unserm Dorf hat hundert Flaschen Fachinger gstift, auf einmal hat sich der Wind draht, und 's Feier hat aufghört am Abend, und seit der Zeit habn mir zur Erinnerung alle Tag auf d' Nacht um sechs Uhr Feierabend. (...)
Der Herr Kommandant schnuffelt mit der Nase. I woaß net, da muffelt's.

Es riecht nach Brand. (...) Da brandelt's. (...) Jetzt muaß i's halt amal genau untersuchen, was des für a Brand is, ob's a Kellerbrand oder a Dachstuhlbrand is. Ja, ja, des is meiner Ansicht nach a Dachstuhlbrand. (...) Ja woaßt, i will dir da absolut kein Schrecken einjagen, aba soviel i seh, handelt es sich bei dir um ein Großfeuer. (...) De Gschicht kriagn ma scho. I schreib jetzt amal alles auf. Was hast denn für a Hausnummer?
DIE HUBERBÄUERIN: Nummer dreizehn.
DER HERR KOMMANDANT: Na also, da san mir ja glei da mit der Spritzn. Stell dir vor, wennst Hausnummer dreißg ghabt hättst, da hätt man scho weiter hin ghabt. I geh jetzt ummi ins Feuerhaus und laß die Sturmglockn läutn und armalier die ganze Feuerwehr. (...) Also stell di net lang rum, tu aus dem Häusl das Wichtigste raus, net daß dir alles verbrennt. *Die Huberbäuerin geht wieder ins Haus. Er ruft ihr nach*: Schau nur, daß d' zuerst die leicht verbrennbaren Sachen rausbringst, die hölzernen, an Abtrittdeckel - *die Huberbäuerin reicht ihm denselben zum Fenster heraus, er nimmt ihn ab und lehnt ihn an die Hauswand* - Zahnstocher - *die Huberbäuerin wirft ein Packerl Zahnstocher heraus* - Zündhölzer - *er fängt ein Paket wie einen Ball auf und läßt es fallen, schon steckt die Huberbäuerin einen Besenstiel zum Fenster heraus* - und des Zeug. De andern Sachn wirfst auf'n Misthaufn hint außi. *Die Huberbäuerin zieht den Besen wieder zurück.* Ich muß jetzt gehn, Bäuerin, ich hol die andern und komm dann vielleicht bestimmt wieder.

gekürzt aus: Karl Valentin, Gesammelte Werke in einem Band.
© Piper Verlag GmbH, München 1985, S. 341-343

Städtische Bühnen Münster,
o. J.

Friedrich Karl Waechter (geb. 1937):

Der singende Knochen

Im folgenden handelt es sich um den Beginn des Märchens.

Die Spielfläche ist eine Art Schachbrett auf einem Tischchen, hinter dem der Erzähler sitzt und die Personen vorstellt: eine Pfeffermühle, ein Glas, zwei unterschiedliche Rotweinfläschchen, eine Kerze, eine Streichholzschachtel, aus der drei Streichhölzer schaun, ein Würfelbecher mit drei Würfeln und ein Salzstreuer. Der Erzähler stellt die Personen vor und setzt sie, während er sie sprechen läßt, wie Spielsteine eines Brettspiels.

ERZÄHLER:
Das sind die Personen:

Der alte König
mahlt und verstreut seinen letzten Pfeffer.
Des Königs Tochter
fühlt sich so leer, sehnt sich und weiß nicht wonach.
Boff und Plip,
zwei arme Brüder auf der Jagd nach dem Glück.
Die Sängerin einer Tanzkapelle
brennt, wenn sie singt.
Drei Musikanten bringen die Sängerin zum Singen.
Die Bauern rappeln von früh bis spät in der Scheune.
Ein Männlein streut Salz.

ALS KÖNIGSTOCHTER: Mein Vater, der König,
liegt lang schon zu Bett.
Zwei Feinde hält er gefangen im Turm,
die singen so laut. Wie soll er da schlafen?
ALS KÖNIG: Wie soll ich da schlafen?!
ALS BOFF: Im Walde haust ein Schwein,
ein schwarzes Schwein so wild,
das nachts bei Vollmondschein
so rauh, so schaurig brüllt,
das alles von oberst zu unterst schmeißt,
den Jägern des Königs den Bauch aufreißt,
noch keinen von ihnen am Leben ließ.
Wer ist das nächste Opfer des tückischen Viehs?
KÖNIG: Ruhe, ihr Hundesöhne! Ich laß euch die
Zungen rausschneiden!
PLIP: Im Walde, wo er am tiefsten ist,
da grunzt es und schnurchelt im Schweinemist,
bis der Vollmond kommt und die Bestie weckt,

die sich ächzend reckt, ihre Zähne bleckt,
noch nie einen Jäger am Leben ließ.
Wer ist das nächste Opfer des tückischen Viehs?
KÖNIG: Ich laß euch in Stücke schneiden und braten!
Gebt ihr nicht Ruhe, ich tus!
BOFF: Die modrige Luft durch die Nüstern saugt es,
mit scharfen Hufen den Waldboden paukt es,
geleitet von süßen Menschengerüchen,
von Angstgebeten, Verwünschungen, Flüchen,
stinkend nach Pocken, Pest, Teufelskot,
Verderben zu bringen, Unheil und Tod,
das Schwein, das noch jedem den Bauch aufriß.
Wer ist das nächste Opfer des tückischen Viehs?
KÖNIG: Schweigt, oder ich setze euch aus in den Wald!
KÖNIGSTOCHTER: Hah, da ist Ruh.
Aber der Schlaf will nicht kommen,
Die Brüder schnarchen so laut.
KÖNIG: Zersägen die letzte Ruhe!
KÖNIGSTOCHTER: Der König liegt wach,
bis ihm der Kragen platzt,
bis er sein Fenster zertrümmert und schreit
gegen den schnarchenden Turm.
KÖNIG: Im Wald ein Schwein so wild,
das nachts so schaurig brüllt,
das alles von oberst zu unterst schmeißt,
das meinen Jägern den Bauch aufreißt,
das holt euch sogleich aus dem Bett!
Ich sag euch: ihr kriegt euer Fett!
Die Moderluft saugt es, den Waldboden paukt es
und bringt euch Verderben, Unheil und Sterben.
Wartet nur! Gleich gehts euch mies!
Denn ihr seid die nächsten Opfer des Viehs!
Ihr Schnarchsäcke seids!
Hinaus aus dem Turm in den Wald!
Da gibts einen Braten von ganz besonderem Reiz,
den macht ihr heiß, oder er macht euch kalt.
Und wer das Mörderschwein fängt und brät,
bekommt meine schöne Tochter zur Frau.
KÖNIGSTOCHTER: Vater!
KÖNIG: Und wer dem Vieh vor die Hauer gerät,
der macht in der Nacht nie mehr Radau.
KÖNIGSTOCHTER: Vater, höre ich richtig?
Ich soll einen Feind von euch frein?
KÖNIG: Tochter, kein Mann ist so tüchtig,

die Bestie zu töten.
KÖNIGSTOCHTER: Ein Stein
fällt mir vom Herzen.
Und sollt's ihm
dennoch gelingen, was dann?
KÖNIG: So wird aus dem Feinde ein Sohn mir
und dir ein tüchtiger Mann.
KÖNIGSTOCHTER: So wird aus dem Feinde ein Sohn
dir und mir ein tüchtiger Mann.
KÖNIG: So werden aus Schnarchsäcken Leichen.
KÖNIGSTOCHTER: So werden Feinde zu Staub.
KÖNIG: So wird aus Schweinsvieh ein Braten.
KÖNIGSTOCHTER: So wird aus mir eine Braut.
KÖNIG: So wird aus der Not eine Hochzeit.
KÖNIGSTOCHTER: So wird aus dem Elend mein Glück.
KÖNIG: So wird aus dem Wildschwein ein König.
KÖNIGSTOCHTER: So wird aus der Bestie mein Schatz.
KÖNIG: So wird aus dem Lärm endlich Ruhe.

In: Friedrich Karl Waechters Erzähltheater.
© Verlag der Autoren, Frankfurt a. M. 1967, S. 167-169

Heinrich Leopold Wagner (1747 - 79):

Die Kindermörderin

Ein Trauerspiel. - UA: Preßburg 1776

Evchen Humbrecht, Tochter eines ehrbaren Metzgers im französischen Straßburg, ist mit 18 Jahren Mutter geworden, in einem Bordell von Leutnant von Gröningseck verführt und dann durch ein Heiratsversprechen beruhigt. Wegen der Intrige von Gröningsecks Freund glaubt Evchen sich verlassen und versteckt sich bei der armen Lohnwäscherin Marthan. Hier bringt sie ihr Kind zur Welt. Evchens Mutter stirbt, ihr Vater setzt hundert Taler für den aus, der seine Tochter findet. Evchen gibt sich Frau Marthan zu erkennen und schickt ihre Gastgeberin, sich die Belohnung bei Humbrecht zu holen. Im Wahn tötet sie ihr vor Hunger schreiendes Kind.

VI. Akt

EVCHEN: Es wird ja so schon dunkel - *Frau Marthan vollends ab* - mir vor den Augen! war mir's schon lang. - Fast war mir bang, ich brächte sie mir nicht vom Hals. - Ja! was *wollt* ich doch? - warum schickt ich sie aus. - Mein armes bischen Verstand hat, glaub ich, vollends den Herzstoß bekommen! *das Kind schreyt wieder* Singst du? singst? singst unsern Schwanengesang? - sing, Gröningseckchen! sing! - Gröningseck! so hieß ja dein Vater; *nimmts vom Bett wieder auf und liebkosts* - Ein böser Vater! der dir und mir nichts seyn will, gar nichts! und mirs doch so oft schwur, uns alles zu seyn! - ha! im Bordel so gar es schwur! - *zum Kind* Schreyst? schreyst immer? laß *mich* schreyn, *ich* bin die Hure, die Muttermörderinn; *du* bist noch nichts! - ein kleiner Bastert, sonst gar nichts; - *mit verbißner Wuth* - sollst auch nie werden, was *ich* bin, nie ausstehn, was *ich* ausstehn muß - *nimmt eine Stecknadel, und drückt sie dem Kind in Schlaf, das Kind schreyt ärger, es gleichsam zu überschreyn singt sie erst sehr laut, hernach immer schwächer*
Eya Pupeya!
Schlaf Kindlein! schlaf wohl!
Schlaf ewig wohl!
Ha ha ha, ha ha! *wiegts auf dem Arm*
Dein Vater war ein Bösewicht,
Hat deine Mutter zur Hure gemacht;
Eya Pupeya!
Schlaf Kindlein! schlaf wohl!
Schlaf ewig wohl!
Ha ha ha, ha ha!
Schläfst du, mein Liebchen, schläfst? - wie sanft! bald beneid ich dich Bastert, *so* schlafen Engel nur! - Was mein Liedchen nicht konnte! säng mich doch auch jemand in Schlaf so! - Ha! ein Blutstropfen! den muß ich wegküssen, - noch *einer*! - auch *den*! *küßt das Kind an dem verwundeten Schlaf* - Was ist das? - süß! sehr süß! aber hinten nach bitter - ha, jetzt merk ichs - Blut meines eignen Kinds! - und das trink ich? - *wirfts Kind aufs Bett* Da schlaf, Gröningseck! schlaf! schlaf ewig! - bald werd ich

auch schlafen - schwerlich so sanft als du einschlafen, aber wenns *ein*mal geschehn ist, ists gleichviel. - *Man hört jemand* Gott! wer kommt? *sie deckt das Kind zu, setzt sich daneben, und fällt, da sie ihren Vater kommen sieht, mit dem Gesicht aufs Kopfküßen*

Die herbeieilenden Humbrecht und von Gröningseck werden nicht verhüten können, daß die bußwillige Kindesmörderin zum Schafott verurteilt wird.

In: H. L. Wagner, Die Kindermörderin. Hrsg. v. Jörg-Ulrich Fechner. Philipp Reclam Jun. GmbH & Co, Stuttgart 1972, S. 79 f.

Frank Wedekind (1864 - 1918):

Frühlings Erwachen

Eine Kindertragödie. Entst.1890/91, UA: Berlin 1906

Wedekinds Stück wurde in der wilhelminischen Zeit wegen Unsittlichkeit zensiert, so daß die Uraufführung erst sechzehn Jahre später erfolgen konnte. Doch auch literarisch stand der Dichter im Abseits: Er schätzte weder Symbolismus noch Naturalismus und schrieb statt dessen ein lyrisch und grotesk überhöhtes Stationendrama - eher in der Tradition von Lenz, Büchner oder Grabbe. In "Frühlings Erwachen" stellt er junge, ihre Sexualität entdeckende Menschen dar, die mit den Forderungen und Verboten der Eltern- und Erwachsenenwelt zwangsläufig kollidieren müssen. In einer Gesellschaft, die auf Verlogenheit und Unterdrückung ihrer Wünsche baut, können die verwirrten, aufgewühlten Gefühle der Jugendlichen nur mit Schweigen oder Repression beantwortet werden.
Hänschen Rilow, einer der Gymnasiasten um Moritz und Melchior, versucht auf der Toilette seine wilden Phantasien auszumerzen.

Zweiter Akt, dritte Szene

HÄNSCHEN RILOW:
ein Licht in der Hand, verriegelt die Tür hinter sich und öffnet den Deckel
Hast du zu Nacht gebetet, Desdemona? *Er zieht eine Reproduktion der Venus von Palma Vecchio aus dem Busen* - Du siehst mir nicht nach Vaterunser aus, Holde - kontemplativ des Kommenden gewärtig, wie in dem süßen Augenblick aufkeimender Glückseligkeit, als ich dich bei Jonathan Schlesinger im Schaufenster liegen sah - ebenso berückend noch diese geschmeidigen Glieder, diese sanfte Wölbung der Hüften, diese jugendlich straffen Brüste - oh, wie berauscht von Glück muß der große Meister gewesen sein, als das vierzehnjährige Original vor seinen Blicken hingestreckt auf dem Diwan lag!
Wirst du mich auch bisweilen im Traum besuchen? - Mit ausgebreiteten Armen empfang' ich dich und will dich küssen, daß dir der Atem ausgeht. Du ziehst bei mir ein wie die angestammte Herrin in ihr verödetes Schloß. Tor und Türen öffnen sich von unsichtbarer Hand, während der Springquell unten im Parke fröhlich zu plätschern beginnt ...
Die Sache will's! - Die Sache will's! - Daß ich nicht aus frivoler Regung morde, sagt dir das fürchterliche Pochen in meiner Brust. Die Kehle schnürt sich mir zu im Gedanken an meine einsamen Nächte. Ich schwöre dir bei meiner Seele, Kind, daß nicht Überdruß mich beherrscht. Wer wollte sich rühmen, deiner überdrüssig geworden zu sein!
Aber du saugst mir das Mark aus den Knochen, du krümmst mir den Rücken, du raubst meinen jungen Augen den letzten Glanz. - Du bist mir zu anspruchsvoll in deiner unmenschlichen Bescheidenheit, zu aufreibend mit deinen unbeweglichen Gliedmaßen! - Du oder ich! - Und ich habe den Sieg davongetragen.
Wenn ich sie herzählen wollte - all die Entschlafenen, mit denen ich hier den nämlichen Kampf gekämpft! -: Psyche von *Thumann* - noch ein Vermächtnis der

spindeldürren Mademoiselle *Angelique*, dieser Klapperschlange im Paradies meiner Kinderjahre; Io von *Correggio*; Galathea von *Lossow*; dann ein Amor von *Bouguereau*; Ada von *J. van Beers* - diese Ada, die ich Papa aus einem Geheimfach seines Sekretärs entführen mußte, um sie meinem Harem einzuverleiben; eine zitternde, zuckende Leda von *Makart*, die ich zufällig unter den Kollegienheften meines Bruders fand - *sieben*, du blühende Todeskandidatin, sind dir vorangeeilt auf diesem Pfad in den Tartarus! Laß dir das zum Troste gereichen und suche nicht durch diese flehentlichen Blicke noch meine Qualen ins Ungeheure zu steigern. Du stirbst nicht um *deiner*, du stirbst um *meiner* Sünden willen! - Aus Notwehr gegen mich begehe ich blutenden Herzens den siebenten Gattenmord. Es liegt etwas Tragisches in der Rolle des *Blaubart*. Ich glaube, seine gemordeten Frauen insgesamt litten nicht so viel wie er beim Erwürgen jeder einzelnen.

Aber mein Gewissen wird ruhiger werden, mein Leib wird sich kräftigen, wenn du Teufelin nicht mehr in den rotseidenen Polstern meines Schmuckkästchens residierst. Statt deiner lasse ich dann die Lurlei von *Bodenhausen* oder die Verlassene von *Linger* oder die Loni von *Defregger* in das üppige Lustgemach einziehen - so werde ich mich um so rascher erholt haben! Noch ein Vierteljährchen vielleicht, und dein entschleiertes Josaphat, süße Seele, hätte an meinem armen Hirn zu zehren begonnen wie die Sonne am Butterkloß. Es war hohe Zeit, die Trennung von Tisch und Bett zu erwirken.

Brr, ich fühle einen Heliogabalus in mir! Moritura me salutat! - Mädchen, Mädchen, warum preßt du deine Knie zusammen? - warum auch jetzt noch? - - angesichts der unerforschlichen Ewigkeit?? - *Eine* Zuckung, und ich gebe dich frei! - *Eine* weibliche Regung, *ein* Zeichen von Lüsternheit, von Sympathie, Mädchen! - ich will dich in Gold rahmen lassen, dich über meinem Bett aufhängen! - Ahnst du denn nicht, daß nur deine *Keuschheit* meine Ausschweifungen gebiert? - Wehe, wehe über die Unmenschlichen!

... Man merkt eben immer, daß sie eine musterhafte Erziehung genossen hat. - *Mir geht es ja ebenso.*

Hast du zu Nacht gebetet, Desdemona?

Das Herz krampft sich mir zusammen - - Unsinn! - Auch die heilige *Agnes* starb um ihrer Zurückhaltung willen und war nicht halb so nackt wie du! - Einen Kuß noch auf deinen blühenden Leib, deine kindlich schwellende Brust - deine süßgerundeten - deine grausamen Knie ...

Die Sache will's, die Sache will's, mein Herz!

Laßt sie mich euch nicht nennen, keusche Sterne!

Die Sache will's! - *Das Bild fällt in die Tiefe; er schließt den Deckel.*

In: Frank Wedekind, Frühlingserwachen, Philipp Reclam Jun. GmbH & Co., Stuttgart 1971, S. 31-33

Frank Wedekind (1864 - 1918):

Frühlings Erwachen

Eine Kindertragödie. Entst.1890/91, UA: Berlin 1906

Moritz Stiefel hat entgegen seiner Erwartung die Versetzung in die höhere Klasse nicht geschafft. Aus Angst, seine Eltern maßlos zu enttäuschen, will er nach Amerika fliehen oder sich umbringen. Als die um Unterstützung gebetene Mutter seines Freundes Melchior ihm kein Reisegeld geben will, bleibt Moritz nur noch die letzere Möglichkeit. Mitten in seinen Gedanken taucht Wendla auf - ein Malermodell und Freudenmädchen - die sich trotz ihres aufreibenden Lebens in die Unbeschwertheit flüchtet.

Zweiter Akt, siebte Szene

Abenddämmerung. Der Himmel ist leicht bewölkt, der Weg schlängelt sich durch niedres Gebüsch und Riedgras. In einiger Entfernung hört man den Fluß rauschen.
MORITZ: Besser ist besser. - Ich passe nicht hinein. Mögen sie einander auf die Köpfe steigen. - Ich ziehe die Tür hinter mir zu und trete ins Freie. - Ich gebe nicht so viel darum, mich herumdrücken zu lassen. Ich habe mich nicht aufgedrängt. Was soll ich mich jetzt aufdrängen! - Ich habe keinen Vertrag mit dem lieben Gott. Mag man die Sache drehen, wie man sie drehen will. Man hat mich gepreßt. - Meine Eltern mache ich nicht verantwortlich. Immerhin mußten sie auf das Schlimmste gefaßt sein. Sie waren alt genug, um zu wissen, was sie taten. Ich war ein Säugling, als ich zur Welt kam - sonst wäre ich wohl auch noch so schlau gewesen, ein anderer zu werden. - Was soll ich dafür büßen, daß alle andern schon da waren! (...)
Man wird ganz per Zufall geboren und sollte nicht nach reiflichster Überlegung - - - es ist zum Totschießen! - Das Wetter zeigte sich wenigstens rücksichtsvoll. Den ganzen Tag sah es nach Regen aus, und nun hat es sich doch gehalten. - Es herrscht eine seltene Ruhe in der Natur. Nirgends etwas Grelles, Aufreizendes. Himmel und Erde sind wie durchsichtiges Spinnewebe. Und dabei scheint sich alles so wohl zu fühlen. Die Landschaft ist lieblich wie eine Schlummermelodie - '*schlafe, mein Prinzchen, schlaf ein*', wie Fräulein *Snandulia* sang. Schade, daß sie die Ellbogen ungraziös hält! - Am Cäcilienfest habe ich zum letzten Male getanzt. *Snandulia* tanzt nur mit Partien. Ihre Seidenrobe war hinten und vorn ausgeschnitten. Hinten bis auf den Taillengürtel und vorne bis zur Bewußtlosigkeit. - Ein Hemd kann sie nicht angehabt haben ...
Das wäre etwas, was mich noch fesseln könnte. - Mehr der Kuriosität halber. - Es muß ein sonderbares Empfinden sein - - ein Gefühl, als würde man über Stromschnellen gerissen - - - Ich werde es niemandem sagen, daß ich unverrichteter Sache wiederkehre. Ich werde so tun, als hätte ich alles das mitgemacht ... Es hat etwas Beschämendes, Mensch gewesen zu sein, ohne das Menschlichste kennengelernt zu haben. - Sie kommen aus *Ägypten*, verehrter Herr, und haben die *Pyramiden* nicht gesehn?!

Ich will heute nicht wieder weinen. Ich will nicht wieder an mein Begräbnis denken - - *Melchior* wird mir einen Kranz auf den Sarg legen. Pastor *Kahlbauch* wird meine Eltern trösten. Rektor *Sonnenstich* wird Beispiele aus der Geschichte zitieren. - Einen Grabstein werd ich wahrscheinlich nicht bekommen. Ich hätte mir eine schneeweiße Marmorurne auf schwarzem Syenitsockel gewünscht - ich werde sie ja gottlob nicht vermissen. Die Denkmäler sind für die Lebenden, nicht für die Toten. Ich brauchte wohl ein Jahr, um in Gedanken von allen Abschied zu nehmen. Ich will nicht wieder weinen. Ich bin froh, ohne Bitterkeit zurückblicken zu dürfen. Wie manchen schönen Abend ich mit *Melchior* verlebt habe! - unter den Uferweiden; beim Forsthaus; am Heerweg draußen, wo die fünf Linden stehen; auf dem Schloßberg, zwischen den lauschigen Trümmern der Runenburg. - - - Wenn die Stunde gekommen, will ich aus Leibeskräften an Schlagsahne denken. Schlagsahne hält nicht auf. Sie stopft und hinterläßt dabei doch einen angenehmen Nachgeschmack...(...)

ILSE *in abgerissenen Kleidern, ein buntes Tuch um den Kopf, faßt ihn von rückwärts an der Schulter*
(...)
MORITZ: Ilse?! (...) - Lautlos wie eine Katze! (...) - Ich muß zurück, Ilse. (...) Ich muß zurück. - Ich habe noch die Sassaniden, die Bergpredigt und das Parallelepipedon auf dem Gewissen - Gute Nacht, Ilse! (...)
(*allein*) - - - Ein Wort hätte es gekostet. - *Er ruft.* - Ilse! - Ilse! - - Gottlob, sie hört nicht mehr. - Ich bin in der Stimmung nicht. - Dazu bedarf es eines freien Kopfes und eines fröhlichen Herzens. - Schade, schade um die Gelegenheit!
... ich werde sagen, ich hätte mächtige Kristallspiegel über meinen Betten gehabt - hätte mir ein unbändiges Füllen gezogen - hätte es in langen schwarzseidenen Strümpfen und schwarzen Lackstiefeln und schwarzen, langen Glacé-Handschuhen, schwarzen Samt um den Hals, über den Teppich an mir vorbeistolzieren lassen - hätte es in einem Wahnsinnsanfall in meinem Kissen erwürgt ... ich werde lächeln, wenn von Wollust die Rede ist ... ich werde - *Aufschreien! - Aufschreien! - Du sein, Ilse! - Priapial! - Besinnungslosigkeit! - Das nimmt die Kraft mir! - Dieses Glückskind, dieses Sonnenkind - dieses Freudenmädchen auf meinem Jammerweg!* (...)
Er zieht Frau Gabors Brief aus der Tasche und verbrennt ihn. - Wie die Funken irren - hin und her, kreuz und quer - Seelen! - Sternschnuppen! - Eh' ich angezündet, sah man die Gräser noch und einen Streifen am Horizont. - Jetzt ist es dunkel geworden. Jetzt gehe ich nicht mehr nach Hause.

Für Moritz' Selbstmord wird Melchior Gabor verantwortlich gemacht, da er seinem Freund einen Aufsatz über den Beischlaf gegeben hatte. Als herauskommt, daß er die vierzehnjährige Wendla geschwängert hat, stimmen auch seine Eltern in den Verweis von der Schule in die Korrektionsanstalt ein. Wendla stirbt an einem Abtreibungsversuch, während Melchior vor dem Selbstmord durch einen "vermummten Herrn" zurückgehalten wird.

In: Frank Wedekind, Frühlingserwachen, Philipp Reclam Jun. GmbH & Co., Stuttgart 1971, S. 37-42

Urs Widmer (geb. 1938):

TOP DOGS

UA: Zürich 1996

Arbeitslosigkeit, unter der in unserer leistungsorientierten Gesellschaft zunächst die kleinen Leute zu leiden hatten, zieht sich heute bis in die höchsten Managerkreise. Die vollkommene Ersetzbarkeit des Menschen im Kapitalismus wird deutlich, wenn selbst die scheinbar unersetzbaren Träger dieses Systems mit Leichtigkeit gekündigt werden können, wenn effektiverer Nachschub vorhanden ist. In einer Arbeitsvermittlungsagentur finden sich die auf Souveränität und Erfolg gedrillten Führungskräfte zusammen, um sich in Rollenspielen und Gesprächstherapien auf eine mögliche Neueinstellung vorzubereiten. Hinter allen Verstellungen und Verdrängungen lauert die bloße Angst, Aggression und die Sehnsüchte dieser Gestrandeten. Um mit dem Schockerlebnis der Kündigung fertig zu werden, soll Herr Krause die Situation aus Sicht seines Chefs noch einmal nachspielen.

4.5 Sie sind entlassen, Krause!

KRAUSE: Ich hätte das nie gedacht, nie hätte ich das für möglich gehalten, eine Entlassung, was ist das denn schon? Du bist entlassen, na schön, da bist du eben entlassen, hunderttausende sind entlassen, das ist ja keine Schande. Du stehst auf der Strasse, auf der stehen Millionen. Da fällst du weiter nicht auf. Dafür ist sie da, die Strasse, irgendwo müssen die Entlassenen ja stehen. *kämpft mit Tränen* (...)
Hätt ich nie gedacht, dass ich so aus dem Leim gehe. Als der Henner mir das sagte. - Wir siezen uns zwar, er ist der oberste Boss, Henner Sie, Heinrich Sie, aber was haben wir nicht alles zusammen unternommen! - Als er es mir sagte, zur Tür hat er mich begleitet. Die Hand auf die Schulter gelegt. Grüsse an zu Hause. So nett. Sie auch, sage ich. Und kaum war ich draussen, hat es mich nur so geschüttelt, geschluchzt hab ich, aber sowas von geschluchzt, ich seh mich wie heut, was sind das jetzt, vier, fünf Monate vielleicht? Ich steh in der Tiefgarage neben meinem Auto und hämmer den Kopf gegen einen Betonpfeiler. Auch jetzt, wenn ich dran denke, die Tränen... An was soll ich sonst denken... Da. Sehen Sie. Schon gehts wieder los. (...)
Woher hat der Mensch die vielen Tränen? Ich kann in keine Tiefgarage mehr. *lacht* Ist nicht so schlimm, mein Auto ist eh weg. Meine Mutter konnte nicht weinen, hatte chronisch verstopfte Tränengänge. Aber ich! (...)
Ich bringe mich um. Seil, Strick, in die Limmat, das ist gar nicht so einfach, sich umzubringen. Ein Hotelzimmer nehmen, oberster Stock, da hinunterzu... Ich bring mich um, das ist eins, was sicher ist. (...)
greift sich in einem jähen Schmerz in den Nacken Au. (...)
Da. Mein Nacken. *hält ihn schief* Seit ich entlassen bin, bin ich muskulär so... Sehen Sie. Au. Hier auch. Das ist ein Hexenschuss. Ein beginnender Hexenschuss. Der schiesst einem ganz unvermutet ins Kreuz. Den spüre ich stundenlang vorher kommen, wie eine Ahnung, eine absolut sichere Ahnung. Jetzt. Da. Auu. (...)

Ich habe Ausschläge seither, Allergien, überall juckt es mich, unerträglich, an den Beinen, im Rücken, im After, Hämorrhoiden, da werden Sie wahnsinnig. (...) *räuspert sich hysterisch* Chch. Chch. Immer setzt sich da was fest. Chch. Da hinten. Chchchchchch. Brösel, ein Krümel genügt. (...)
Jetzt! Da! Das Augenlid! Es zuckt immer. Sehen Sie!
JENKINS: Was würden Sie zu sich selber sagen, wenn Sie Ihr Chef wären und sich entlassen müssten?
KRAUSE: Ich? Zu mir? (...) Ich, ja, Herr Krause, würd ich sagen. Also das ist ja eine seltsame Sache, sich selber. (...)
Also, Herr Krause. Ich bin gezwungen, Sie zu entlassen. (...) Sie haben ja zwar ganz ausgezeichnet, wirklich erstklassig, aber ich bin gezwungen, es tut mir ausserordentlich leid, just den besten Mitarbeiter eigentlich... *Er kämpft mit den Tränen, wie vorher* (...) Keine Tränen jetzt, Herr Krause. Heinrich. Sie sind eine Heulsuse, das sage ich Ihnen jetzt ganz offen von Mann zu Mann, ein weinerlicher Waschlappen sind Sie. (...) *ahmt ihn angewidert nach* Ich kann nicht anders, Henner. Es ist stärker als ich. - Ich kann Sie nicht ausstehen, Heinrich. Krause. Wie Sie dastehen mit Ihrem saublöden Babyface, tun so, als seien Sie ein Adler, Krause, dabei ist Ihre Nase ein einsames Erbstück von Ihrem Vater. *Der* war ein Adler, dem können Sie nie das Wasser reichen. Sie sind ein Kuckuck allenfalls, eine Ente sind Sie, ein Sittich. Ein Workaholic der dritten Art. Pathologisch. Die anderen Herren der Geschäftsleitung sehen rot, wenn sie Ihren Namen nur schon hören. Haben Sie eigentlich keine Frau? (...) Wissen Sie denn nicht, was eine Frau will am Wochenende? *Fun* will die am Wochenende, ein kameradschaftliches *Shopping* am Samstagnachmittag, Mann, Krause, dann ein Dinner irgendwo mit einem guten Glas Roten, und dann heim und vielleicht daheim noch einen Schlummerwhisky, ist Wochenende!, und dann Sex, Krause, Mann, eine Frau will Sex am Samstag! (...) Jede Frau will das, jede! Auch eine, die so gut aussieht wie Ihre, Krause. Sie hätten ja auch eine hässlichere heiraten können. Jetzt haben Sie die, und die will Sex am Samstag, und zwar etwas mehr als Beine in die Luft und zweimal rein und raus. Da müssen Sie auch mal Ihre Phantasie ins Spiel bringen. Die haben Sie ja in solchen Fragen, das weiss ich genau, Krause. (...) Sex ist etwas anderes als Jogging. Ihre Frau will eine richtige Schweinerei mal, etwas, was jede Grenze überschreitet, wo man sich danach voreinander schämt, und es war doch einzigartig herrlich. Hämmern Sie sich das endlich in Ihren behämmerten Schädel. Krause. (...) Man könnte sich umbringen Ihretwegen. Einen steifen Nacken kriegt man. Hexenschuss. Alles juckt einen, von unten bis oben. *Räuspert sich wie vorher. Hysterisch. Zuckt mit dem Augenlid* Sie sind ein Arschloch. Sie sind ein unerträgliches Arschloch, Krause. Schauen Sie mal in den Spiegel. Wenn ich Ihre Frau wäre, würde ich Ihnen noch gestern davonlaufen. Sie sind entlassen! - Geht das so?

Urs Widmer (geb. 1938):
TOP DOGS
UA: Zürich 1996

Urs Widmer stützt sich in seinem Stück auf Gespräche mit arbeitslos gewordenen Topmanagern und deren Beratern. Den Schicksalsschlag, den die bis dahin hofierte, nun nutzlos gewordene Führungselite erleidet, ist unglaublich. Widmer stellt diese Menschen in ihrer Maskenhaftigkeit, aber auch Verletzung dar, gerade, wenn sie monologisch von ihren Träumen erzählen, schimmert der fast kindlich wirkende Wunsch durch, geliebt zu werden.

8. Die Träume - 8.5 Büro aus Glas

JULIKA JENKINS: Oder ein Büro aus Glas. Oberster Stock, Dachterrasse. Die ganze Skyline. Tief unter mir der Central-Park, Sie verstehen, mein Büro ist in New York. Trägt meinen Namen, das Building. Jenkins-Building. Sind alle meine Unternehmen drin, The Julika-Jenkins-Corporation, Jenkins Jenkins and Jenkins. Jenkins International. Meine Mutter hat keine Ahnung. Glaubt, ich bin ne Edelnutte, oder lebe von der Sozialhilfe, die mit ihren ewigen Ängsten. Und dann, aus heiterem Himmel, schicke ich ihr ein Ticket, Zürich-New York, first class, oder mit der Concorde ab Paris, noch besser. Sie denkt natürlich, dass ich das Ticket gestohlen hab. Jeden Tag, Jahr für Jahr, hat sie mir in die Ohren geheult, dass aus mir nichts werden wird. Nichts, nichts, nichts. Ein Ozean zwischen mir und Mami, das ist die Minimaldistanz. Ich hole sie am airport ab, VIP-Exit, und hinüber zur Limousine mit den abgedunkelten Fenstern. Sie wissen schon, lang wie die Ewigkeit, hinten so ne Haifischflosse, vorn ein schwarzer Chauffeur, der der Mami die Tür aufhält. Neben dem Chauffeur sieht sie wie ein Huschel vom Land aus. Neben mir sowieso. In meinem Büropalast überall emsige Angestellte, Guten Tag, Frau Chef, guten Abend, Frau Jenkins. Im Vorbeigehn zeichne ich noch schnell einen Vertrag ab, entschuldige, Mami, muss heut abend noch raus, wir übernehmen die ABB. Und oben in meinem Büro staunt die Mami auf den Lichterglanz des Broadway hinunter und dreht sich nach mir um und bricht in Tränen aus und sagt: Kind, ich hab dir Unrecht getan. Grossartig hast du das gemacht. Grossartig, Kind.

In: Theater heute 2/1997, S. 48. © Verlag der Autoren, Frankfurt am Main, 1969
Der Monolog Susanne Wrages - 8.4 Waffen einer Frau - eignet sich ebenfalls als Vorsprechrolle.

Christa Wolf (geb. 1929):

Kassandra

EA: 1983

Bei dem Text handelt es sich zwar um eine Erzählung, aber immer wieder wurde er als dramatischer Monolog auf die Bühne gebracht, auch mit musikalischer Begleitung durch die Musik des Schweizer Komponisten Michael Jarrell.
Die ohnmächtige Seherin Kassandra, nach Trojas Untergang von Agamemnon als Sklavin nach Griechenland mitgebracht, steht vor dem Löwentor von Mykene und blickt zurück, denn sie weiß: "Ich werde heute noch erschlagen werden."

KASSANDRA: Für alles auf der Welt nur noch die Vergangenheitssprache. Die Gegenwartssprache ist auf Wörter für diese düstre Festung eingeschrumpft. Die Zukunftssprache hat für mich nur diesen einen Satz: Ich werde heute noch erschlagen werden.
Was will der Mann. Spricht er zu mir? - Ich müsse doch Hunger haben.- Ich nicht, er hat Hunger, er will die Pferde einstellen und endlich in sein Haus kommen, zu seinen Leuten, die ihn ungeduldig umstehn.- Ich solle doch seiner Königin folgen. Ruhig in die Burg gehn, mit den beiden Wächtern, die zu meinem Schutz, nicht zur Bewachung auf mich warten. - Ich werde ihn erschrecken müssen. - Ja, sag ich ihm, ich geh. Nur jetzt noch nicht. Laß mich noch eine kleine Weile hier. Es ist nämlich, weißt du, sag ich ihm, und suche ihn zu schonen: Wenn ich durch dieses Tor gegangen bin, bin ich so gut wie tot.
Das alte Lied: Nicht die Untat, ihre Ankündigung macht die Menschen blaß, auch wütend, ich kenn es von mir selbst. Und daß wir lieber den bestrafen, der die Tat benennt, als den, der sie begeht: Da sind wir, wie in allem übrigen, alle gleich. Der Unterschied liegt darin, ob mans weiß.
Ich hab es schwer gelernt, weil ich, gewohnt, die Ausnahme zu sein, mich unter kein gemeinsames Dach mit allen zerren lassen wollte. Da schlug ich Panthoos, als er am Abend jenes Tags, an dem er mich zur Priesterin geweiht, mir sagte: Dein Pech, kleine Kassandra, daß du deines Vaters Lieblingstochter bist. Geeigneter, das weißt du, wäre Polyxena: Sie hat sich vorbereitet, du verläßt dich auf deinen Rückhalt bei ihm. Und, wie es scheint - ich fand sein Lächeln unverschämt, als er das sagte -, auch auf deine Träume.
Dafür schlug ich ihm ins Gesicht. Sein Blick durchfuhr mich, doch er sagte nur: Und jetzt verläßt du dich darauf, daß ich zwar der erste Priester, aber doch bloß ein Grieche bin.
Er traf die Wahrheit, doch nicht ganz und gar, denn weniger, als er sich vorstellen konnte, ließ ich mich von Berechnung leiten. (Auch unsre Berechnung wird, uns unbewußt, geleitet, ja, ich weiß!) Der Traum die Nacht zuvor kam ungerufen, und er hat mich sehr verstört. Daß es Apollon war, der zu mir kam, das sah ich gleich, trotz der entfernten Ähnlichkeit mit Panthoos, von der ich kaum hätte sagen können, worin sie bestand. Am ehesten im Ausdruck seiner Augen, die ich damals noch

"grausam", später, bei Panthoos - nie wieder sah ich Apoll! - nur "nüchtern" nannte. Apollon im Strahlenglanz, wie Panthoos ihn mich schon lehrte. Der Sonnengott mit der Leier, blau, wenn auch grausam, die Augen, bronzefarben die Haut. Apollon, der Gott der Seher. Der wußte, was ich heiß begehrte: die Sehergabe, die er mir durch eine eigentlich beiläufige, ich wagte nicht zu fühlen: enttäuschende Geste verlieh, nur um sich mir dann als Mann zu nähern, wobei er sich - ich glaubte, allein durch meinen grauenvollen Schrecken - in einen Wolf verwandelte, der von Mäusen umgeben war und der mir wütend in den Mund spuckte, als er mich nicht überwältigen konnte. So daß ich beim entsetzten Erwachen einen unsagbar widerwärtigen Geschmack auf der Zunge spürte und mitten in der Nacht aus dem Tempelbezirk, in dem zu schlafen ich zu jener Zeit verpflichtet war, in die Zitadelle, in den Palast, ins Zimmer, ins Bett der Mutter floh. Mir blieb der Augenblick kostbar, als Sorge um mich Hekabes Gesicht veränderte, aber sie hatte sich in der Gewalt. Ein Wolf, fragte sie kühl. Warum ein Wolf, wie kommst du darauf. Und woher die Mäuse. Wer sagt dir das. (...)

Wenn sich ein Gott zu ihr legen wollte: War das nicht ehrenvoll für eine Sterbliche! Das war es. Und daß der Gott, zu dessen Dienst ich mich bestimmt, mich ganz besitzen wollte - war es nicht natürlich? Doch. Also. Was fehlte? - Nie, niemals hätte ich diesen Traum der Hekabe erzählen sollen! Sie blieb dabei, mich auszuforschen. Hatte ich denn nicht im Jahr zuvor, kaum daß ich zum erstenmal geblutet hatte, mit den anderen Mädchen im Tempelbezirk der Athene gesessen - sitzen müssen! dacht ich wie damals, und wie im Jahr zuvor zog meine Kopfhaut sich vor grauenvoller Scham zusammen -, und war nicht alles seinen vorbestimmten Gang gegangen? Die Zypresse, unter der ich saß, könnte ich noch bezeichnen, falls die Griechen sie nicht angezündet haben, die Form der Wolken könnte ich beschreiben, sie kamen vom Hellespont in lockerem Zug. (...) Die Augen schließen, ich kann es nicht mehr, konnte es aber. Öffnete sie einen Spaltbreit und nahm die Beine der Männer in mich auf. Dutzende von Männerbeinen in Sandalen, man sollte nicht glauben, wie verschieden, alle widerlich. An einem Tag kriegte ich fürs Leben genug von Männerbeinen, keiner ahnte es. Ich spürte ihre Blicke im Gesicht, auf der Brust. Nicht einmal sah ich mich nach den anderen Mädchen um, die nicht nach mir. Wir hatten nichts miteinander zu tun, die Männer hatten uns auszusuchen und zu entjungfern. Ich hörte lange, eh ich einschlief, das Fingerschnipsen und, in wieviel verschiedenen Betonungen, das eine Wort: Komm. Um mich wurde es leer, nach und nach waren die andern Mädchen abgeholt worden, die Töchter der Offiziere, Palastschreiber, Töpfer, Handwerker, Wagenlenker und Pächter. Die Leere kannte ich von klein auf. Ich erfuhr zwei Arten von Scham: die, gewählt zu werden, und die, sitzenzubleiben. Ja, ich würde Priesterin werden, um jeden Preis. (...)

In: Kassandra. Erzählung. Sammlung Luchterhand. Frankfurt/M. 1986, S. 18-21
© 1983, 1986 by Hermann Luchterhand Verlag GmbH & Co KG, Darmstadt und Neuwied.
Alle Rechte vorbehalten: Luchterhand Literaturverlag GmbH, München

Adressen der staatlichen Schauspielschulen im deutschsprachigen Raum

Hochschule für Theater des Konservatoriums Bern
Sandrainenstraße 3
CH - 3007 Bern
Tel.: 0041-31-3121280
Fax: 0041-31-3123885

Hochschule für Schauspielkunst "Ernst Busch" Berlin
Schnellerstraße 104
12439 Berlin
Tel.: 030-63997512
Fax: 030-63997575

Hochschule der Künste Berlin
FB 9 - Darstellende Kunst
Studiengang Schauspiel
Fasanenstraße 1b
10623 Berlin
Tel.: 030-31852322
Fax: 030-31852689

Westfälische Schauspiel-Schule Bochum
Institut der Stadt Bochum
Lohring 20
44777 Bochum
Tel.: 0234-3250444
Fax: 0234-3250446

Folkwang-Hochschule Essen
Fachbereich 3
Klemensborn 39
45239 Essen
Tel.: 0201-4903-119
Fax: 0201-4903-288

Hochschule für Musik und Darstellende Kunst Frankfurt am Main
Fachbereich Darstellende Kunst
Eschersheimer Landstraße 29-39
60322 Frankfurt
Tel.: 069-154007-0
Fax: 069-154007-108

Hochschule für Musik und Darstellende Kunst in Graz
Abt. 9 - Schauspiel
Leonhardstraße 15
A - 8010 Graz
Tel.: 0043-316-389-1606
Fax: 0043-316-389-1676

Hochschule für Musik und Theater Hamburg
Fachbereich 7, Schauspiel
Harvestehuder Weg 12
20148 Hamburg
Tel.: 040-44195400
Fax: 040-44195666

Hochschule für Musik und Theater Hannover
Studiengang Schauspiel
Emmichplatz 1
30175 Hannover
Tel.: 0511-3100-251
Fax: 0511-3100200

Hochschule für Musik und Theater "Felix Mendelssohn-Bartholdy" Leipzig
Abteilung Schauspiel
Grassistraße 8
04107 Leipzig
Tel.: 0341-2144915
Fax: 0341-2144948

Otto-Falckenberg-Schule München
Fachakademie für Darstellende Kunst der Landeshauptstadt München
Hildegardstraße 3
80539 München
Tel.: 089-23721-341
Fax: 089-23721-268

Bayerische Theaterakademie im Prinzregententheater München
Abteilung Schauspiel
Prinzregentenplatz 12
81675 München
Tel.: 089-2185-2842
Fax: 089-21104-853

Hochschule für Film und Fernsehen "Konrad Wolf" Potsdam-Babelsberg
Studiengang Schauspiel/Medienspezifisches Schauspiel
Karl-Marx-Straße 33/34
14482 Potsdam
Tel.: 0331-7469-431
Fax: 0331-7469-202

Hochschule für Musik und Theater Rostock
Institut für Schauspiel
Am Bussebart 10-11
18055 Rostock
Tel.: 0381-2006644
Fax: 0381-2020625

Hochschule des Saarlandes für Musik und Theater Saarbrücken
Studienbereich Darstellende Kunst
Bismarckstraße 1
66111 Saarbrücken
Tel.: 0681-96731-0
Fax: 0681-96731-30

Hochschule für Musik und Darstellende Kunst
Mozarteum Salzburg
Abteilung VIII - Darstellende Kunst
Mirabellplatz 1
A - 5020 Salzburg
Tel.: 0043-662-88908-281
Fax: 0043-662-872436

Staatliche Hochschule für Musik und Darstellende Kunst Stuttgart
Abteilung Schauspiel
Landhausstr. 70
70190 Stuttgart
Tel.: 0711-212-4849

Hochschule für Musik und Darstellende Kunst
Max-Reinhardt-Seminar Wien
Abt. Schauspiel und Regie
Penzingerstraße 9
Palais Cumberland
A - 1140 Wien
Tel.: 0043-1-8942141
Fax: 0043-1-894669-030

Schauspiel Akademie Zürich
Gessnerallee 11
CH - 8001 Zürich
Tel.: 0041-1-2261926
Fax: 0041-1-2261927

Interview mit den Schauspieldozenten
Prof. Thomas Vallentin und Prof. Frank Strobel

Herr Professor Vallentin, Sie sind Prorektor an der Hochschule für Musik und Theater in Rostock, welche Stationen sind für Ihr berufliches Leben prägend?
Vallentin: Zunächst bin ich gelernter Schauspieler von der ehemaligen staatlichen Schauspielschule in Berlin, der jetzigen Hochschule für Schauspiel "Ernst Busch". Danach habe ich als Regisseur an der Volksbühne im Osten Berlins gearbeitet, war dann am Berliner Ensemble als Regieassistent, Schauspieler und Dramaturg über sechs Jahre verteilt bis zu meinem ersten Regievertrag. Von dort aus bin ich dann in die Provinz gegangen, nach Brandenburg als Regisseur und Oberspielleiter - das war so eine kollektive Phase. Und dann, als es mir nicht mehr möglich war, habe ich versucht, als Freischaffender zu überdauern, und damit fing meine Arbeit an der Schauspielschule in Rostock an.

Inwiefern beeinflussen ihre Erfahrungen am Berliner Ensemble die heutige pädagogische Arbeit mit Schauspielstudenten?
Vallentin: Während meiner ganzen Entwicklung bin ich ja mit vielen verschiedenen Richtungen und Theaterströmungen konfrontiert gewesen. Mein Vater, Maxim Vallentin, hat das Stanislawski-System sozusagen nach dem Krieg aus der Emigration nach Deutschland mitgebracht; er hat die erste Schauspielschule in Weimar auf Schloß Belvedere gegründet. Er war somit ein Stanislawskivertreter, hatte aber auch schon vor dem Krieg mit Brecht zusammengearbeitet. Insofern waren die beiden miteinander bekannt und auch in der Auseinandersetzung begriffen, die sehr fair lief. Ich bin also aufgewachsen mit der Stanislawski-Methode, verbrachte meine Jugend dann aber im Brechttheater, bei den Schülern von Brecht. Dort bin ich in die Lehre als Regisseur und Dramaturg gegangen. Insofern wurde ich von diesen beiden Polen in meiner Entwicklung gespeist, und natürlich entsteht daraus eine eigene Mischung. Eine, die auf die Zweckmäßigkeit des Theaters der Zeit ausgerichtet war und ist, und die mich heute in die Lage versetzt, von beiden Traditionen etwas weiterzugeben, was mir wichtig ist.

Herr Professor Strobel, bis Sie Leiter des Instituts für Schauspiel an dieser Schule geworden sind, wurden Sie ebenfalls an der Berliner Schule zum Schauspieler ausgebildet und haben diesen Beruf 17 Jahre ausgeübt. Welche Konsequenzen haben Ihre Praxiserfahrungen für die Ausbildung von Studenten?
Strobel: Alles, worunter ich gelitten habe, versuche ich jetzt anders zu machen. Ich habe beispielsweise sehr unter der Inkompetenz von Regisseuren oder Dramaturgen gelitten. Nicht genug vorbereitet und langsam im Denken erschienen mir viele - natürlich gab es auch Ausnahmen. Ich habe eine ganze Weile gebraucht, um mich in diesem Beruf zu orientieren. Am Anfang habe ich mit einer gewissen Bedenkenlosigkeit, auch Hemmungslosigkeit gespielt, bis hin zur körperlichen und geistigen Erschöpfung. Es hat ziemlich lange gedauert, daß ich meine Unbefangenheit

verloren habe und damit auch begann, darüber nachzudenken, was das ist, was Schauspieler bewegt - ohne daß ich auch nur eine Sekunde daran gedacht hätte, daß ich einmal selber unterrichten würde. Mich hat dieser ganze Prozeß interessiert: Wie arbeiten Schauspieler, was geht in deren Köpfen vor, wie muß man sie motivieren, gibt es einen bestimmten Tagesablauf, den Schauspieler benötigen, um sich optimal auf Proben und Vorstellungen vorzubereiten?

Haben Sie denn am Beginn eines Szenenstudiums, bei der Erarbeitung einer Rolle, eine Methode, die Sie bevorzugen?
Strobel: Überhaupt nicht. Ich bin ja in einer Zeit ausgebildet worden, in der es überhaupt keine Theorien mehr gab. Brecht war schon so lange tot. Es wurde mehr anekdotisch erzählt, daß die Leipziger Schule eine Stanislawski-Schule sei, und wir seien doch irgendwas anderes. Diese Ausbildung war stark von Rudolf Penka geprägt, der alle möglichen Erfahrungen zusammenfaßte, und die waren in der DDR natürlich vorrangig Brecht und Stanislawski.
Vallentin: Ich glaube an die sogenannte Starrheit von Methoden. Ich glaube, beide, Stanislawski wie auch Brecht, waren Theaterleute, und ihre Methode veränderte sich mit dem Inhalt und dem, was sie inszenieren wollten, ständig. Das kann man bei Brecht beobachten, wenn man im Kleinen Organon genau hinguckt: Liest man die Jahreszahlen, von wann bis wann er es geschrieben hat, sieht man, daß da doch sehr widersprüchliche Dinge in diesem Zeitraum aufgeführt worden sind, die sich einfach in der Arbeit erwiesen, und dann mal so nötig sind und mal so. Insofern sollte man beide Theaterleute sein lassen und keine großen Wissenschaftler. Ich denke, das waren sie nicht und wollten sie auch nicht sein.
Strobel: Die Herangehensweise an eine Rolle ist auf jeden Fall von Mensch zu Mensch verschieden, wenn nicht sogar von Rolle zu Rolle. Im Prinzip braucht jeder seine eigene Methode. Bestimmte Sachen und Erfahrungen sind natürlich übertragbar, zum Beispiel Übungen im Grundlagenunterricht. Da muß in der Ausbildung eine Synthese gefunden werden, aber es sollte so individuell wie möglich ausgebildet werden.

Es melden sich jährlich etwa 600 Bewerber zur Eignungsprüfung in Rostock, von denen nur zehn bis zwölf einen Ausbildungsplatz erhalten. Gibt es objektive Kriterien, nach denen über eine Aufnahme entschieden wird, oder ist schauspielerische Begabung nur schwer in Worte zu fassen?
Vallentin: In Worte läßt sich das schon fassen, aber Objektivität ist sehr schwer erreichbar. An dieser Schule gibt es trotz der Verschiedenheit der Leute, die hier arbeiten, doch gemeinsame Kriterien, die angelegt werden, um festzustellen, wen wir für begabt halten.
Begabung oder Talent ist, eine Geschichte für Leute interessant zu erzählen und sie wiederholen zu können. Beim Schauspielen geht es nicht um die einmalige Produktion, sondern um die Wiederholbarkeit. Wobei das aber noch nicht das Aufnahmekriterium selber ist. Ich denke, daß die Vorstellungskraft eines Studenten zu sehen

sein muß und das unbedingte Sich-mitteilen-Wollen. Also: Was hat er uns zu sagen, und wie kann er es uns sagen?
Strobel: Im ersten Teil der Prüfung wird richtig sortiert nach Eignung und Nichteignung. Wir prüfen die Eignung für ein Hochschulstudium in Rostock, nichts weiter. In dieser kurzen Zeit kann man eigentlich noch nicht entscheiden, ob jemand für diesen Beruf geeignet ist. Talent ist schauspielerische Kreativität, das heißt: Wie setzt sich ein Mensch in Bewegung, um zu spielen? Was passiert dabei intellektuell, emotional und körperlich? Wie drückt sich jemand aus in dieser merkwürdigen Mischung zwischen Fremdverhalten und eigener Persönlichkeit?

Was wollen Sie sehen, wenn Sie einem Bewerber zuschauen, was wollen Sie nicht sehen?
Vallentin: Ich will sehen, daß der Bewerber sich eine fremde Figur vorstellen kann und eine Geschichte für sie erfindet. Nicht sehen will ich die Hilfe meiner Kollegen. Fremdbestimmung will ich nicht sehen, denn es ist sehr schwer, eine Persönlichkeit beurteilen zu können, wenn sie schon beschrieben ist. Was darunter ist, ist oft verdeckt bei Leuten, denen geholfen wird, und die haben es dadurch sehr viel schwerer. Ich denke immer, derjenige, der Schauspieler werden will, der muß es selber wollen. Wir wollen ja Schauspieler entwickeln und erziehen, nicht Perfekte haben. Die brauchten ja keine Ausbildung.
Strobel: Die meisten, die sich hier vorstellen, arbeiten ja unter Anleitung, was für sich genommen auch korrekt ist, denn irgend jemand muß ja mal zuschauen. Wenn das jetzt jemand ist, der vom Theater kommt, wird er immer versuchen, demjenigen eine Form aufzuzwingen... Der Bewerber arbeitet dann bestimmte Haltungen ab und wird ganz verbogen.
Ich will in der Prüfung Phantasie sehen, will sehen, was die Dinge, von denen er erzählt, in ihm hervorrufen. Geht es ihn etwas an? Gehen Gedanken und Gefühle in den Körper über? Ist jemand schauspielerisch sensibel? Jemand sucht sich eine Rolle aus und stellt sie uns vor. Bei diesem Jemand wollen wir einfach sehen, warum er sich die ausgesucht hat. Der Bewerber erzählt damit von sich. Das ist möglicherweise sehr vage, aber andere Kriterien, die eine Rolle spielen - wie: Hat der Bewerber einen S-Fehler? Ist er körperlich sehr verkrampft? Wie läuft er? Hat er vielleicht einen körperlichen Schaden? - halten wir oftmals für reparabel.

Welche Unterschiede zwischen den verschiedenen staatlichen Schauspielschulen im deutschsprachigen Raum können Sie ausmachen? Zum Beispiel zwischen Ost- und West-Schauspielschulen?
Strobel: Die Annahme, daß es einen extremen Unterschied zwischen Ost- und West-Schauspielschulen gibt, halte ich für Unsinn. Es hat sich nur durch die politische Situation eine Tradition an den Ostschulen gebildet, daß die Lehrkörper ihre Arbeit sehr ernst nehmen, denn diese Arbeit war eine Form von Flucht. Es war die Notwendigkeit, sich sehr auf sich selber zu konzentrieren, weil es eine ganze Menge von Material nicht gab. Diese Verantwortung oder auch Leidenschaftlichkeit, die in dieser Lage natürlich eine höhere ist, haben die Ostschulen geprägt. Das ist

eine Sache, die ich mitunter bei meinen Westkollegen nicht ganz so sehe. Aus einem antiautoritären Erziehungsmodell entstand dort teilweise eine gewisse Lässigkeit.
Vallentin: Es gibt im Westen handwerklich sehr fundierte Ausbildungen, zum Beispiel in München an der Otto-Falkenberg-Schule oder in Bochum. Es gibt also Schauspielschulen, die dank ihrer guten Lehrer sehr souverän sind, und es gibt Schauspielschulen, die ich für die Entwicklung in Westdeutschland für nicht so wichtig halte.

In Ostdeutschland gibt es zumindest drei Schulen und eine wechselnd, die doch einen bestimmten Standard hatten für die DDR. Das ist die Berliner Schule, von der auch die meisten der hier Lehrenden herkommen, die Rostocker Schule, die Leipziger Schule und mit wechselndem Erfolg noch die Babelsberger Filmhochschule. Die Ausbildung des Schauspielers im westlichen Teil zielte über die Jahre sehr auf die Meisterschaft des Einzelnen und weniger auf ein Ensembletheater, während in der DDR wert gelegt wurde auf das Ensembletheater, das Miteinander-Spielen, das Aufeinander-Eingehen, auch das Gemeinsam-dem-Publikum-etwas--sagen-Wollen. Es war also nicht der Star, der etwas erzählen wollte, sondern es war die Gruppe. Die eigene Sprache, die in den Arbeiten entstand, wurde auch dadurch gefunden, daß man als Gruppe sich ja erst einmal selber artikulieren mußte, um dann gemeinsam dem Publikum etwas sagen zu können. Die Auseinandersetzungen, die schon im Vorfeld einer Aufführung stattfanden, machte das Theater in der DDR vielleicht nicht ganz so sprachlos, wie es oft im westlichen Teil Deutschlands war.

Werden an den verschiedenen Hochschulen auch verschiedene Arten von Bewerbern aufgenommen?
Vallentin: Das ist schwierig, aber ich glaube, Begabungen setzen sich durch. Ob im Osten oder Westen. Bei unseren Studenten ist eigentlich Ost und West kein Problem mehr, weil sie alle denselben gesellschaftlichen Zwängen unterliegen.
Strobel: Es gibt immer das Bild einer Schule, also eine bestimmte Art von Menschen gehen dahin oder dorthin. Aber das ist eine oberflächliche Vorstellung, die durch nichts gestützt ist. Ich glaube, was Rostock auszeichnet, ist, daß wir lieber etwas kompliziertere Menschen nehmen als unkomplizierte, glatte, oberflächliche. Bei uns haben diese Fernsehschönheiten eigentlich keinen Platz. Wir bevorzugen Menschen, die spröde sind, die sperrig sind, die - positiv gesehen - interessant sind, die uns sehr wandlungsfähig erscheinen, die ungewöhnlich sind, auch in bestimmten Dingen, die sie tun - wenn wir auch manchmal erschrecken - das schätzen wir. Nicht den gesuchten Hang zur Originalität.
Wer sich ungewöhnliche Texte sucht, also nicht gerade das Brett an der dünnsten Stelle bohrt und damit auch einen Anspruch formuliert, der darüber hinausreicht, sich einfach nur zu präsentieren, der hat schon einen Bonus.

Welche Eigenschaften müssen so stark in einem Menschen sein, daß er Schauspieler werden will, und welche Voraussetzungen braucht er, daß er es auch werden kann?
Strobel: Er muß die unbedingte Lust haben, sich schauspielerisch auszudrücken. Er muß über einen gewissen Grad von Exhibitionismus verfügen, darf keine falschen

Schamgefühle haben. Scham ist ein wichtiges Regulativ für Dinge, die man tut, aber er darf nicht kontaktscheu sein, er muß Menschen offen begegnen können, er muß Menschen lieben, er muß Menschen sich in Demut nähern, nicht im Sinne von Unterwürfigkeit, sondern sie ernst nehmen, auch diejenigen, die einem fremd sind und die man ablehnt. Er sollte unendlich neugierig sein auf sie und damit auch auf die Kunst. Er sollte die Kunst lieben.

Vallentin: Ich halte den Beruf des Schauspielers für einen unbedingten Beruf, der eigentlich nicht die Trennung von Privat- und Arbeitssphäre zuläßt. Nur ein Mensch, der sich bedingungslos in solch eine Geschichte einbringt, mit all seinen Schwierigkeiten wie auch dem Glück, daß man in diesem Beruf arbeiten kann, einer, der sein Individuum im Grunde täglich den andern zur Verfügung stellen kann, einer der daran Genuß und auch Schmerz empfindet - das macht einen Schauspieler aus. Die Unabdingbarkeit, Schauspieler sein zu müssen. Nichts anderes. Alle anderen sind Techniker.

Sollten Prüfungsrollen nah am Erfahrungsbereich des Bewerbers liegen, oder sollte man versuchen, möglichst verschiedene Menschen, sogenannte Fremdfiguren zu zeigen?

Vallentin: Nah am Erfahrungsbereich, ja. Was nicht heißt, daß die Figuren nicht aus der Antike sein können. Ich denke, daß man Dinge suchen muß, in denen man sich wiederfindet, und das kann quer durch die Theatergeschichte gehen. Was weiß ich von mir, was man den Rollen schenken kann?

Strobel: Wenn ich den Bewerber kenne, würde ich ihm immer raten, dicht am eigenen Erlebensbereich zu bleiben oder sich Rollen zu suchen, die die eigene Vorstellungskraft nicht überschreiten. Aber wenn sich jemand eine schwierige Aufgabe stellt und sie weitestgehend oder sogar völlig meistert, das würde für sie oder ihn sprechen. Das spräche dann auch für eine Eignung.

Beim schauspielerischen Talent ist das schwieriger, denn das ist weiter verbreitet, als man glaubt. Aber hier geht es eben um ein Studium, in dem man diesen Beruf erlernen muß. Kann sich jemand über vier Jahre auf ein Studium konzentrieren? Es geht nicht darum, ein nettes Ambiente zu schaffen, in dem man sich dann und wann trifft und über das Theater und das Leben plaudert, sondern um eine Ausbildung. Diese Konzentration und Disziplin innerhalb des Studiums soll natürlich auch auf die spätere Berufspraxis vorbereiten, in der man sich auch unter- oder einordnen muß. Verantwortungsgefühl kann nicht früh genug trainiert werden. Wenn Bewerber sich klassische Rollen suchen, nähern sie sich automatisch einer extremen Fremdfigur - also fremden Menschen in fremden Zeiten, alles bis hin zur Sprache ist fremd. Es liegt im Geschick der Leute, ob sie in der Lage sind, in diesen Texten etwas zu entdecken, was sie selber betrifft. Ist diese Luise wirklich so extrem anders als ich, oder spricht die bloß anders?

Wie weit sollte eine Verwandlung vom Darsteller in eine Figur stattfinden? Ist eine sehr große Identifikation mit einer Rolle hilfreich oder hinderlich?
Vallentin: Ich denke, das Problem der Überidentifikation besteht bei der Bewerbung nicht. Denn das sind ja Dinge, die dann noch geschult werden. Wenn jemand überidentifiziert und die Leute damit überzeugt, dann ist das ja o.k.

Dann ist es egal, ob er verrückt dabei wird?
Vallentin: Das ist die Gefahr in dem Beruf sowieso. Daß man die Schwelle überschreitet.
Strobel: Es gibt, grob gesagt, zwei Arten von Schauspielern, es gibt einmal die ganz starken Schauspielerpersönlichkeiten, die immer das gleiche spielen, also die gleichen Mittel benutzen und trotzdem immer wieder ausgezeichnet sind, und die Schauspieler, die extreme Verwandler sind. Die eine Form ist nicht besser als die andere. In beiden "Schulen" gibt es großartige Schauspieler.

Was sind die wichtigsten Elemente der Ausbildung in Rostock?
Vallentin: Bei uns wird in Gruppen gearbeitet, nicht so sehr auf monologischer Basis. Das ist ein großer Unterschied zu vielen anderen Hochschulen.

Was ist im späteren Berufsleben wichtiger: Talent oder Fleiß?
Vallentin: Talent ohne Fleiß nützt gar nichts, und andersherum geht es auch nicht.

Was wollen Sie jungen Menschen, die in Rostock zu Schauspielern ausgebildet werden, hauptsächlich mitgeben?
Vallentin: Die Suche nach dem Widerspruch. Die Suche nach dem Widerspruch in den Stücken, und die Suche nach dem Widerspruch zwischen dem Schauspieler, der oben steht, und dem Publikum.
Strobel: Die uns verlassen, sollten auch Verantwortung für ihre Kolleginnen und Kollegen haben. Ich halte nichts davon, eine Individualität zu brechen zugunsten eines Ensemblegeistes, aber es geht darum, daß man auch mit jemandem spielen kann, den man eigentlich nicht mag. Schauspielen ist eine Teamarbeit oder Kollektivarbeit, in der man die Widersprüche zwischen einzelnen Leuten nicht nivellieren darf, denn die erzeugen spannende Formen. Und selbständiges Denken und Handeln, Verantwortung, Anspruch an die Dinge, die sie tun - sie nicht besinnungslos zu tun. Das, was man tut, so gut wie möglich zu tun. Auch verantwortlich zu sein gegenüber der Kunst. Schauspieler und Schauspielerinnen sind nicht einfach Handwerker, sie sind Träger von Literatur.

Vorspielszenen

(alphabetisch geordnet nach Autoren)

Angaben: Autor, Titel, Untertitel, evtl. Daten zur Entstehung, Erstausgabe, Uraufführung, Rolle, Textstelle (Bild, Akt, Szene, Verse), evtl. Übersetzer, Verlag, Verlagsort, Erscheinungsjahr, Seiten

Szenen für Männer sind *kursiv* gedruckt. - 50 Männer-, 50 Frauenrollen.

1) **Anouilh**, Jean (1910-87): Antigone [Entst.:1942, UA: Paris 1944]
Antigone
Übers. v. Franz Geiger. © Langen/Müller in der F.A. Herbig Verlagsbuchhandlung GmbH, München 1995, S. 44-51

2) **Brückner**, Christine (geb. 1921): Kein Denkmal für Gudrun Ensslin [EA: 1983]
Gudrun Ensslin
In: Christine Brückner: Wenn du geredet hättest, Desdemona. Ungehaltene Reden ungehaltener Frauen.
© Hoffmann u. Campe Verlag, Hamburg 1983, S. 109 ff. (auch Ullstein-TB)

3) ***Büchner**, Georg (1813-1837): Woyzeck [Entst.:1836/37, UA: Residenztheater München 1913]*
Woyzeck
In: Georg Büchner: Woyzeck. Kritische Lese- und Arbeitsausgabe, hrsg. v. Lothar Bornscheuer. Philipp Reclam Jun. GmbH & Co, Stuttgart 1972, S. 45 ff.

4) ***Büchner**, Georg: Dantons Tod [Entst. 1835, UA: Berlin 1902]*
Robespierre I. Akt, 6. Szene
Philipp Reclam Jun. GmbH & Co, Stuttgart 1968, S. 26 f.

5) ***Calderón** de la Barca, Pedro (1600-1681): Das Leben ein Traum Drama in drei Akten [Entst.: um 1631/32, UA: Königliches Schloß Madrid 1635]*
Sigismund II. Akt, Gefängnis des Prinzen im Turm
Nachdichtung von Eugen Gürster. © Philipp Reclam Jun. GmbH & Co, Stuttgart 1955, S. 60-63 (auch übers. v. A. W. Schlegel 1812)

6) **Calderón** de la Barca, Pedro: Der Richter von Zalamea Schauspiel in drei Akten [Entst.:1642, UA: Madrid 1643]
Isabell - II. Akt (Waldgebirge)
Nachdichtung v. Eugen Gürster. © Philipp Reclam Jun. GmbH & Co, Stuttgart 1957, S. 62-67.(weitere Übers.: J.D. Gries: Schauspiele, Bd. 5, 1822; W. v. Wurzbach: Ausgewählte Werke Bd. 7, 1910)

7) **De Filippo**, Eduardo (1900-1984): Die Kunst der Komödie. Zwei Akte [Entst.:1964, UA: Teatro San Ferdinando, Neapel 1965, EA: Turin 1979]
Lucia - II. Akt
Übers. v. Richard Hey. Schauspielhaus Bochum: Programmbuch Nr. 45 (1983), S. 66-69. © Gustav Kiepenheuer, Berlin (auch in Theater heute 6/82 und in Spectaculum 41)

8) Euripides (ca. 480-406 v. Chr.): Iphigenie in Aulis
Iphigenie - Verse 1211-1252
Nach der Übers. v. J. J. Donner, bearb. v. C. Woyte. Philipp Reclam Jun. GmbH & Co, Stuttgart 1993, S. 46 f. (auch übers. v. Schiller, 1789)
9) Euripides: Die Bakchen. Tragödie (UA: Athen ca. 405 v. Chr.)
Hirte - Verse 677-774
Übers. v. Hans v. Arnim. Dtv, München 1990, S. 525-528. © *Artemis & Winkler Verlag, Düsseldorf und Zürich 1990*
10) Euripides: Medea. Tragödie. [UA: Athen 431 v. Chr.]
Medea - Verse 366-411
Deutsch von J. J. Donner. Philipp Reclam Jun. GmbH & Co, Stuttgart 1994, S. 18 f.
11) Fo, Dario (geb. 1926): Bezahlt wird nicht! (Orig.: Non si paga! Non si paga!) Eine Farce [UA: Mailand 1974]
Giovanni - I. Akt, 10. Szene ("Aber bitte...")
Übers. von Peter O. Chotjewitz, 1994 © *Europäische Verlagsanstalt / Rotbuch Verlag, Hamburg, S. 36 f.* (auch in Theater heute 8/77)
12) Goethe, Johann Wolfgang (1749-1832): Faust. Der Tragödie erster Teil [EA: 1808, UA: Berlin 1819, Braunschweig 1829]
Valentin - Vers 3620 ff.
In: Johann Wolfgang von Goethe: Faust. Der Tragödie erster Teil. Philipp Reclam Jun. GmbH & Co, Stuttgart 1986, S. 106.
13) Goethe, Johann Wolfgang Torquato Tasso. Schauspiel in fünf Aufzügen [EA 1790, UA: Weimar 1807]
Tasso - IV. Aufzug, 3. Auftritt
In: Johann Wolfgang von Goethe: Torquato Tasso. Ein Schauspiel. Philipp Reclam Jun. GmbH & Co, Stuttgart 1948, S. 70-72.
14) Goethe, Johann Wolfgang von: Egmont. Trauerspiel in fünf Aufzügen [Entst.:1775-87, UA: Mainz 1789]
Klärchen - V. Aufzug (Beginn vorletzte Szene)
In: Johann Wolfgang von Goethe, Egmont. Philipp Reclam Jun. GmbH & Co, Stuttgart 1993, S. 73f.
15) Gogol, Nikolaj (1809-1852): Der Revisor. Komödie in fünf Akten [UA: Petersburg 1836]
Ossip - II. Akt,1. Auftritt
Aus dem Russischen von Georg Schwarz. In: Der Revisor. Dramen. Ges. Werke in Einzelbänden. Hrsg. v. Michael Wegner. © *Aufbau-Verlag, Berlin und Weimar 1973* (auch in: Gogols sämtl. Werke in 5 Bänden. Hrsg. v. Otto Buck. Propyläen Verlag, Berlin 1923)
16) Gogol, Nikolaj: Die Heirat. Eine ganz unwahrscheinliche Begebenheit in zwei Akten. [Entst.:1832 - 42]
Agafja II. Akt,1. Auftritt
Übers. v. Georg Schwarz. In: Der Revisor. Dramen. Ges. Werke in Einzelbänden. © Aufbau-Verlag, Berlin und Weimar 1973

17) Goldoni, Carlo (1707-1793): Die Verliebten [UA: Venedig 1761]
Eugenia - 3. Szene, 8. Szene
In: Carlo Goldoni: DieVerliebten. Übers. von Uwe Schuster. © Henschel Schauspiel Theaterverlag, Berlin, S. 63f. u. 72.

18) *Goldoni, Carlo: Der Diener zweier Herren. Komödie in drei Akten [Entst.:1745, UA: wahrscheinlich Venedig 1746]*
Truffaldino - 1. Aufzug, 9. Auftritt, 14. Auftritt, 21. Auftritt
In: Carlo Goldoni: Der Diener zweier Herren. Nach der Übers. v. Friedrich Ludwig Schröder, neu durchgesehen v. Otto C. A. zur Nedden. © Philipp Reclam Jun. GmbH & Co., Stuttgart 1977, S. 13f., 17, 22f.

19) Gombrowicz, Witold (1904-1969): Yvonne, die Burgunderprinzessin. Komödie in vier Akten [Entst.:1935, UA: Warschau 1957]
Prinz - III. Akt
Übers. v. Heinrich Kunstmann. In: Gesammelte Werke, Bd. 5: Theaterstücke. Yvonne, die Burgunderprinzessin, hrsg. v. Fritz Arnold und Rolf Fieguth. © Carl Hanser Verlag, München und Wien 1997

20) Gombrowicz, Witold: Yvonne, die Burgunderprinzessin. Komödie in vier Akten [Entst.:1935, UA: Warschau 1957]
Königin - IV. Akt (bis S. 90 oben: "Ich kann nicht!")
(Weitere Angaben siehe Szene 1)

21) Gorki, Maxim (1886-1936): Nachtasyl. Schauspiel in vier Akten [Entst.:1896, UA: Moskau 1902]
Nastja - Beginn III. Akt
Übers. v. August Scholz. In: Russisches Theater des XX. Jahrhunderts, hrsg. v. Joachim Schondorff. Verlag Albert Langen u. Georg Müller, München 1960, S. 183-185. (gleiche Übersetzung bei Reclam)

22) *Grabbe, Christian Dietrich (1801-1836): Scherz, Satire, Ironie u. tiefere Bedeutung Lustspiel in drei Aufzügen [Enst.:1822, EA: 1827, UA: Wien 1876]*
Rattengift II. Aufzug, 2. Szene
Insel Verlag, S. 56-59; (auch in: Werke. Histor.-krit. Gesamtausgabe in 6 Bänden. Hrsg. v. der Akademie der Wissenschaften in Göttingen. Verlag Lechte, Emsdetten 1960. 1. Bd., S. 213 ff.)

23) *Grass, Günter (geb. 1927): Onkel, Onkel. Ein Spiel in vier Akten [Entst.:1956, UA: Köln 1958, EA: 1965]*
Bollin - II. Akt, Vorspiel
In: Studienausgabe Bd. 12: Theaterspiele. Steidl Verlag, Göttingen 1994. (auch in: Werkausgabe in 10 Bänden. Luchterhand, Darmstadt u. Neuwied 1987. Bd. VIII, S. 90f.)

24) Grillparzer, Franz (1791-1872): Die Jüdin von Toledo. Historisches Trauerspiel in fünf Aufzügen [Enst.:1824 - ca. 1852, UA: Prag 1872]
Rahel - II. Aufzug
In: Franz Grillparzer: Die Jüdin von Toledo. Philipp Reclam Jun. GmbH & Co, Stuttgart 1965, S. 22-24.

25) Hauptmann, Gerhart (1862-1946): Die Ratten. Berliner Tragikomödie in fünf Akten [UA: Berlin 1911]
Piperkarcka - I. Akt,1. Szene (gegen Ende gekürzt)
In: Sämtliche Werke. Centenar-Ausgabe. Hrsg. v. Hans-Egon Hass. Bd. II: Dramen, S. 731ff. Propyläen Verlag 1965. © Ullstein Buchverlage GmbH, Berlin 1965

*26) **Hebbel**, Friedrich (1813-1863): Maria Magdalena. Ein bürgerliches Trauerspiel in drei Akten [Entst.:1843, UA: Königsberg 1846, EA: 1844]*
Karl - III. Akt, 7. Szene
In: Friedrich Hebbel: Maria Magdalena. C. C. Buchners Verlag, Bamberg 1985, S. 38f. (auch in: Sämtliche Werke. Hist.-krit. Ausgabe. Hrsg. v. Richard Maria Werner. B. Behr Verlag, Berlin 1911, Bd. 2.)

27) Hebbel, Friedrich: Judith. Eine Tragödie in fünf Akten [UA: Berlin 1840, EA: 1841]
Judith - V. Akt
In: Friedrich Hebbel: Maria Magdalena. C. C. Buchners Verlag, Bamberg 1985, S. 67-73. (auch in: Sämtliche Werke. Hist.-krit. Ausgabe, hrsg. v. Richard Maria Werner. B. Behr Verlag, Berlin 1911, Bd. 1.)

*28) **Hebbel**, Friedrich: Herodes und Mariamne. Tragödie in fünf Akten.[UA: Wien 1849]*
Herodes - III. Akt, 6. Szene
In: Friedrich Hebbel: Herodes und Mariamne, Tragödie. Philipp Reclam Jun. GmbH & Co, Leipzig, S. 66 f.

29) Herfurtner, Rudolf (geb. 1947): Der Nibeljunge. [UA: Nürnberg 1994]
Kriegskind - vor der 1. Szene
© Verlag der Autoren, Frankfurt/Main. Abgedruckt in: Marion Victor, (Hrsg.): Spielplatz 6, Frankfurt 1993

*30) **Holzwarth**, Pit (geb. 1956) u. das Ensemble der bremer shakespeare company: Die Erfindung der Freiheit [UA: Bremen 1989]*
Blanchard - 2. 6. und 11. Szene
© bremer shakespeare company, Bremen

*31) **Ibsen**, Henrik (1828-1906): Peer Gynt. Dramatisches Gedicht in fünf Akten [UA: Kristiania/Norw. 1876]*
Peer - I. Akt, 1. Szene
Übers. v. Christian Morgenstern. In Henrik Ibsen: Dramen. Rütten & Loening, Berlin, 3. Aufl. 1987, S.9-12.

*32) **Ionesco**, Eugene (1912-1994): Die Nashörner [UA: in dt. Sprache: Düsseldorf 1959, Paris 1960]*
Behringer - Schlußmonolog
Übers. v. Claus Bremer u. Christoph Schwerin. Fischer-TB 1964, S. 154-157. Leider konnten die Rechteinhaber für den Abdruck dieses Textes nicht ermittelt werden.

33) Ionesco, Eugène: Der neue Mieter [UA: Helsinki 1955]
Concierge
In: Masken, Szenen u. Spiele, S. 56-58. Entnommen aus: Theaterstücke II.
Übertragen v. Lore Kornell. Luchterhand Verlag, Neuwied/Berlin 1960. (auch in: Ioneso, Die Stühle. Der neue Mieter. Philipp Reclam Jun. GmbH & Co, Stuttgart)
Leider konnten die Rechteinhaber für den Abdruck dieses Textes nicht ermittelt werden.
34) Jens, Walter (geb. 1923): Der Untergang. Nach den Troerinnen des Euripides.
[Entst.:1982, UA: München 1985]
Kassandra
© Kindler Verlag, München 1982, S. 23-27.
*35) **Kafka**, Franz (1883-1924): Ein Bericht für eine Akademie [Entst.: u. EA 1917]*
Affe Rotpeter
In: Franz Kafka: Sämtliche Erzählungen. Hrsg. v. Paul Raabe. Fischer Bücherei, Frankfurt/Main 1970, S. 151-153.
*36) **Kleist**, Heinrich v. (1777-1811): Amphitryon Ein Lustspiel nach Molière*
[Entst.:1805/6 EA: 1807, UA: Berlin 1899]
Sosias - I. Akt,1. Szene
In: Heinrich von Kleist: Dramen. Hrsg. v. Heike Middel, Philipp Reclam Jun. GmbH & Co, Leipzig 1977, S. 235f.
37) Kleist, Heinrich v.: Penthesilea. Ein Trauerspiel in vierundzwanzig Auftritten
[Entst.:1807/7, EA: 1808, UA: Berlin 1876]
Meroe - 23. Auftritt
In: Heinrich von Kleist: Dramen. Hrsg. v. Eike Middel. Philipp Reclam Jun. GmbH & Co, Leipzig 1977, S. 396ff.
*38) **Kleist**, Heinrich von: Das Käthchen von Heilbronn oder die Feuerprobe.*
Ein großes historisches Ritterschauspiel in fünf Aufzügen. [Entst.:1808, UA: Wien 1810]
Graf v. Strahl - I. Aufzug, 1. Szene
Philipp Reclam Jun. GmbH & Co, Leipzig, S. 12.
*39) **Kleist**, Heinrich v.: Der zerbrochene Krug [Entst.:1803-1806, UA: Weimar 1808]*
Ruprecht - 7. Auftritt, Verse 871 - 1045
In: Heinrich von Kleist: Der zerbrochene Krug. Philipp Reclam Jun. GmbH &Co, Stuttgart 1969, S. 36-43. (auch in Kleist: Sämtliche Werke und Briefe, Bd. 1, hrsg. v. Helmut Sembner. Dtv München 1987, S. 207-212. Und in: Heinrich von Kleist: Dramen. Hrsg. v. Heike Middel, Philipp Reclam Jun. GmbH & Co, Leipzig 1977)
40) Kleist, Heinrich v.: Der zerbrochene Krug *[Entst.:1803-1806, UA: Weimar 1808]*
Frau Brigitte - 11. Auftritt, Verse 1665 - 1782
S. 64 - 68. (Weitere Angaben siehe Szene 39)
*41) **Kornfeld**, Paul (1889-1942): Palme oder Der Gekränkte. Komödie in fünf Akten*
[UA: Berlin 1924]
Palme - II. Akt
In: Juncker, Klaus, Hrsg.: Das Rowohlt-Theater-Lesebuch. Rowohlt Taschenbuch Verlag, Reinbek bei Hamburg 1983, S. 158. © Ernst Vilim, Neu Wulmstorf

42) Kotzebue, August v. (1761-1819): Die deutschen Kleinstädter. Ein Lustspiel in vier Akten [Entst.: Winter 1801/2, UA: Wien 1802, EA: 1803]
Sabine - I. Akt, 3.Szene
In: August von Kotzebue: Die deutschen Kleinstädter. Philipp Reclam Jun. GmbH & Co, Stuttgart 1978, S. 5f.
43) Kroetz, Franz Xaver (geb. 1946): Bauern sterben. Dramatisches Fragment. [Zweite Fassung 1985, UA: München 1985]
Junge Komödiantin - Vorspiel
In: Franz Xaver Kroetz: Nicht Fisch nicht Fleisch; Furcht und Hoffnung der BRD; Bauern sterben; 3 Stücke. Hrsg. u. mit einem Nachwort v. Jochen Ziller. Henschelverlag/Kunst und Gesellschaft, Berlin (DDR) 1986, S. 189-191. (auch in: Neue Stücke 1. Rotbuch Verlag, Hamburg 1996.) © Franz Xaver Kroetz Dramatik, München
*44) **Kroetz**, Franz Xaver: Bauern sterben. Dramatisches Fragment [Zweite Fassung 1985, UA: München 1985]*
Sohn - I. Akt
(Weitere Angaben siehe Szene 43)
45) Kroetz, Franz Xaver: Maria Magdalena. Komödie in drei Akten frei nach Friedrich Hebbel [Entst. 1972, EA: 1973, UA: Heidelberg 1973]
Marie - 4. Madonna allein
In: Theater heute 6/1973 (auch in: Gesammelte Stücke, Frankfurt/Main 1975. Und in: Stücke 1, Rotbuch Verlag, Hamburg 1996. Und in: Franz Xaver Kroetz: Stücke, Henschelverlag, Berlin 1981) © Franz Xaver Kroetz Dramatik, München
*46) **Kroetz**, Franz Xaver: Maria Magdalena. Komödie in drei Akten frei nach Friedrich Hebbel [Entst.: 1972, EA: 1973, UA: Heidelberg, 1973]*
Karl - 15. Amerika I u. II
(Weitere Angaben siehe Szene 45)
*47) **Lenz**, Jakob M. R. (1751-1792): Der Hofmeister oder Vorteile der Privaterziehung. Eine Komödie [Entst.: 1772/73, UA: Hamburg 1778]*
Läuffer - I. Akt, 1. Szene
In: Jakob Michael Reinhold Lenz: Der Hofmeister oder Vorteile der Privaterziehung. Philipp Reclam Jun. GmbH & Co, Stuttgart 1993, S. 5.
48) Lenz, Jakob M. R.: Catharina von Siena. Fragment; vierte u. letzte Bearbeitung [Entst.: 1776]
Catharina - I. Akt, 1. Szene
In: Werke und Briefe in drei Bänden. Hrsg. v. Sigrid Damm. Insel Verlag Anton Kippenberg, Band 1, Leipzig 1987, S. 449, 452-454. (auch in: J. M. R. Lenz: Werke und Schriften II. Hrsg. v. Britta Titel u. Hellmut Haug. Wissenschaftl. Buchgesellschaft, Darmstadt 1967, S. 459 f. Nach dem verbrannten Handschriftenmaterial von Weinhold)

49) Lessing, Gotthold, E. (1729-1781): Emilia Galotti. Trauerspiel in fünf Aufzügen [Entst.: 1757-1772, UA: Braunschweig 1772]
Emilia - II. Akt, 6. Szene
In: Lessing: Emilia Galotti, Philipp Reclam Jun. GmbH & Co, Stuttgart 1994, S. 24-28.

50) *Lessing, Gotthold E.: Nathan der Weise. Ein Dramatisches Gedicht in fünf Aufzügen [EA: 1779, UA: Berlin 1783]*
Tempelherr V. Aufzug, 3. Auftritt
In: Lessing: Nathan der Weise, Philipp Reclam Jun. GmbH & Co, Stuttgart 1968, S. 118f.

51) *Lindgren-Enskog, Barbro (geb. 1939) / Torudd, Cecilia (geb. 1942): Algot Storm Dramatisierung vom Byteatern Schweden [UA: Kalmar 1987, DEA: Wilhelmshaven 1988]*
Schauspieler - 1. Szene
Aus dem Schwedischen von Günter Bergfeld. © Verlag Autorenagentur GmbH, Frankfurt/Main 1988

52) *Lohuizen, Suzanne van (geb. 1953): Der Junge im Bus [UA: Amsterdam 1987, DEA: Berlin 1988]*
Der Junge (Wichard) - 1. Szene
Aus dem Niederländischen von Jochen Neuhaus. In: Marion Victor (Hrsg.): Spielplatz 2. Fünf Theaterstücke für Kinder, Frankfurt 1989. © Verlag der Autoren, Frankfurt/Main

53) **Miller**, Arthur (geb. 1915): Hexenjagd. Drama in zwei Akten
[UA: New York 1953]
Marie Warren - I. Akt, 2. Szene
Übers. v. Marianne Wentzel. In: Arthur Miller: Hexenjagd. © Fischer Taschenbuch Verlag GmbH, Frankfurt/Main 1958, S. 49f.

54) **Miller**, Arthur: Hexenjagd. Drama in zwei Akten [UA: New York 1953]
Abigail - II. Akt, 1. Szene
S. 69-70. (Weitere Angaben siehe Szene 53)

55) *Miller, Arthur: Der Tod des Handlungsreisenden. Zwei Akte und ein Requiem [UA: New York 1949]*
Biff - II. Akt
Übers. v. Katrin Janecke. © Fischer Taschenbuch Verlag GmbH, Frankfurt/Main 1958, S. 186-193.

56) **Molière**, Jean-Baptiste Poquelin (1622-1673): Die Schule der Frauen. Komödie in fünf Akten [UA: Paris 1662]
Agnes - II. Akt, 5. Szene
Übers. v.: Hans Weigel. © Diogenes Verlag AG, Zürich 1964. detebe-Klassiker Diogenes Taschenbuch 20200, S. 35-37.

57) *Molière, Jean-Baptiste Poquelin: Der Geizige [UA: Paris 1668]*
Harpagon IV. Akt, 7. Szene
Neue dt. Fassung v. Wilfried Minks u. Thomas Körner. Programmbuch des Dt. Schauspielhauses Hamburg. © Neue Schauspielhaus GmbH, Hamburg, S. 164.

58) **Molière**, *Jean-Baptiste Poquelin Der eingebildete Kranke. Komödie in drei Aufzügen.*
[UA: Paris 1673]
Argan - I. Aufzug, 1. Szene
Übers. v. Hans Weigel. In: Molière: Der eingebildete Kranke. © *Diogenes Verlag AG, Zürich 1975, S. 11-13.*
59) **Monthan**, Ingegerd (geb. 1943): Die Geschichte vom Baum. [UA: Västeras 1985. DEA: München 1988]
Eberesche - 1. Szene
Aus dem Schwedischen von Verena Reichel. © Verlag Autorenagentur GmbH, Frankfurt/Main
60) **Mueller**, Harald (geb. 1934): Totenfloß [Enst.: 1984/1986, UA: Oberhausen 1984, UA der Neufassung: München 1986]
Bjuti
© Rowohlt Verlag GmbH, Reinbek
61) **Nestroy**, *Johann (1801-1862): Der Zerrissene. Posse mit Gesang in drei Akten. [UA: Wien 1844]*
Lips - I. Akt, 5. Szene
In: Nestroys Werke in zwei Bänden. Aufbau-Verlag, Berlin und Weimar 1969, S. 314 - 316. (auch in Digitale Bibliothek, S. 74517)
62) **Plautus**, *Titus Maccius (ca. 250-184): Rudens (Das Schiffseil)*
[UA: Rom ca. 208 v. Ch.]
Sceparnio II. Akt, 5. Aufzug
In: Plautus/Terenz: Die römische Komödie. Dtv, München 1990, S. 401f. Übers. v. Wilhelm Binder, überarb. v. Walther Ludwig. © *Winkler Verlag, München 1966*
63) **Raimund**, *Ferdinand (1790-1836): Der Barometermacher auf der Zauberinsel. Zauberposse mit Gesang in zwei Aufzügen. [UA: Wien 1823]*
Quecksilber - I. Aufzug, Zweiter Auftritt
In: Raimunds Werke in einem Band. Ausgewählt und eingeleitet von Rosalinde Gothe. Aufbau-Verlag, Berlin und Weimar, 2. Aufl. 1980, S. 5f. (Bibliothek deutscher Klassiker)
64) **Raimund**, Ferdinand: Der Alpenkönig und der Menschenfeind. Romantisches Märchen in drei Aufzügen.[UA: Wien 1828]
Malchen - I. Aufzug, 4. Szene
In: Gerhard Helbig, Hrsg.: Das Wiener Volkstheater in seinen schönsten Stücken. Diederich'sche Verlagsbuchhandlung, Leipzig o. J., S. 230-232.
65) **Rostand**, *Edmond (1861-1918): Cyrano von Bergerac. Romantische Komödie in fünf Aufzügen. [UA. Paris 1897]*
Cyrano - I. Aufzug, 4. Auftritt
Übersetzung von Ludwig Fulda. Reclam, Stuttgart 1977, S. 24-28. © Verlag Bloch Erben, Berlin.
66) **Sartre**, Jean Paul (1905-1980): Die Fliegen. Drama in drei Teilen [UA: Paris 1943]
Elektra - I. Akt, 3. Szene und II. Akt, 2. Bild, 7. Szene
In: Jean-Paul Sartre: Gesammelte Dramen. Die Fliegen. Übers. v. Gritta Baerlocher. © Rowohlt Verlag GmbH, Reinbek. (Neuausgabe) 1969, S. 19 f., u. 50.

67) *__Sartre__, Jean Paul: Die schmutzigen Hände. Stück in sieben Bildern*
[UA. Paris 1948]
Hugo - III. Bild, 3. Szene
Übers. v. E. Rechel-Mertens. © Rowohlt Verlag GmbH, Reinbek 1967, S. 115-117.
68) Schiller, Friedrich (17591805): Kabale und Liebe. Ein bürgerliches Trauerspiel in fünf Aufzügen. [UA: Frankfurt a. M. 1784, EA Mannheim 1784]
Luise - Ende IV. Akt, 7. Szene, ab: "Spottet Sie ..."
Philipp Reclam Jun. GmbH & Co Stuttgart 1969, S. 78 82.
__69) Schiller__, Friedrich: Wilhelm Tell [UA: Weimar 1804, EA: Tübingen 1804]
Rudenz - IV. Aufzug, 2. Auftritt
In: Friedrich Schiller: Wilhelm Tell. Philipp Reclam Jun. GmbH & Co, Stuttgart 1965,
S. 83f.
70) Schiller, Friedrich: Maria Stuart. Trauerspiel in fünf Aufzügen [UA: Weimar 1800, EA: Tübingen 1801]
Maria - III. Aufzug, 4. Auftritt
In: Friedrich Schiller, Maria Stuart. Philipp Reclam Jun. GmbH & Co, Stuttgart 1958, S. 6874.
__71) Schiller__, Friedrich: Die Jungfrau v. Orleans. Eine romantische Tragödie in fünf Aufzügen [UA: Leipzig 1801, EA: Berlin 1801]
Raoul - I. Aufzug, 9. Auftritt
In : Friedrich Schiller: Die Jungfrau von Orleans. Philipp Reclam Jun. GmbH & Co, Stuttgart 1966, S. 34 f.
72) Schiller, Friedrich: Die Jungfrau von Orleans. Eine romantische Tragödie in fünf Aufzügen [UA: Leipzig 1801]
Johanna - IV. Aufzug, 1. Auftritt
S. 8688. (Weitere Angaben siehe Szene 71)
__73) Schiller__, Friedrich: Don Carlos. Ein dramatisches Gedicht in fünf Akten
[Entst.: 1783 87, EA: Mannheim 1785, UA: Hamburg 1787]
Carlos - II. Aufzug, 2. Auftritt
In: Friedrich Schiller: Don Carlos. Klett, Stuttgart 1984, S. 39-43. (auch in: Friedrich Schiller: Werke in drei Bänden. Unter Mitwirkung von Gerhard Fricke. Hrsg. v. Herbert G. Göpfert. Bd. 1. Carl Hanser Verlag, München 1966)
74) Schwab, Werner (1958-1993): Die Präsidentinnen. Drei Szenen [UA: Wien 1990]
Mariedl - 2. Szene
In: Spectaculum 60. Suhrkamp, Frankfurt/Main 1995, S.228 ff. © Literaturverlag Droschl, Graz 1990
75) Shakespeare, William (ca. 1564-1616): Romeo und Julia. Tragödie in fünf Akten [UA.: London, um 1595, EA: 1597]
Julia - II. Akt, 2. Szene: "Du weißt, die Nacht ...", Balkonszene
Übers. v. A. W. v. Schlegel. In: Shakespeares Werke. Englisch u. Deutsch,. Hrsg. v. Prof. Dr. L.L. Schücking. 3. Band. S. 208-210 (Die Tempelklassiker), Emil Vollmer Verlag, Wiesbaden o. J.

76) **Shakespeare**, William: Was ihr wollt. Komödie in fünf Akten [Enst. u. EA: ca. 1600-1602, UA: London ca. 1600]
Malvolio - II. Akt, 5. Szene
Übers. v. A. W. v. Schlegel. In: Shakespeares Werke. Englisch u. Deutsch. Hrsg. v. Prof. Dr. L.L. Schücking. 7. Band, S. 35 - 37 (Die Tempelklassiker), Emil Vollmer Verlag, Wiesbaden o. J.
77) **Shakespeare**, William: Das Wintermärchen. Komödie in fünf Akten [Entst. u. EA: ca. 1611, UA: London 1611]
Hermione - III. Akt, 2. Szene
Fassung der Bremer Shakespeare Company. Übers. u. Bearbeitung: Chris Alexander. © S. Fischer Verlag GmbH, Frankfurt/Main, S. 34-36.
78) **Shakespeare**, William: Das Wintermärchen Komödie in fünf Akten [Entst.: u. EA: ca. 1611, UA: London 1611]
Alter Schäfer
S. 40 f. (Weitere Angaben siehe Szene 77)
79) **Shakespeare**, William: Zwei Herren aus Verona. Komödie in fünf Akten [Entst: 15901594, UA: London, ca. 1623, EA: 1623]
Lanz - II. Akt, 3. u. IV. Akt, 4. Szene
Übers. v. Erich Fried. In: Erich Fried: Shakespeare, Bd. 1, Zweitausendeins, Frankfurt/Main 1995. © Klaus Wagenbach, Berlin 1992, Bd. 1, S. 164 f., 189 f.
80) **Shakespeare**, William: Hamlet, Prinz von Dänemark. Tragödie in fünf Akten [Entst.: u. UA: um 1600]
Hamlet - II. Akt, 2. Szene
Übers. v. A. W. Schlegel. In: Skakespeares Werke, Englisch u. Deutsch. Hrsg. v. Prof. Dr. L. L. Schücking. 7. Bd., S. 85-86 (Die Tempelklassiker), Emil Vollmer Verlag, Wiesbaden o. J.
81) **Shakespeare**, William: Macbeth. Tragödie in fünf Akten
[Entst.: 1601 od.1606, UA: vor 1612]
Lady Macbeth - I. Akt, 5. Szene
Übers. v. Dorothea Tieck. In: Willliam Shakespeare: Macbeth. Hrsg. v. Dietrich Klose. Philipp Reclam Jun. GmbH & Co, Stuttgart 1970, S. 13f.
82) **Shaw**, George Bernard (1856-1950): Die heilige Johanna. Dramatische Chronik in sechs Szenen und einem Epilog [UA: New York 1923]
Johanna - 6. Szene
Übers. v. Siegfried Trebitsch. In: Spectaculum Bd. I. Suhrkamp, Frankfurt/Main 1956, S. 428. © Artemis & Winkler Verlag, Düsseldorf und Zürich 1997. (auch in: Bernard Shaw: Dramatische Werke. Aufbau-Verlag Berlin 1956, Bd. II., S. 478-480.)
83) **Shepard**, Sam (geb. 1943): Liebestoll [UA: San Francisco 1983]
May
Übers. v. Michael Schindlbeck. In: Theater heute 9/1985, S. 48 f.
© Michael Schindlbeck, Berlin.

84) Sophokles (497/496-406 v. Chr.): Elektra [UA: ca. 413 v. Chr.]
Elektra - Vers 91-304 (gekürzt)
Übers. v. Rudolf Schottlaender. In: Sophokles, Werke in einem Band, Aufbau-Verlag, Leipzig, Berlin u. Weimar 1982. (auch in: Sophokles, Elektra. Universalbibliothek Reclam, Philipp Reclam Jun. GmbH & Co, Leipzig 1983.) © Theaterverlag Nyssen & Bansemer, Köln

85) Stori, Bruno (geb. 1955): Die große Erzählung (Il Grande Racconto)
Die Odyssee in einer Stunde, nach mündlicher Überlieferung von Tonino Guerra [UA: Parma 1991]
Rico
Aus dem Italienischen von Brigitte Korn-Wimmer. © Theaterstückverlag Korn-Wimmer, München 1994, S. 21 f.

86) Strindberg, August (1849-1912): Fräulein Julie. Ein naturalistisches Trauerspiel [EA: Stockholm 1888, UA: Kopenhagen 1889]
Julie
Übers. v. Anne Storm. In: August Strindberg: Ausgewählte Dramen, 1. Bd.
© Hinstorff Verlag GmbH, Rostock 1983, S. 206 f. (und in: Peter Weiss (Übers.), Vgl. Spectaculum, Bd. 10, Suhrkamp, Frankfurt/Main 1967?)

87) Tabori George (geb. 1914): Jubiläum. Stück in zwölf Szenen [UA: Bochum 1983]
Mitzi - 3. Szene
Übers. v. Ursula Grützmacher-Tabori. In: Tabori, Theaterstücke 2. Carl Hanser Verlag, München/ Wien 1994. S. 76 ff. (auch in: Spectaculum 38). © Gustav Kiepenheuer Bühnenvertriebs-GmbH, Berlin

88) Tschechow, Anton (18601904): Onkel Wanja. Szenen aus dem Landleben in vier Akten [UA: Moskau 1899]
Sonja - Ende des II. Aktes u. Ende des IV. Aktes
In: Anton Tschechow, Onkel Wanja. Übers. v. Hans Walter Poll. Philipp Reclam Jun. GmbH & CO, Stuttgart 1988, S. 31 f. u. 66 f. © Rütten & Loening, Berlin GmbH.

89) Tschechow, Anton: Die Möwe. Komödie in vier Akten [UA: Petersburg 1896]
Treplew - 1. Aufzug
Übers. v. August Scholz. In: Russisches Theater des XX. Jahrhunderts. Hrsg. v. Joachim Schondorff. Verlag Albert Langen u. Georg Müller, München 1960, S.90 f.

90) Tschechow, Anton: Die Möwe. Komödie in vier Akten [UA: Petersburg 1896]
Nina - 4. Aufzug
S. 137-139. (Weitere Angaben siehe Szene 89)

91) Turrini, Peter (geb. 1944): Die Wirtin. Komödie [UA: Nürnberg 1973]
Mirandolina - I. Akt
In: dialog, Peter Turrini: Die Wirtin. Frei nach Goldoni, Sessler Verlag, Der Souffleurkasten, 1978. Lesebuch. Stücke, Pamphlete, Filme, Reaktionen etc.. Ausw., Bearb.: Ulf Birnbaumer, Wien, München, Zürich Europa Verlag 1978. © Thomas Sessler Verlag, Wien, München

92) **Valentin**, Karl (1882-1948): Der Umzug
Liesl Karlstadt - Beginn
Gekürzt aus: alles von Karl Valentin. Gesammelte Werke in einem Band, S. 535 f.
© Piper Verlag, München 1985
93) *Valentin, Karl: Großfeuer*
Der Herr Kommandant
Gekürzt aus: alles von Karl Valentin. Gesammelte Werke in einem Band, S. 341343.
© Piper Verlag, München 1985
94) **Waechter**, Friedrich Karl (geb. 1937): Der singende Knochen.
Erzähler - Beginn
In: Friedrich Karl Waechters Erzähltheater. © Verlag der Autoren, Frankfurt/Main 1967, S. 167-169.
95) **Wagner**, Heinrich Leopold (1747-1779): Die Kindermörderin. Ein Trauerspiel [EA u. UA: 1776]
Evchen - VI. Akt
In: H. L. Wagner: Die Kindermörderin. Hrsg. v. Jörg- Ulrich Fechner. Philipp Reclam Jun. GmbH & CO, Stuttgart 1972, S. 79 f.
96) **Wedekind**, Frank (1864-1918): Frühlings Erwachen *[Entst. 1890/91, UA: Berlin 1906]*
Hänschen Rilow - II. Akt, 3. Szene
In : Frank Wedekind: Frühlings Erwachen. Philipp Reclam Jun. GmbH & CO, Stuttgart 1971, S. 3133.
97) **Wedekind**, Frank: Frühlings Erwachen *[Entst. 1890/91, UA: Berlin 1906]*
Moritz Stiefel - II,7
S. 37-42 (Weitere Angaben siehe Szene 96)
98) *Widmer, Urs (geb. 1938): Top Dogs [UA: Zürich !996]*
Krause - 4. Akt, 5. Szene
In: Theater heute 2/1997, S. 45. © Verlag der Autoren, Frankfurt/Main 1969
99) **Widmer**, Urs: Top Dogs *[UA: Zürich 1996]*
Julia Jenkins - 8. Akt, 5. Szene
S. 48. (Weitere Angaben siehe Szene 98)
100) **Wolf,** Christa (geb. 1929): Kassandra. Erzählung [EA: 1983]
Kassandra
In: Kassandra. Sammlung Luchterhand, Frankfurt/Main 1986, S. 1821. © 1983 by Hermann Luchterhand Verlag GmbH & Co KG, Darmstadt und Neuwied. Alle Rechte vorbehalten: Luchterhand Literaturverlag GmbH, München

Fotonachweise:

S. 13: **Dantons Tod:** Aufführung der Kammerspiele München 1926. Regie Otto Falckenberg. © Deutsches Theatermuseum, München
S. 16: **Das Leben ein Traum:** E.T.A. Hoffmann Theater, Bamberg 1993
S. 19: **Das Leben ein Traum:** Programmheft E.T.A. Hoffmann Theater, Bamberg 1993
S. 33: **Faust, Teil I:** Aufführung des Bayerischen Staatsschauspiels, München, Regie Michael Degen © Deutsches Theatermuseum, München
S. 36: **Torquato Tasso:** Aufführung des Schiller Theaters Berlin 1963. © Deutsches Theatermuseum, München
S. 42: **Der Revisor:** Aufführung des Dividyeko Hany, Tschechien 1995. © Ferdinand Peroutka
S. 44: **Die Verliebten:** Szenenfoto der Schauspielschule Rostock. © Schauspielschule Rostock
S. 51: **Yvonne, die Burgunderprinzessin**: Jugendclub der Bühnen der Stadt Köln, 1998, Inszenierung Alexander Brill, © Klaus Lebfevre, Ennepetal
S. 53: **Nachtasyl**: © Ullstein Bilderdienst, Berlin
S. 61: **Die Ratten:** Pfalztheater, Kaiserslautern 1997, © Atelier K. Weinmann, Kaiserslautern
S. 63: **Maria Magdalena:** Aufführung des Schiller Theaters Berlin 1966, Regie Fritz Kortner. © Deutsches Theatermuseum, München
S. 77: **Der neue Mieter:** Aufführung des Theaters der Stadt Heidelberg 1988, Regie Cesare Lievi. © Andreas Pohlmann, Frankfurt
S. 85: **Amphitryon:** Serienaufnahmen Dr. Böhm. © Deutsches Theatermuseum, München
S. 88: **Penthesilea:** Clara Ziegler als Penthesilea. © Deutsches Theatermuseum, München
S. 96: **Der zerbrochene Krug:** Aufführung der Städt. Bühnen Münster. © Michael Hörnschemeyer, Münster
S. 99: **Die deutschen Kleinstädter:** Aufführung der Kammerspiele Berlin 1914. Litographie v. Schlippenbach. © Deutsches Theatermuseum, München
S. 103: **Bauern sterben:** Uraufführung der Kammerspiele München 1985, Regie: Franz Xaver Kroetz mit Jörg Hube, Monika Baumgartner. © Oda Sternberg, München
S. 115: **Nathan der Weise:** Aufführung der Städtischen Bühnen Münster, mit Philipp Schepmann, Bernd Stief. © Anita Pingerra, Münster
S. 117: **Herr Sturm und sein Wurm:** Aufführung des Spielraum Theaters Kassel, mit Stefan Becker. © Spielraum Theater, Kassel
S. 123: **Hexenjagd:** Bremer Theater 1999, Inszenierung Konstanze Lauterbach. © Jörg Landsberg
S. 125: **Der Tod des Handlungsreisenden:** Aufführung des Schillertheaters Berlin 1985, Regie Gerhard Klingenberg. © Deutsches Theatermuseum, München

S. 128: **Die Schule der Frauen:** Stuttgart 1957. © Madeline Winkler-Betzendahl, Stuttgart

S. 136: **Die Geschichte vom Baum:** Aufführung des Theaters im Marienbad Freiburg, mit Hubert Fehrenbacher, Kirsten Trustaedt, Michael Miensopust. © Klaus Fröhlich, Bötzingen

S. 141: **Der Zerissene:** Nestroy als Knieriem, © Theaterhistor. Museum Budapest

S. 143: **Rudens:** Zeichung entnommen aus: Ramm-Bonwitt, Commedia dell'arte, Theaterbuchhandlung Wilfried Nold, Frankfurt 1997

S. 153: **Die schmutzigen Hände**: Volksbühne am Rosa Luxemburg Platz, Berlin 1998. © Ingolf Seidel, Berlin

S. 165: **Die Jungfrau von Orleans:** Rollenportrait der Schauspielerin Hermine Bland. © Deutsches Theatermuseum, München

S. 173: **Romeo und Julia:** © Deutsches Theatermuseum, München

S. 186: **Die heilige Johanna:** Elisabeth Bergner, Rudolf Forster. © Deutsches Theatermuseum, München

S. 191: **Elektra:** Gertrud Eysold als Elektra. © Deutsches Theatermuseum, München

S. 193: **Die große Erzählung:** Thalia Theater, Kleines Thalia, Halle 1995, © Gert Kiermeyer

S. 195: **Fräulein Julie:** Aufführung der Kammerspiele München 1967. © Deutsches Theatermuseum, München

S. 198: **Jubiläum:** Aufführung des Theaters Aachen 1998, mit Claudia Stump, Marianne Zilles, Heino Cohrs. © Ludwig Koerfer, Aachen

S. 206: **Die Wirtin:** Aufführung des Staatsschauspiels Dresden 1999, Schloßtheater, Regie Michael Thalmann mit Anja Brünglinghaus, Jonas Fürstenau. © Hans Ludwig Böhme, Coswig

S. 210: **Großfeuer:** Aufführung der Städtischen Bühnen Münster. © Volker Beinhorn, Bremen

Skizzen S. 22, 70, 200, 215: Brigitte Schröder, Berlin